Sheryl Paul

An der Angst wachsen

Impressum

Sheryl Paul
AN DER ANGST WACHSEN
Wie Sorgen und Unsicherheiten zu Kraftquellen werden
1. deutsche Auflage 2024
ISBN: 978-3-96257-326-3

Titel der Originalausgabe:
THE WISDOM OF ANXIETY
How Worry & Intrusive Thoughts Are Gifts to Help You Heal

Übersetzung aus dem Englischen:
Bärbel und Velten Arnold
Layout und Satz: BUCHFLINK Rüdiger Wagner
Coverlayout: Lisa Kerans
Cover-Abbildung: Shutterstock 20052706
© Vera Volkova
Herausgeber:
Unimedica im
Narayana Verlag GmbH,
Blumenplatz 2, D-79400 Kandern
Tel.: +49 7626 974 970-0
E-Mail: info@unimedica.de
www.unimedica.de

Anmerkung des Verlags:

Die Gleichberechtigung aller Geschlechteridentitäten ist in unserem Unternehmen eine Selbstverständlichkeit. Wir sehen daher davon ab, diese Haltung auch in unseren Publikationen zu betonen und verzichten zugunsten des Leseflusses auf Mehrfachnennungen, um einzelne Geschlechter ansprechen. Mit der Verwendung des generischen Maskulinums als neutrale, klassische Schreibweise sind alle Identitäten gemeint.

Sheryl Paul

An der Angst wachsen

Wie Sorgen und Unsicherheiten zu Kraftquellen werden

Meiner Familie

Daev, Everest und Asher: drei wundervolle,
sensible Seelen, die mein Leben jeden Tag mit unendlicher Liebe,
Zuneigung, Bedeutung und Freude bereichern

Carl Gustav Jung stellte fest, dass ein Großteil der Neurosen, des Gefühls der Fragmentierung und des Bedeutungsvakuums im Leben moderner Menschen eine Folge der Isolierung des Ego-Geists vom Unbewussten ist. (…) Wenn wir versuchen, die innere Welt zu ignorieren, wie es die meisten von uns tun, wird das Unbewusste auf dem Weg pathologischer Störungen einen Weg in unser Leben finden: in Form unserer psychosomatischen Symptome, unserer Zwänge, unserer Depressionen und unserer Neurosen.

ROBERT A. JOHNSON

Inner Work: Using Dreams and Active Imagination for Personal Growth

INHALT

ÜBUNGEN

Einleitung: Angst ist ein Tor

Carl Gustav Jung sagte: Wenn man die seelische Wunde in einem Menschen oder in einem Volk findet, findet man auch den Weg dieses Menschen oder dieses Volkes zu seinem Bewusstsein. Denn durch die Heilung unserer seelischen Wunden lernen wir uns selbst kennen. (…) Bei der Entwicklung des Bewusstseins ist unser größtes Problem immer auch unsere größte Chance.

ROBERT A. JOHNSON
We: Understanding the Psychology of Romantic Love

Ängste sind das Leiden unserer Zeit. Laut der Weltgesundheitsorganisation wurde weltweit bei 260 Millionen Menschen die Diagnose Angststörung gestellt – und weitere Millionen leiden unter Ängsten, ohne dass eine Störung diagnostiziert wurde. Die Zahlen zeigen eindeutig, dass wir in einem Zeitalter der Angst leben. Diese tiefe seelische Wunde durchdringt alle Kriterien, durch die wir uns normalerweise definieren. Denn Angst ist ebenso wie Verlust einer der großen Gleichmacher: Es spielt keine Rolle, wie alt man ist, wo man lebt, wie man aussieht, wie viel Geld man verdient, was für eine sexuelle Orientierung man hat oder welches Geschlecht man besitzt – irgendwann wird jeder in der Dunkelheit der Nacht seiner Angst begegnen.

Während die Art dieses Leidens klar ist, ist aus Sicht der Mainstream-Perspektive weniger klar, wie man es angehen und behandeln soll. Inspiriert von einer westlichen Denkweise, die danach strebt, alle Arten von Schmerzen (psychische, emotionale, mentale und spirituelle) zu beseitigen, sehen die meisten Menschen Ängste und die vielfältigen mit ihnen einhergehenden Symptome als etwas, das es zu verbergen, zu leugnen, von dem es abzulenken oder das es auszumerzen gilt. Was wir nicht begreifen, ist, dass Ängste, wenn wir sie nur als ein Problem betrachten und bestrebt sind, die mit ihnen einhergehenden Symptome zu beseitigen, unter die Oberfläche gedrückt werden. Von dort tauchen sie gezwungenermaßen mit größerer Intensität wieder auf. Außerdem versäumen wir dadurch die wertvolle Gelegenheit, sowohl individuelles als auch kulturelles Bewusstsein zu entwickeln, das durch Ängste entsteht.

Denn Ängste sind zum einen die Wunde und zum anderen der Bote – der Kern der Botschaft ist die Einladung an uns, aufzuwachen. Um die Einzelheiten der Botschaften zu entschlüsseln, müssen wir uns von einer mit Scham besetzten Denkweise abwenden, die Ängste als Zeichen von Schwäche sieht, und stattdessen mit Neugierde an sie herangehen. Dann begreifen wir Ängste als Ausdruck unserer Empfindsamkeit, unseres fantasievollen Geistes und als ein Zeichen des Strebens nach Ganzheit. Wenn wir mit der Bereitschaft zum Lernen an unsere Ängste herangehen, lenken sie uns zu etwas tief in unserem Inneren, das gesehen werden will: einem Ruf der Seele nach Aufmerksamkeit, einer Einladung der Quellen des Seins, sich nach innen zu wenden und auf der nächsten Entwicklungsebene zu heilen.

Ein Faktor, der die Scham im Hinblick auf Ängste verringert, ist das Wissen, dass man nicht allein ist. Die Tatsache, dass etwas normal ist, verringert die Scham. Egal wo auf der Welt, die Menschen erzählen mir immer wieder von den gleichen Ängsten und Gedanken: „Was, wenn ich den falschen Menschen geheiratet habe?“ „Was, wenn ich eine unheilbare tödliche Krankheit habe?“ „Was, wenn mir das Geld ausgeht?“ „Was, wenn jemandem, der mir am Herzen liegt, etwas Schlimmes zustößt?“ „Was, wenn sich mein Baby verletzt und ich schuld bin?“ Das sind alles Anzeichen dafür, dass Ängste das Leiden unserer Zeit sind und wir uns somit auf dem Gebiet des kollektiven Unbewussten befinden. C. G. Jung hat den Begriff des „kollektiven Unbewussten“ geprägt, um den Teil der psychischen Grundstruktur zu beschreiben, den alle Menschen gemeinsam haben. Diese Gedanken, diese Ängste beziehen sich auf grundlegende Themen wie Beziehungen, Gesundheit und Elternschaft sowie das Bedürfnis nach Sicherheit und Geborgenheit. Über all die Jahre hinweg haben meine Patienten über solche Gedanken nur sehr zurückhaltend gesprochen, aber weil ich wöchentlich in meinem Blog darüber schreibe, wissen sie, dass sie damit nicht allein sind.

Eine der Segnungen des Internets besteht darin, dass die Inhalte des kollektiven Unbewussten, die uns früher nur durch Träume und Mythen offenstanden, heute sehr viel besser zugänglich sind. Sie sind mit Ihren Ängsten alles andere als allein, ganz egal, wie diese Ängste sich manifestieren.

Die Boten der Angst treten in vielerlei Formen auf: als Sorgen, aufdringliche Gedanken, Obsessionen, Zwänge, Schlaflosigkeit und somatische Symptome. Wenn wir diesen Boten der Angst mit Scham begegnen und versuchen, sie in die tief verborgenen Nischen unserer Psyche zu verbannen, rotten sie sich zusammen und werden zahlreicher und stärker, bis wir gezwungen sind, ihnen zuzuhören. Dann übernehmen diese kulturell bedingten, schambesetzten Stimmen das Zepter und sagen: „Du bist ein Wrack. Mit dir stimmt etwas ganz und gar nicht. Diese Gedanken und Symptome sind ein Beweis dafür, dass tief in dir etwas ganz und gar nicht in Ordnung ist. Rede nicht darüber. Gib es nicht zu. Versuche, es so schnell und so umfassend wie möglich loszuwerden."

Ängste und aufdringliche Gedanken als weise Manifestationen des Unbewussten zu betrachten, ist eine vollkommen andere – und viel hoffnungsvollere und lebensbejahendere – Sichtweise auf Ängste als diejenige, die unsere Kultur für uns bereithält. Im Laufe der letzten zwanzig Jahre habe ich mich intensiv mit der Unterwelt der menschlichen Psyche befasst. Meine Erfahrung zeigt, dass wir, sobald wir uns unseren Symptomen zuwenden, anstatt sie medizinisch zu behandeln und als krankhaft erachten, anfangen, den in uns steckenden Reichtum zu erkennen. Ängste sind ein Tor zu einem Ich, das nach Ganzheit strebt. Wenn wir ihre Symptome würdigen, weisen sie uns den Weg. Sobald Sie den in Ihnen schlummernden dunkelsten, unangenehmsten Orten mit Neugier und Anteilnahme begegnen, verwandeln Sie sich und Ihr Leben entfaltet sich in ungeahnter Weise. Ich habe dies bei meinen Patienten, den Teilnehmern meiner Kurse, meinen Freunden, meinen Kindern und in meinem eigenen Leben unzählige Male erlebt. Sie können es ebenfalls.

Brasilien: Meine Einführung in die Angst

Es gab mehrere Schlüsselerlebnisse in meinem Leben, die mich dazu veranlassten, die Beziehung zu meiner Seele neu auszurichten – Momente, in denen mein inneres Ich mich an den Knöcheln packte und mich in die Unterwelt zerrte. Das erste und intensivste Erlebnis war eine Panikattacke, die mich im Alter von einundzwanzig Jahren einige Monate vor meinem College-Abschluss völlig aus der Bahn warf. Diese Panikattacke und die folgenden Jahre, in denen ich jeden Tag Angstzustände erlebte, machten die Illusion meines „perfekten Lebens“ zunichte. Dieses Erlebnis zerstörte mein Gefühl der Überlegenheit, meinen Glauben, dass Leiden etwas sei, das nichts mit mir zu tun habe. Diese Ansichten hatten sich in mir nicht zuletzt durch ein Bildungssystem gefestigt, das mich dafür belohnte, immer das „Richtige“ zu tun. Es zerstörte meinen Glauben, dass ich die richtigen Antworten oder überhaupt irgendwelche Antworten hatte. Um es auf den Punkt zu bringen: Dieses Erlebnis setzte mich in jeder Hinsicht außer Gefecht. Meine Symptome reichten von Herzrasen über eine Phobie vorm Autofahren, die mich gleich nach jener ersten Panikattacke ereilte, bis hin zu nächtlichen Angstzuständen und Albträumen, die jahrelang meinen Schlaf beeinträchtigten. Doch aus der Asche, dem Schmerz und der totalen Zerstörung meines Lebens, so wie ich es gekannt hatte, wurde ein neues Leben – und ein ganzes Lebenswerk – geboren. Indem sich unser Unbewusstes unserer Ängste und ihrer Symptome bedient, lädt es uns dazu ein, uns in Richtung Ganzheit zu entwickeln: Wir werden aus der Bahn geworfen, auf die Knie gezwungen und in die Unterwelt gezerrt – aber *nicht*, um gequält zu werden oder weil etwas mit uns nicht stimmt, sondern weil in uns etwas Richtiges und Schönes ist, das danach drängt, gesehen und erkannt zu werden.

Die Grundlage für meine Panikattacke war bereits ein Jahr zuvor entstanden und hing unmittelbar mit einer Brasilien-Reise in meinem dritten Studienjahr zusammen. Ich hatte nie geplant, nach Brasilien zu fahren. Da ich während meiner gesamten Zeit auf der High School und auch auf dem College Spanisch gelernt hatte, hatte ich vorgehabt, nach Spanien zu reisen. Aber dann packte mich das Brasilien-Fieber. Im Sommer nach meinem ersten Studienjahr machte ich bei einem Kurs für brasilianischen Tanz mit. Die Tänze und die Kultur ließen mich nicht mehr los. Ich tanzte den ganzen Sommer. Dann das gesamte folgende Jahr. Immer tiefer tauchte ich in die brasilianische Musik ein. Ziemlich spontan änderte ich meine Pläne und traf Vorbereitungen für eine Reise, die den Verlauf meines ganzen weiteren Lebens ändern sollte.

So stieg ich im Januar 1990 nicht in ein Flugzeug nach Spanien, sondern flog für vier Monate nach Salvador, Brasilien. Dort kollidierte die nette Vorstellung, die ich mir in meinem Kopf zurechtgelegt hatte, hart mit der Realität. Ich wurde schlagartig aus meinem sicheren, sauberen Obere-Mittelschicht-Leben gerissen und mitten in eine Realität katapultiert, von der ich bis dahin keinerlei Vorstellung hatte. Ich lebte in *Favelas*, wo sich auf den Böden und an den Decken der Räume so viele riesige Kakerlaken tummelten, dass man ihre eigentliche Farbe nicht mehr erkennen konnte; ich musste mit ansehen, wie an Karneval ein Mann erschossen wurde; ich ging auf den Straßen täglich an frischen Blutlachen vorbei; ich ertrank beinahe, als ich beim Schwimmen vom Sog der Brandung mitgerissen wurde; es fiel mir schwer, etwas Gesünderes zu trinken zu finden als Guaraná (im Wesentlichen Zuckerwasser). Monatelang kaufte ich immer wieder etwas von den Straßenverkäufern, das ich für Küchlein aus gehackten Erdnüssen hielt, um dann am Ende meiner Reise zu erfahren, dass es sich stattdessen um Garnelenküchlein handelte, die bereits den ganzen Tag in der heißen Sonne gelegen hatten. All meine Systeme, von den physischen bis hin zu den seelischen, waren ständig in höchster Alarmbereitschaft und total überlastet.

Diese vier Monate waren für mich der reinste Horror. Aber sie waren auch eine Initiation und der Auslöser für einen wichtigen Absturz, der mich dazu brachte, meiner Panik und meinen Ängsten nach und nach zu meinem wahren Selbst zu folgen. Einige Menschen erhalten ihre Initiation durch uralte Riten mitten in einem Wald. Manche Menschen erleben ihre Initiation durch eine Gesundheits-, Beziehungs- oder Glaubenskrise. Meine Initiation fand in Brasilien statt. Wenn ich heute darauf zurückblicke, kann ich klar und deutlich erkennen, dass ich durch unsichtbare Kräfte von diesem Land angezogen wurde, nicht nur von den Tänzen und der Musik. Es war völlig untypisch für mich, so spontan zu sein, aber nichts konnte mich aufhalten. Ich musste nach Brasilien reisen. Ich musste aus der Bahn geworfen werden. Mein bisheriges Lebenskonzept, dass ich ewig von Leid verschont bleiben würde, musste erschüttert werden. Nur so konnte der in der Tiefe verborgene Schmerz an die ehemals makellos glänzende Oberfläche kommen und geheilt werden.

Wir alle machen Erfahrungen im Leben, die uns komplett aus der Bahn werfen. Einer der fatalen Mängel unserer Kultur besteht darin, dass wir immer alles für bare Münze nehmen. Wir sind nicht in der Lage, das, was wir wahrnehmen, als Metapher zu erkennen, die ihrerseits den Schlüssel zur Heilung bereithält. Wenn mich ein Patient aufsucht, der davon überzeugt ist, unter einer Krebserkrankung zu leiden, obwohl ihm erst eine Woche zuvor bestätigt wurde, dass er komplett gesund ist, dauert es eine Weile, das Ego zum Verstummen zu bringen. Zumindest so weit, dass wir uns den tieferen Ursachen zuwenden können, die dieser Angst zugrunde liegen und um die es eigentlich geht. Wenn wir unsere Ängste hingegen weiterhin nur oberflächlich durch die Brille unserer alten Glaubenssätze betrachten und zudem vor allem nach einer Bestätigung für ihre Richtigkeit suchen, werden wir darin gefangen bleiben. Aber sobald wir es schaffen, die Geschichte dahinter zu entschlüsseln und erkennen, was uns eigentlich beschäftigt, sieht die Sache anders aus. Dann ist eine Veränderung möglich. Am Beispiel des Patienten mit der Angst vor Krebserkrankungen hieß das, dass er lernen musste, allgemein mit der Ungewissheit des Lebens besser umzugehen.

In meiner Geschichte war nicht Brasilien das Problem. Tatsächlich brauchte ich Jahre, um zu verstehen, dass das nur die Leinwand war, auf die ich meine nicht verarbeiteten Probleme projizierte: den Schmerz, das Trauma und die Ängste, die ich während meiner ersten zwanzig Lebensjahre verdrängen musste, um weiter funktionieren zu können. Weil Brasilien meine dunkle Seite verkörperte, war ich blind für seine Schönheit. Ich sah den Schmerz und die Hoffnungslosigkeit, die in mir hausten, nur in dem widergespiegelt, was mich umgab. Und es bedurfte erst einer Panikattacke während einer Fahrt auf der Interstate 405 in Los Angeles, um meine dunkle Seite an die Oberfläche zu bringen, damit ich sie schließlich erkennen, an ihr arbeiten und sie heilen konnte.

Der folgende Lebensabschnitt, also die Zeit zwischen zwanzig und dreißig, war schmerzhaft, aber auch transformativ. Mit Anfang zwanzig belegte ich im Rahmen meines Studiums das Fach Tiefenpsychologie, was mir dabei half, meine Ängste durch die Brille der Jung'schen Theorie allmählich zu verstehen. Demnach sind nämlich die Symptome Boten des Unbewussten, die uns dazu einladen, nach Ganzheit zu streben. Mit Mitte zwanzig landete ich, nachdem ich eine Reihe mittelmäßiger Therapeuten ausprobiert hatte, auf der Couch eines brillanten Mannes, der mit mir an meinen Ängsten arbeitete und mir half, mich durch sie besser zu verstehen. Ich las alles über Transformationen, was ich in die Finger bekam, und schrieb mein erstes Buch, *The Conscious Bride,* das von den Schattenseiten der Ehe handelt. Ich begann auch, mit Patienten zu arbeiten, die sich durch ihre eigenen Transformationen kämpften, hauptsächlich in Bezug auf Beziehungen. Dabei half ich ihnen zu erkennen, welche Chancen und Metaphern hinter ihren eigentlichen Ängsten und Problemen steckten.

Nichts von alledem wäre passiert, wenn ich nicht in Brasilien gewesen wäre. Jahrelang hatte ich diese Erfahrung bereut, bis ich schließlich erkannte, dass ich durch meine Erlebnisse dort erst gezwungen war, innerlich zu wachsen. Diese Reise war kein Fehler. Und Ihr Leben ist ebenfalls kein Fehler – nicht Ihre Ängste, Ihre Verletzungen, Ihr Scheitern oder Ihre Traumata. Tatsächlich lehren die großen Weisen, dass sich die Wurzel für die Heilung im Zentrum eines jeden Traumas befindet. Das bedeutet, dass die größte Herausforderung, mit der Sie zu kämpfen haben, auch Ihre größte Stärke sein wird. Wenn ich auf Brasilien zurückblicke, weiß ich jetzt, dass erst durch die Bewältigung dieser Herausforderung inneres Wachstum möglich war. Ich musste erst durch das Tor der Ängste und der Panik gehen, um meinen Schmerz und meine über-angepasste Persönlichkeit abzuschütteln. Nur so konnte ich meinem wahren Selbst näherkommen und es leben. Sie können ebenfalls durch dieses Tor gehen.

Ein Wegweiser durch Ihre Ängste

Dieses Buch bringt Ihnen Schritt für Schritt die erforderlichen Denkansätze und Werkzeuge näher, damit Sie eine neue Haltung gegenüber Ihren Ängsten entwickeln. So befreien Sie sich aus ihrem Griff und lernen, ihre Botschaften zu entschlüsseln.

In Teil 1 werde ich Ängste und ihre Symptome genauer definieren und darauf eingehen, welche Ursachen und Auslöser zu ihrer Entstehung führen. Sie lernen auch die drei Grundpfeiler kennen, die es der sensiblen Seele ermöglichen, erfolgreich durchs Leben zu navigieren – bei meiner Arbeit mit Tausenden von Betroffenen habe ich die Erfahrung gemacht, dass wir alle sensible Seelen sind, wenn auch in einem unterschiedlichen Maß. Die drei Grundpfeiler sind:

- erkennen, wer man ist und wie man funktioniert,
- verstehen, dass Transitionen* entscheidende Umbruchs- und Erneuerungsmomente sind, die dafür sorgen, dass sich Ängste entweder verhärten oder heilen können,
- Umwandlung Ihrer Ängste von einer Last zu einem Geschenk: durch Neugier, Mitgefühl, Gelassenheit und persönliche Verantwortung.

Ich werde auch auf die größte Hürde eingehen, die immer dann auftaucht, wenn wir uns auf den Weg zur Heilung begeben: Widerstand.

In Teil 2 führe ich Sie durch die vier Reiche des Selbst: das Reich des Körpers, das Reich der Gedanken, das Reich der Gefühle und das Reich der Seele. So lernen Sie, die Botschaften, die in jedem dieser Reiche eingebettet sind, zu entschlüsseln. Meine Herangehensweise beruht auf einem ganzheitlichen Ansatz. Das bedeutet: Während die meisten Methoden Ängste mit einem physischen Ansatz (somatische Heilung), einem emotionalen / psychologischen Ansatz (Gesprächstherapie) oder einem kognitiven Ansatz (Verhaltenstherapie und die meisten Gesprächstherapien) behandeln, berücksichtige ich alle diese Bereiche und dazu noch einen vierten: unsere Seele. Da ich Ängste nicht als etwas betrachte, das man loswerden muss, sondern als einen Hilferuf nach Heilung verstehe, wird Teil 2 Ihnen dabei helfen zu begreifen, dass Ängste uns auf unerfüllte Bedürfnisse in den vier genannten „Reichen" hinweisen.

In Teil 3 gehe ich darauf ein, wie Ängste sich in Ihren Beziehungen zu Freunden, Partnern und Kindern manifestieren. Weil unsere Kultur fälschlicherweise davon ausgeht, dass sich Angst und Liebe gegenseitig ausschließen, kann man leicht glauben, dass etwas falsch läuft, wenn in einer Beziehung Ängste auftreten. In diesem Kapitel wird dieser Glaube widerlegt. Stattdessen lernen Sie ein Modell kennen, das gesunde Liebe und achtsame Elternschaft stärkt. So können Scham und Angst nicht länger an unseren wichtigsten Beziehungen nagen.

In jedem Kapitel berichte ich über Erlebnisse und Erfahrungen meiner Patienten und von mir selbst, die verdeutlichen, wie man unter die Ober-

* Anmerkung des Verlags: Die Entwicklungspsychologie bezeichnete wichtige Übergänge und Veränderungen im Leben eines Menschen als Transitionen.

fläche der Angst gelangt und so von ihrer Weisheit profitieren kann. Diese Geschichten vermitteln das, was sie lehren sollen, nicht in einer linearen Weise, sondern in Form einer Spirale. Das bedeutet, dass ich zum Beispiel im Kapitel über Transitionen über die Neigung zu Schwermut schreibe und andersherum auch wieder auf Transitionen zurückkomme, wenn es um Schwermut geht. Ungeachtet dessen, was unsere Kultur uns lehrt, ist Lernen kein linearer Prozess, sondern folgt dem spiralförmigen Rhythmus der Seele. Dieses Buch ist zwar in Kapitel unterteilt, richtet sich jedoch ebenfalls nach dem Rhythmus der Seele.

Im Verlauf des gesamten Buches biete ich sowohl Sofort-Übungen an als auch solche, die in die Tiefe gehen und darauf ausgerichtet sind, Ängste zu überwinden. Sofort-Übungen sind Übungen, die Sie an jedem Ort und zu jeder Zeit durchführen können: während eines Meetings, im Fahrstuhl, im Flugzeug, auf einer Party oder nachts im Bett. Diese Sofort-Übungen beseitigen zwar nicht die Ursachen Ihrer Ängste, aber sie helfen Ihnen dabei, angstvolle Momente gut zu überstehen. Ebenso tragen sie dazu bei, Ihre Ängste im Allgemeinen ein wenig zu lindern, sodass Sie sich auch auf die Übungen einlassen können, die mehr in die Tiefe gehen.

Die in die Tiefe gehenden Übungen helfen Ihnen, Ihre Ängste von Grund auf zu heilen und die Botschaften dahinter zu entschlüsseln. Am besten machen Sie diese Übungen jeden Tag, idealerweise gleich morgens nach dem Aufwachen (ja, sogar noch, bevor Sie zum Handy greifen!) und abends vor dem Schlafengehen. Sie werden viel über die Ursachen Ihrer Ängste erfahren und das wird Ihnen helfen, ganz neue Erkenntnisse über sich selbst zu erlangen. Schreiben Sie sich solche Aha-Momente sofort auf, entweder direkt am Rand dieses Buches oder in einem Tagebuch, dann können Sie sie als Ausgangspunkt für spätere Übungen nutzen. Einsichten sind extrem wichtig, aber letztendlich ist es Ihr Handeln, das zu einer Veränderung führt. Die Formel ist ganz einfach: Einsicht + Handeln = Veränderung. Wenn Sie Ängste überwinden und sich von ihnen befreien wollen, müssen Sie aktiv werden.

Alle Werkzeuge, die ich Ihnen in diesem Buch an die Hand gebe, sind so konzipiert, dass Sie sie allein anwenden können. Innere Arbeit ist jedoch noch viel wirksamer, wenn wir von erfahrenen Spezialisten begleitet und angeleitet werden. Ich empfehle Ihnen daher, falls Sie nicht sowieso schon in Therapie sind, sich jemanden zu suchen, der Sie auf dieser Reise begleiten kann. Im Laufe der Geschichte haben Menschen schon immer bei Mentoren, Schamanen, Priestern, Predigern und religiösen Anführern Rat gesucht, und in der heutigen Zeit nehmen viele die Hilfe von Psychologen in Anspruch. *Wir müssen unser Leben nicht alleine meistern.* Zögern Sie also nicht, Ihren Psychologen auf dieses Buch hinzuweisen. Jeder Therapeut hat zwar seine eigenen Methoden, aber gute Therapeuten sind immer aufgeschlossen gegenüber neuen Philosophien und neuen Werkzeugen, die ihren Patienten – und möglicherweise sogar ihnen selbst – helfen können, sich weiterzuentwickeln und zu heilen.

Die wichtigsten Schlüsselbegriffe

Um zu begreifen, was uns unsere Ängste mitteilen wollen, sollten wir zuerst einmal lernen, wie sie mit uns kommunizieren. Deshalb definiere ich im Folgenden zunächst einige Begriffe, die Ihnen in diesem Buch immer wieder begegnen werden.

Seele: Unsere Richtschnur. Anhänger der Jung'schen Theorie bezeichnen die Seele als unser Selbst, als unser Unbewusstes. Dieser Teil von uns äußert sich am intensivsten durch unsere Träume und verschiedene Symptome wie Ängste, Grübeln, Sorgen, aufdringliche Gedanken und Schlaflosigkeit. Gleichzeitig versucht er, uns wieder mit dem in Einklang zu bringen, was uns im Kern ausmacht. Die Psyche – ein weiterer Begriff, dem Sie in diesem Buch begegnen werden – ist ein anderes Wort für Seele. Tatsächlich ist Psyche in der griechischen Mythologie die Göttin der Seele.

Geist: Die verbindende Energie oder Quelle, die sowohl in jedem von uns als auch außerhalb von jedem von uns ist. Am häufigsten verbinden wir uns mit unserem Geist durch Kreativität, Fantasie, die Natur, Meditation, Kunst, Tiere oder Gebete. Wir spüren den Geist bei der Geburt eines Kindes, bei Hochzeiten oder wenn wir beispielsweise am Fuß eines riesigen Mammutbaumes oder an einem einsamen Strand stehen. Einige Menschen verbinden sich in einem religiösen Kontext mit ihrem Geist, doch finden viele diese anregende Verbindung auch abseits der Religion. Joseph Campbell beschreibt den Geist als „die schaffende Energie des Lebens, die in dir und in allen Dingen ist". In der einfachsten Definition ist „Geist" gleichzusetzen mit „Liebe".

Ego: Das Ego, was im Lateinischen einfach „ich" bedeutet, ist jener Teil von uns, dessen wir uns bewusst sind und den wir bewusst wahrnehmen.

Robert A. Johnson schreibt dazu in seinem Buch *Inner Work*: „Wenn wir ‚Ich' sagen, beziehen wir uns nur auf den kleinen Teil von uns, dessen wir uns bewusst sind. Wir nehmen an, dass ‚Ich' nur *diese* Persönlichkeit, *diese* Charaktereigenschaften, *diese* Werte und *diese* Sichtweisen umfasst, die sich an der Oberfläche in Sichtweite des Egos befinden und dem Bewusstsein zugänglich sind. Das ist meine beschränkte, äußerst unpräzise Version davon, wer ‚ich' bin."

Das Ego ist unser bewusstes Selbst und ein notwendiger und gesunder Teil unserer Persönlichkeitsstruktur, aber es beinhaltet auch die angstbasierten Bestandteile unserer Persönlichkeit. Das Ego umfasst die bewussten Aspekte unseres Wesens – sowohl die Fähigkeit zu denken, zu fühlen, zu reflektieren, zu planen und Dinge auszuführen als auch den Teil von uns, der mit dem, was wir wissen, so zufrieden ist, dass er sich dem unbekannten Reich des Unbewussten widersetzt. Wenn wir glauben, dass unser Ich ausschließlich aus unserem bewussten Ego besteht, verlieren wir den Kontakt zum Kompass unseres Lebens, nämlich zu unserer Seele, unserem Unbewussten.

Widerstand: Das Ego umfasst viele Unterkategorien, unter anderem den Widerstand. Dabei handelt es sich um jenen Teil von uns, der davor zurückschreckt zu reifen und zu wachsen, weil er sich vor Veränderungen fürchtet. Der Widerstand klammert sich an den Status quo und manifestiert sich oft in Form von Faulheit, Trägheit, Taubheitsgefühlen und Angst. Um unsere Ängste zu unserem Vorteil zu nutzen und die nächste Bewusstseinsstufe zu erreichen, müssen wir aktiv mit dem Widerstand arbeiten, damit er nicht die Kontrolle übernimmt. Das Paradox des Egos besteht darin, dass es sich zum einen dagegen sträubt zu reifen und sich zum anderen danach sehnt, mit der Seele in Verbindung zu sein. Ein Teil der Spannung, die das Menschsein ausmacht, ist auf dieses Paradox zurückzuführen.

Individuation: In seinem Buch *Inner Work* erklärt Robert A. Johnson Individuation als „den Begriff, den Jung verwendet, um den lebenslangen Prozess zu beschreiben, in dem wir uns zu den vollständigen menschlichen Wesen entwickeln, die zu werden wir geboren wurden. Individuation ist das Erwachen zu unserem vollkommenen Ich." Zum Prozess der Individuation gehört unter anderem, dass wir die Teile unserer anerzogenen Persönlichkeit wieder ablegen, welche wir während des Heranwachsens verinnerlicht haben, die jedoch nicht im Einklang mit unserem wahren Selbst stehen.

Dazu ein Beispiel: Ein Mädchen möchte Ärztin werden, weil seine Eltern sich das wünschen. Tief in seinem Inneren jedoch hat es eine Leidenschaft für die Arbeit mit Tieren. Wenn das Mädchen durch Ängste oder eine große Veränderung im Leben (Transition) wachgerüttelt wird, bekommt es nun die Möglichkeit, seinem wahren Selbst ein Stück näherzukommen, indem es das Bedürfnis, es den Eltern recht zu machen, ablegt. Jedes Mal, wenn wir bewusst eine Transition durchleben, haben wir die Gelegenheit, eine Schicht unserer konditionierten Denkweisen, Gewohnheiten, Überzeugungen und generationenübergreifenden Muster abzulegen, die uns nicht mehr länger von Nutzen ist. Ängste und die mit Ängsten einhergehenden Gefühle, die während einer Transition oder in anderen Momenten des Lebens aufkommen, sind die Pfeile, die uns auf der Reise der Individuation den Weg weisen.

Ängste sind die Brücke, die das Ego mit der Seele verbindet, das Bewusste mit dem Unbewussten. Wenn wir lernen, wie wir uns unsere Ängste zunutze machen können, dann kann der im Unbewussten liegende Reichtum unser bewusstes Leben inspirieren und bereichern.

Die Aufforderung zu reifen

Ängste fordern Sie auf, lieber Leser, das Geschenk, das Sie sind, voll und ganz anzunehmen. Vielleicht hat man Ihnen eingeredet, dass etwas an Ihnen zu ausgeprägt ist – dass Sie zu sensibel, zu dramatisch, zu emotional oder zu analytisch sind. Und diese Botschaft hat Ihr junges Ich so interpretiert, dass mit Ihnen irgendetwas nicht stimmt oder Sie in irgendeiner

Hinsicht gestört sind. Aber Sie müssen anfangen, sich darüber klar zu werden – was Sie, wenn Sie dieses Buch lesen, hoffentlich tun –, dass es absolut nichts gibt, was an Ihnen nicht stimmt. Sie sind nicht gestört. An Ihnen ist nichts zu ausgeprägt. An Ihnen ist nichts falsch. Tatsächlich sind es genau die Eigenschaften, für die Sie sich geschämt haben, die Sie jetzt behutsam aufnehmen müssen wie ein verletztes Tier und die Sie eng an Ihr Herz drücken sollten. Denn erst, wenn Sie aufhören, Ihre Sensibilität als eine Last zu sehen, und sie stattdessen als das Geschenk betrachten, das sie ist, werden Sie anfangen, die verletzten Stellen in Ihrem Inneren zu heilen und Ihre volle Persönlichkeit zu entfalten.

Die Ihrem Selbstschutz dienende Gewohnheit, die Sie erlernt haben, läuft darauf hinaus, Ihre Ängste im besten Fall zu ignorieren und im schlimmsten Fall zu verurteilen. So werden Sie der Hilfsmittel beraubt, die Sie dazu anleiten würden, sich Ihrem Unbehagen zu stellen. Zusätzlich werden Sie bestärkt durch eine Kultur, die sich an Äußerlichkeiten orientiert – in der Ihr Selbstwertgefühl durch äußere Faktoren wie Aussehen, beruflicher Status, finanzielle Vermögenswerte und erbrachte Leistungen bestimmt wird. Daher haben Sie eine tief in Ihnen verwurzelte Gewohnheit entwickelt, sich auf alles zu stürzen, was Sie von Ihrem Schmerz ablenkt oder diesen betäubt. Vielleicht geben Sie sich äußeren Ablenkungen hin, zum Beispiel einem digitalen Gerät, einer Shoppingtour oder einer Droge; oder Sie sorgen dafür, beschäftigt zu bleiben, indem Sie googeln, auf Facebook unterwegs sind, arbeiten, vorankommen oder die Karriereleiter erklimmen; oder Sie geben sich inneren Ablenkungen wie Sorgen oder aufdringlichen Gedanken hin. Sie wollen die „fundamentale Grundlosigkeit des Seins" verzweifelt meiden, wie Pema Chödrön einen wesentlichen Aspekt des Menschseins beschreibt. Dieser fühlt sich so an, als entzöge er sich unserer Kontrolle, weil mit ihm das Wissen einhergeht, dass unser Leben von ständigem Wechsel und Verlust geprägt ist. Die Grundlosigkeit ist die Traurigkeit, die man darüber empfindet, dass die Zeit verrinnt, und das in dem Wissen, dass das Leben immer eine Transition darstellt. Die Grundlosigkeit ist die Angst vor großen Gefühlen, weil einem niemand beigebracht hat, wie man damit wohlwollend und liebevoll umgeht. Die Grundlosigkeit ist die namenlose Furcht, der Kummer und das grauenerregende Unbehagen, das oft mit Ängsten einhergeht. Durch eine Kultur konditioniert, die Ihnen eintrichtert, dass die Antworten und Lösungen „da draußen“ zu finden sind, wenden Sie sich natürlich nach außen, um das Unbehagen, das Sie in Ihrem Inneren verspüren, zu vertreiben.

Aber wenn Sie den Mut aufbringen, sich nach innen zu wenden, und den Labyrinthen und den Höhlen, die Ihre innere Welt ausmachen, mit Neugier begegnen, ändert sich alles. Sie erkennen, dass Ängste Ihr Leben beeinflussen können, es aber nicht bestimmen müssen. Sie sind nicht dazu bestimmt, Ängste zu empfinden; Sie sind dazu bestimmt, Gelassenheit zu empfinden. Sie sind nicht dazu bestimmt, Beschränkungen zu erleben; Sie sind dazu bestimmt, Großes zu erleben. Sie sind nicht dazu bestimmt, Verlust, Leere und Einsamkeit zu empfinden; Sie sind dazu bestimmt, sich nützlich und verbunden zu fühlen. Sie sind nicht dazu bestimmt, sich durch die von Ihnen zu bewältigenden Herausforderungen zu definieren; Sie sind dazu bestimmt, durch die Bewältigung dieser Herausforderungen zu reifen und eine ausgeglichenere Version Ihres Selbst zu werden – eine Version, bei der Ihre Schwächen zu Ihren Stärken werden und die Dinge, mit denen Sie am meisten zu kämpfen hatten, zu Ihren größten Geschenken.

In Ihnen schlummert eine Bibliothek, die so groß ist wie das Universum und die darauf wartet, dass Sie sich in einer schwach beleuchteten, ruhigen Ecke niederlassen, um ihre Schätze zu entdecken. Sind Sie bereit einzutreten und vieles von dem, was Sie verinnerlicht haben, zu verlernen? Sind Sie bereit, einige Grundsätze des Lebens und von Beziehungen zu lernen, die Ihr Verständnis von sich selbst und von der Welt grundlegend verändern werden? Sind Sie bereit, die Pfade der vier Reiche Ihres Selbst – Körper, Geist, Herz und Seele – zu bereisen und zu erkunden sowie die Botschaften, die in jedem dieser Reiche zu finden sind, zu beherzigen? Wenn Sie bereit sind, dann nehmen Sie meine Hand und lassen Sie uns loslegen.

Teil I: Ängste und ihre Botschaften

Der unter Ängsten leidende Mensch wünscht sich vor allem die Wiederherstellung seines Selbstgefühls, das einmal in Ordnung war. Der Therapeut weiß, dass die Symptome hilfreiche Hinweise sind, die darauf hindeuten, in welchem Bereich sich die Verletzung oder die Vernachlässigung befindet, und dass sie den Weg zur bevorstehenden Heilung zeigen. (…) Jung stellte dazu fest, dass der Ausbruch der Neurose nicht nur eine Sache des Zufalls ist, sondern es sich in der Regel um einen sehr kritischen Moment handelt. Jung zufolge ist das normalerweise der Moment, in dem eine neue psychische Anpassung, eine neue Adaption, erforderlich ist. Das bedeutet, dass unsere eigene Psyche diese Krise ausgelöst und das Leiden verursacht hat, und zwar genau aus dem Grund, weil eine Verletzung stattgefunden hat und eine Veränderung eintreten muss.

JAMES HOLLIS

The Middle Passage: From Misery to Meaning in Midlife

1

DEFINITION VON ÄNGSTEN UND DIE AUFFORDERUNG, SICH NACH INNEN ZU WENDEN

Jung beobachtete, dass die Aborigines, die Ureinwohner Australiens, *zwei Drittel* ihrer Wachzeit damit verbringen, sich in irgendeiner Form innerer Arbeit zu widmen. (…) Wir modernen Menschen schaffen es in einer ganzen Woche kaum, uns ein paar Stunden freizunehmen, um uns mit unserer inneren Welt zu beschäftigen.

ROBERT A. JOHNSON

Inner Work: Using Dreams and Active Imagination for Personal Growth

Ein sechzig Jahre alter Mann schreckt jede Nacht um 3 Uhr aus dem Schlaf und macht sich Sorgen um seine finanzielle Zukunft (obwohl er finanziell abgesichert ist). Ein sieben Jahre altes Mädchen wird von Gedanken geplagt, dass seine Eltern sterben werden. Eine fünfundzwanzig Jahre alte Frau grübelt darüber, dass sie ihren Partner nicht intensiv genug liebt (obwohl er genauso ist, wie sie sich ihren Partner immer gewünscht hat). All diese Menschen leiden unter Ängsten.

Die meisten Menschen wissen zwar, wie sich Angst anfühlt, doch es fällt ihnen oft schwer, Angst zu beschreiben. In der Lage zu sein, Ängste zu definieren, ist eines der Mittel, die dazu beitragen können, sie in den Griff zu bekommen und zu lindern. Denn das, was wir identifizieren können, ist weniger belastend als eine nicht benennbare Erfahrung. Dies ist meine Definition von Ängsten:

Ängste sind ein Gefühl der Furcht, der Unruhe oder einer unguten Vorahnung, wobei das Gefühl mit einer Gefahr assoziiert wird, die im Moment des Auftretens des Gefühls gar nicht existiert. Ängste können auch als ein generelles und durchdringendes Unwohlsein definiert werden, ohne dass diesem eine identifizierbare Ursache zugrunde liegt. Ängste werden zwar oft als ein körperliches Gefühl erlebt, doch in Wahrheit handelt es sich um einen Zustand im Kopf, der uns im Reich des unproduktiven und angstbasierten Denkens gefangen hält. Ängste versetzen einen dauerhaft in einen Zustand erhöhter Alarmbereitschaft und sorgen im Kern dafür, dass man glaubt, dass es einem nicht gut geht, dass es einem niemals gut gehen wird und dass man sich körperlich, emotional und spirituell nicht in einem Zustand der Sicherheit befindet. Ängste und Vertrauen schließen sich gegenseitig aus.

Ängste sind heutzutage eine Allerweltsdiagnose. Fast jeder, den ich kenne, der in den gängigen medizinischen und psychologischen Einrichtungen untersucht wurde, hat die Diagnose „generalisierte Angststörung" erhalten. Und es ist nicht so, dass die Mainstream-Ärzte und -Therapeuten unrecht haben: Die meisten Menschen leiden tatsächlich unter Ängsten, und die offiziellen im *Diagnostic and Statistical Manual of Mental Disorders* (in Psychologenkreisen unter dem Kürzel DSM bekannt) beschriebenen Kriterien, denen zufolge jemand unter einer Angststörung leidet, ähneln sehr stark meiner soeben beschriebenen Definition. Ich halte die meisten Komponenten der psychologisch anerkannten Definition von Ängsten zwar durchaus für richtig, habe jedoch eine abweichende Meinung im Hinblick darauf, wie ich Ängste verstehe und mit ihnen umgehe. Wie ich bereits dargelegt habe, betrachte ich Ängste überhaupt nicht als „Störung". Sehen wir nämlich Ängste als eine Störung an, drücken wir uns selbst den Stempel „Problem" auf und versäumen es, die großartige Chance zum Erwachen zu erkennen, die sich bietet, wenn wir Ängsten mit Respekt begegnen. Sobald wir Ängste als Beweis dafür betrachten, dass etwas mit uns „nicht stimmt", entgehen uns die Weisheit, die Metaphern und die Chancen zu reifen, die in den Symptomen, durch die sich die Ängste äußern, zu finden sind.

Die positive Funktion zu verstehen, die Angst im Laufe der Menschheitsgeschichte übernommen hat, kann dazu beitragen, den entscheidenden Wandel in unserem Denken zu vollziehen: weg von dem Wunsch, die Angst loszuwerden, und hin zur Bereitschaft, ihr mit Neugier zu begegnen. Angst war schon immer ein Bote, aber die durch sie vermittelten Botschaften haben sich im Laufe der Zeit verändert und sind von Mensch zu Mensch unterschiedlich. Zum Beispiel war es früher bei einem Gang durch den Wald, als jederzeit die Möglichkeit bestand, hinter der nächsten Ecke einem Tiger zu begegnen, sehr hilfreich für die Menschen, sich in erhöhter Alarmbereitschaft zu befinden. Es waren die besonders sensiblen Menschen in der Gemeinschaft, die die Feinheiten und Nuancen wahrnahmen, welche auf eine reale, unmittelbare Gefahr hinwiesen: die leichte Bewegung der Grashalme, eine Veränderung der Temperatur oder ein kaum wahrnehmbares Geräusch. Auf die Botschaften der Angst zu hören und diese ernst zu nehmen, war eine Frage von Leben und Tod.

Das Problem ist nun, dass der moderne Mensch seine Ängste an nahezu jeder Quelle festmacht und sie dann *Intuition* nennt, obwohl höchstwahrscheinlich kein Tiger hinter der nächsten Ecke lauert. Es ist so, als ob jener Teil der Psyche, der sich im Laufe der Evolution dahin entwickelt hat, mit äußerster Wachsamkeit auf Gefahren zu reagieren – die Kampf-oder-Flucht-Reaktion –, nicht wüsste, was er mit sich anfangen soll. Da ihm seine Hauptaufgabe abhandengekommen ist, sucht er sich nun den Weg des geringsten Widerstands. Das läuft oft darauf hinaus, dass der *innere* Horizont nach Gefahren abgesucht wird: Bin ich mit dem richtigen Partner zusammen? (Ist die Liebe gesichert?) Werde ich jemanden verletzen? (Bin ich in Sicherheit?) Werde ich genug Geld haben? (Ist mein Dasein gesichert?) Leide ich unter einer unheilbaren Krankheit? (Ist mein Leben gesichert?) Wird es dem Planeten gut gehen? (Sind wir Menschen alle in Sicherheit?) Diesen Fragen begegnen wir mit der gleichen Leben-oder-Tod-Denkweise, die uns im Dschungel oder in der Wildnis am Leben erhalten hat, und das Ganze fühlt sich an wie Alarm und Panik. Aber wir leben in einem neuen Zeitalter und unser Ur-Alarmsystem, das uns einst gute Dienste geleistet hat, muss modernisiert und neu eingestellt werden, damit wir unsere Ängste nicht auf andere Menschen, auf uns selbst und auf die Welt projizieren. Angesichts dessen, dass weltweit Millionen von

Menschen unter Ängsten leiden, sind wir im globalen Maßstab aufgerufen zu erkennen, dass in diesen Ängsten eine machtvolle Einladung steckt, sich als Spezies in eine neue Richtung zu entwickeln.

Symptome von Ängsten

Ängste manifestieren sich auf ganz unterschiedliche Art und Weise, doch zeigen sie sich am häufigsten als aufdringliche / unaufhörliche Gedanken, körperliche Symptome und zwanghafte Verhaltensweisen.

Wenn sich zum Beispiel Patienten mit Beziehungsängsten zum ersten Mal an mich wenden, hat die erste E-Mail fast immer den gleichen Wortlaut: „Ich befinde mich in einer liebevollen, intakten Beziehung, aber eines Nachts bin ich plötzlich mit Herzklopfen aus dem Schlaf hochgeschreckt. Ich hatte das Gefühl, nicht mehr atmen zu können, mein Mund war ausgetrocknet und ich dachte: ‚Ich bin mit dem falschen Partner zusammen.' Seitdem werde ich unaufhörlich von Zweifeln geplagt. Und als ich Sätze wie ‚Woher weiß man, ob man jemanden liebt?' gegoogelt habe, hat dies meine Ängste nur noch verstärkt. Das muss doch bedeuten, dass an meinen Gedanken etwas dran ist." (Mehr über wahre Liebe erfahren Sie in Kapitel 15.)

Meine Patientinnen, die mit Schwangerschaftsängsten zu kämpfen haben, berichten: „Ich wollte um alles in der Welt schwanger werden, aber in dem Moment, in dem ich den positiven Schwangerschaftstest gesehen habe, bin ich in Panik geraten. Jetzt rasen mir Tag und Nacht furchtbare Gedanken durch den Kopf. Gedanken wie: Ich fühle mich, als wäre bei mir eine unheilbare Krankheit diagnostiziert worden. Ich will das nicht. Ich liebe mein Leben. Ich bin nicht bereit, dieses Leben aufzugeben. Ich habe das Gefühl, in mir wächst ein Alien heran. Das muss bedeuten, dass ich dieses Baby in Wahrheit nicht haben möchte."

In Kapitel 9 („Das Reich der Gedanken") werden wir uns mit diesen Szenarien noch etwas eingehender befassen. Sie sehen jedoch, dass all dies zum einen die *Symptome* der Angst sind – die Gedanken, die körperlichen Empfindungen und die Verhaltensweisen (Googeln als Reaktion auf Ängste ist ein zwanghaftes Verhalten). Zum anderen ist da die *Interpretation:* „Das muss bedeuten, dass ich eigentlich gar nicht in dieser

Beziehung sein will." Oder: „Das muss bedeuten, dass ich das Baby nicht bekommen möchte." Wenn man Ängste behandelt, ist es äußerst wichtig, zwischen den Symptomen und der Bedeutung, die wir diesen Symptomen zuschreiben, zu unterscheiden. Deshalb gilt: Je besser Sie die Symptome von Ängsten verstehen, desto besser sind Sie dazu imstande, sie zu benennen. Dann können Sie mit Neugier und Mitgefühl an sie herangehen, statt sich sofort von der am nächsten liegenden, oberflächlichsten Interpretation leiten zu lassen.

Um es noch einmal zu sagen: Auch wenn das Wort *Ängste* heute allgegenwärtig ist, wissen viele Menschen nicht, welche Gedanken, Gefühle und Empfindungen uns eigentlich auf unsere Ängste hinweisen. Und was wir nicht verstehen, verschlimmert die Ängste noch. Wenn mir in jener Nacht, in der ich nach meiner ersten Panikattacke in der Notaufnahme gelandet bin, jemand mitgeteilt hätte, dass ich unter Ängsten leide, hätte mir dies Monate an Qualen erspart. Diese kamen nämlich noch zu der anfänglichen Belastung dazu, dass ich versuchte herauszufinden, was mit mir nicht stimmte. Doch natürlich war mit mir alles in Ordnung. Meine Seele hatte mir einfach nur auf eindrucksvolle Weise durch den Boten Panik die Botschaft zukommen lassen, dass es für mich an der Zeit war, mit dem Prozess der Individuation zu beginnen und die Schichten meines konditionierten Selbst abzulegen. Ich hätte nicht erwartet, dass der Arzt in der Notaufnahme zu mir sagt: „Willkommen auf der dunklen Seite Ihrer Seele." Aber wenn er mich mit Informationen darüber entlassen hätte, *was* passiert war, wäre es mir leichter gefallen zu verstehen, *warum* es passiert war.

Im Folgenden sind die häufigsten mentalen, physischen und verhaltensbezogenen Erscheinungen aufgeführt, in denen sich Ängste manifestieren.

Aufdringliche Gedanken

- Was, wenn ich mit dem falschen Partner zusammen bin?
- Was, wenn ich nicht das mache, wozu ich eigentlich berufen bin?
- Was, wenn ich jemanden verletzt habe?

- Was, wenn sich (m)ein Kind wehtut?
- Was, wenn die Welt untergeht?
- Was, wenn ich unter einer unheilbaren Krankheit leide?

Eine ausführliche Auflistung aufdringlicher Gedanken finden Sie in Kapitel 9.

Somatische Symptome

- Engegefühl in der Brust
- Zugeschnürter Hals
- Flacher Atem
- Kribbeliges Gefühl im Körper – nicht still sitzen können
- Schlaflosigkeit
- Trockener Mund
- Kopfschmerzen – auch Druckgefühl im Kopf
- Muskelschmerzen
- Allgemeines Gefühl des Unwohlseins
- Schneller Herzschlag
- Schwitzen
- Flaues Gefühl im Magen
- Verdauungsprobleme
- Schwindelgefühle

Verhaltensbezogene Symptome

- Wut
- Gereiztheit
- Süchte
- Perfektionismus
- Unaufhörliches Reden
- Zwanghafte Handlungen, unter anderem Online-Aktivitäten, um zu versuchen, Bestätigung zu finden

Diese Liste ist keineswegs vollständig – erstaunlich, bei wie vielen Symptomen es sich um Manifestationen von Ängsten handelt! Die hier aufgeführten Symptome sind jedoch die häufigsten, die ich bei der Arbeit mit meinen Patienten und Kursteilnehmern beobachten konnte.

Ursachen von Ängsten

Die Ursachen, die Ängsten zugrunde liegen, können auf eine Vielzahl von Faktoren zurückgeführt werden, von der persönlichen Familiengeschichte über den Einfluss von Schule und Religion bis hin zu globalen, kulturellen und gesellschaftlichen Einflüssen. Wenn Sie einige dieser Ursachen verstehen, hilft Ihnen das, die Ängste zu normalisieren. Das wiederum schwächt den mit Scham einhergehenden Glauben ab, unter Ängsten zu leiden bedeute, dass irgendetwas mit einem nicht in Ordnung sei.

Wir wissen heute, dass beim Auftreten von Ängsten auch die genetische Komponente eine Rolle spielt. Wenn also ein Elternteil oder sogar beide Eltern mit Ängsten zu kämpfen hatten, ist die Wahrscheinlichkeit größer, dass auch Sie unter Ängsten leiden. In dem Fall ist die Veranlagung nicht nur in Ihren Genen angelegt. Dazu kommt noch, dass das, was wir in jungen Jahren zu Hause als Vorbild sehen und erleben, einen deutlich größeren Einfluss hat, als wir aufgrund dessen, was man uns beigebracht hat, glauben. Mit anderen Worten: Wenn Sie früher die Ängste oder chronischen Sorgen Ihrer Eltern mitbekommen haben, ohne dass sie etwas taten, um dieses Problem effektiv in den Griff zu bekommen, haben Sie dieses Muster wahrscheinlich übernommen. Frage ich meine Patienten, ob ihre Mutter oder ihr Vater unter Ängsten gelitten hat, lautet die Antwort immer Ja.

Es ist wichtig klarzustellen, dass Sie selbst, wenn sich Ihr ganzer Stammbaum chronisch Sorgen gemacht hat und wenn Ihre Mutter, Ihr Vater oder gar beide mit Ängsten oder Depressionen zu kämpfen hatten oder haben, nicht dazu verdammt sind, den Rest Ihres Lebens mit Ängsten verbringen zu müssen. Ein solches Wissen kann Ihnen zwar helfen zu verstehen, woher Sie kommen, aber es muss nicht zwangsläufig bestimmen, wie es für Sie weitergeht. Einer der Fangarme des von Ängsten geprägten Denkens ist der Glaube, dass man *immer* mit Ängsten zu kämpfen haben wird, dass man sich *nie* gut und unbeschwert fühlen wird. Der von Ängsten geprägte Verstand neigt dazu, in Schwarz-Weiß- oder Alles-oder-Nichts-Kategorien zu denken. Sollten Sie also in diesem Kontext Wörter wie *nie* und *immer* verwenden, wissen Sie, dass Sie im Bann der Ängste gefangen sind. Ich ermuntere Sie, beim Lesen dieses Buches darauf zu achten, wie sich die Untergangs-und-Düsternis-Stimme bemerkbar macht. Versuchen Sie, ihr mit einem anderen Teil Ihres Gehirns zu begegnen, der zum Beispiel etwas sagen kann wie: „Meine Vergangenheit bestimmt nicht meine Zukunft. Wenn ich dazu übergehe, mit präzisen Informationen und behutsamer Achtsamkeit diese schmerzhaften Muster zu beleuchten, kann ich mich auf einen anderen Weg begeben, der mich in eine neue Richtung führt."

Auf einer Ebene sind Ängste die Folge einer fehlgeleiteten Sensibilität. Das bedeutet, dass der sensiblen Seite Ihrer Persönlichkeit (und, um es noch einmal klar zu sagen: Jeder Mensch ist im Innersten sensibel) nicht mit Sanftmut und Wohlwollen begegnet wurde. Ihre Eltern wussten nicht, wie Sie Ihnen beibringen sollten, mit den großen Gefühlen des Lebens (Traurigkeit, Wut, Eifersucht, Einsamkeit, Enttäuschung und Frustration, um nur einige zu nennen) richtig umzugehen. Sie haben es versäumt, Ihnen Rituale und Methoden an die Hand zu geben, die Sie unterstützen, mit dem Wissen um unsere Sterblichkeit klarzukommen. Stattdessen haben sie Sie vielleicht mit Botschaften abgefertigt wie „Du kommst schon darüber hinweg" oder Ihre großen Gefühle abgetan, da sie keine Ahnung davon hatten, wie man diesen Gefühlen begegnet (weil sie selbst nie gelernt haben, mit diesen Gefühlen in ihrem Inneren umzugehen). Infolgedessen hatte die sensible Seite Ihrer Persönlichkeit keine andere Wahl, als sich in Ängste zu verwandeln. In diesem Sinne sind Ängste ein Schutzmechanismus, der einen vor der verletzenden Erfahrung bewahrt, die nackten, rohen Gefühle des Menschseins zu erleben. Angst als ein mentaler Zustand bringt einen dazu, sich aus seinem Herzen in die sicheren Gemächer des Verstandes zurückzuziehen. Dies war ein hervorragender Verteidigungsmechanismus, der Ihnen einst gute Dienste geleistet hat.

Wenn ich mit erwachsenen Patienten arbeite, die unter Ängsten leiden, frage ich oft: „Hatten Sie als Kind mit Ängsten oder Sorgen zu kämpfen?" Die Antwort lautet fast immer Ja. Interessanterweise folgt die Entwicklung, wie sich Ängste und aufdringliche Gedanken manifestieren, oft demselben Muster. Es beginnt mit der Sorge, dass den Eltern etwas zustoßen könnte („Was, wenn meine Mama stirbt?"), und dann gehen die aufdringlichen Gedanken dazu über, um die eigene Sexualität zu kreisen („Was, wenn ich homosexuell / heterosexuell bin?"). Genauer gesagt: Jemand, der im Prinzip heterosexuell orientiert ist, wird von der Sorge geplagt, möglicherweise homosexuell zu sein, während die Gedanken von jemandem, der im Prinzip homosexuell veranlagt ist, darum kreisen, möglicherweise doch heterosexuell zu sein. Es ist auch wichtig zu verstehen, dass obsessive Gedanken über die eigene sexuelle Orientierung nichts mit der Sexualität an sich zu tun haben. Sie stellen den Versuch des Verstandes dar, Gewissheit zu erlangen, wenn Ängste die Kontrolle übernommen haben. Nach Gewissheit zu suchen, um die Frage nach der eigenen sexuellen Orientierung zu beantworten, trägt jedoch nur dazu bei, die Ängste zu verstärken. Diese müssen an der Wurzel angegangen werden. Ängste, die sich um die sexuelle Orientierung drehen, verwandeln sich dann in Ängste um die Gesundheit. Wenn die Patienten dann schließlich meine virtuelle Türschwelle erreichen, werden sie von Beziehungs-, Schwangerschafts- oder Karriereängsten geplagt. Die jeweiligen Geschichten variieren, aber das zugrunde liegende Bedürfnis ist immer das gleiche – Gewissheit und Sicherheit zu finden. Es beginnt damit, dass ein Kind das Gefühl hat, hilflos auf dem Meer des sich ständig verändernden und überwältigenden emotionalen Daseins zu treiben, ohne dass Eltern oder erwachsene Bezugspersonen es verlässlich anleiten. Sie unterstützen es nicht darin, durch dieses Meer der Gefühle zu navigieren, bis das Kind in der Lage ist, dies selbst zu bewerkstelligen.

Neben der persönlichen Familiengeschichte gibt es viele Facetten des Schulsystems, die Ängste verursachen: zum Beispiel der soziale Druck, sich anzupassen, oder der schulische Druck, gute Leistungen zu erbringen. Darüber hinaus bevorzugen mindestens zwanzig Prozent der Kinder einen Lernstil, der nicht den ihnen abverlangten Erwartungen der Schule entspricht: Kinder, die sich beim Lernen bewegen müssen, anstatt still zu sitzen; Kinder, die visuell-räumlich denken statt auditiv-sequentiell, wie es dem in der Schule praktizierten Stil entspricht; Kinder, die introvertiert sind und ein ruhiges Lernumfeld brauchen anstelle von lauten, überfüllten Klassenzimmern. Wenn Kinder viele Jahre oder auch nur einige Zeit in einem System verbracht haben, das nicht mit ihrem Rhythmus und ihrem Temperament im Einklang steht, fangen sie an zu glauben, dass irgendetwas mit ihnen nicht stimmt, dass sie in irgendeiner Hinsicht gestört oder dass sie nicht klug sind. All das erzeugt Ängste.

Religion vermittelt zwar oft ein Gefühl, auf etwas vertrauen zu können, das größer ist als wir selbst, aber sie kann einem auch die Botschaft vermitteln, dass mit einem grundsätzlich etwas nicht in Ordnung ist, insbesondere im Hinblick auf Gedanken, den eigenen Körper und die Sexualität. Wenn Kinder in einem Glaubenssystem aufwachsen, das ihnen beibringt: „Wenn du bestimmte Dinge denkst (insbesondere Dinge, die mit Sexualität zu tun haben), hast du gesündigt", ist das ein Nährboden für das Entstehen von Ängsten. Religion kann auch das grundlegende Selbstvertrauen schwächen, da sie Menschen häufig darin bestärkt, ausschließlich einer Kraft zu vertrauen, die sich außerhalb von sich selbst befindet. Patienten von mir, die religiös erzogen wurden und nun damit kämpfen, eine wichtige Lebensentscheidung zu treffen, zum Beispiel ihren Lebenspartner zu wählen, sagen oft: „Und was ist, wenn das nicht Gottes Plan entspricht?" Diese Angst rührt unmittelbar von dem Glauben her, dass es eine richtige und eine falsche Art und Weise gibt, sein Leben zu leben; wenn man sein Leben nicht richtig lebt, ist man dazu verdammt, es in Elend und Scham zu fristen. Das ist eine Denkweise, die in hohem Maße Ängste auslöst.

Und schließlich vermitteln die Medien im Allgemeinen haufenweise Ängste. Wohin wir auch blicken, werden wir mit der Botschaft konfrontiert: „Mit dir stimmt etwas nicht. Du machst es falsch. Die Welt ist nicht gut. Du bist nicht sicher." Wir sind mehr als je zuvor rund um die Uhr Schilderungen und Bildern von Angst, Pessimismus, Knappheit und Katastrophen ausgesetzt. Jedes Mal, wenn man die Nachrichten einschaltet, wird man mit Bildern von Katastrophen überflutet. Jedes Mal, wenn man auf seinen Bildschirm blickt, liest man etwas über den neuesten politischen oder sozialen Missstand oder über den aktuellsten Umweltskandal. Jedes Mal, wenn man eine Werbung sieht oder durch die sozialen Medien scrollt, wird der Teil aktiviert, der das Gefühl hat, den Ansprüchen nicht zu genügen. Zur Definition von Ängsten gehört unter anderem zu glauben, nicht sicher zu sein. Genau dieses Grundbedürfnis, sich sicher zu fühlen, hat sich unsere Kultur in maximaler Weise zunutze gemacht. Sie hat ein System erschaffen, dem wir wie Süchtige verfallen sind. Angst macht süchtig. Schwarzmalerei fesselt. Unsicherheit auszunutzen verkauft sich gut. Es ist ein Teufelskreis. Je mehr Ängste wir haben, desto mehr kleben wir an Bildschirmen und stürzen uns auf Nachrichten und Technologien; und je mehr wir an Bildschirmen kleben und uns auf Nachrichten und Technologien stürzen, desto ängstlicher fühlen wir uns.

Durch unsere Bildschirme sorgt die Mainstream-Kultur dafür, dass wir permanent aus dem Gleichgewicht geraten, indem sie uns das durchdringende Gefühl vermittelt, dass wir es falsch machen. Eines Abends erzählte mein Sohn mir, dass er auf einer Geburtstagsfeier mitbekommen hatte, wie eine Freundin über ihr Alter log und behauptete, älter zu sein, als sie tatsächlich war. Er fragte mich, warum sie so etwas tue, und ich erklärte ihm: „Wenn man jünger ist, übt die Welt Druck auf einen aus, sich so zu geben, als wäre man älter. Und wenn man älter ist, wird man dazu angehalten, so auszusehen und so zu tun, als wäre man jünger. Die Botschaft ist, dass du so, wie du bist, nie passend bist."

Wie kann man also jemals etwas anderes als Angst fühlen, wenn wir diesen Botschaften täglich, ja sogar stündlich ausgesetzt sind?

ÜBUNG

Machen Sie eine Mediendiät

Eine der effektivsten Maßnahmen, die Sie auf der Stelle durchführen können, um Ängste abzubauen, besteht darin, eine Mediendiät zu machen. Das bedeutet, dass Sie sich vornehmen, sämtliche sozialen Medien und alle Nachrichten von Ihrem täglichen „mentalen Speiseplan" zu streichen. Und wenn Ihnen das unmöglich erscheint, tun Sie es trotzdem. Die sozialen Medien erwecken zwar den Anschein, Verbindungen miteinander zu ermöglichen, doch in Wahrheit konzentrieren sie sich nahezu ausschließlich auf äußere Begebenheiten. Es ist fast unmöglich, auf Facebook unterwegs zu sein oder die Nachrichten zu sehen, ohne die zahlreichen Katastrophen und schrecklichen Ereignisse wahrzunehmen, die sich überall auf der Welt abspielen, und sich selbst in irgendeiner Weise mit anderen zu vergleichen. Wenn Sie sonst mit Ihren Freunden über Facebook kommunizieren, greifen Sie stattdessen zum Telefon. Und anstatt Textnachrichten zu versenden, versuchen Sie, Ihre Lieben anzurufen oder sich mit ihnen persönlich zu unterhalten, wann immer dies möglich ist. Mittels Textnachrichten zu kommunizieren ist nicht das Gleiche, wie miteinander zu reden. Selbst wenn die digitale Kommunikation das Gefühl vorgaukelt, miteinander in Verbindung zu treten, dient sie doch nicht dem größeren Ziel, sich sowohl innerlich als auch nach außen hin erfüllenden, sinnvollen Verbindungen und Aktionen zu widmen und darin aufzugehen.

Ängste sind kein Hau-den-Maulwurf-Spiel

Wenn Ängste dauerhaft vorherrschend sind, übernehmen sie die Kontrolle über alle Systeme: über den Körper, den Geist, das Herz und die Seele. In akuten Angstzuständen wird der Körper mit Adrenalin geflutet, was das Gefühl erzeugt, ständig in erhöhter Alarmbereitschaft zu sein, bereit, gegen die Gefahr zu kämpfen oder vor ihr zu fliehen. In nicht akuten Zuständen äußern sich dauerhaft vorhandene Ängste in Form von chronischen Leiden wie Muskelschmerzen, Kopfschmerzen, Beschwerden beim Atmen oder Schlaflosigkeit. Was das Reich des Mentalen angeht, beschreiben meine Patienten, die mit aufdringlichen Gedanken zu kämpfen haben, dies wie einen endlosen Lauf im Hamsterrad. In einem solchen Zustand sind sie von einem bestimmten Gedanken gefesselt und werden endlos versuchen, eine Antwort zu finden, um Gewissheit zu erlangen. Da es sich im Wesentlichen um einen mentalen Zustand handelt, führen generalisierte chronische Ängste bei Betroffenen dazu, dass sie ihr emotionales Leben herunterfahren, was wiederum Taubheit und Leere nach sich zieht. Und wenn wir die Versuche unserer Ängste, uns bewusst zu erreichen, nicht beachten, werden unsere Träume und Albträume, die sich der Sprache der Metaphern und der Symbole bedienen, auf der seelischen Ebene die Boten der Psyche.

Um es noch einmal zu sagen: Die Mainstream-Methode versucht, Ängste auf der Ebene des Symptoms zu behandeln, was bedeutet zu versuchen, den Betroffenen von dem Symptom zu befreien. Doch selbst wenn es gelingt, das Symptom zum Verschwinden zu bringen, werden Ängste einen anderen Weg finden, Ihre Aufmerksamkeit zu erregen. Rufen Sie sich noch einmal in Erinnerung: Ängste sind die Methode der Seele, Ihnen mitzuteilen, dass in Ihrem Inneren etwas nicht in Ordnung ist, aus dem Gleichgewicht geraten ist oder Ihrer Aufmerksamkeit bedarf. Wenn Sie das Symptom ignorieren oder unterdrücken, entgeht Ihnen die Botschaft und Ihr inneres Selbst wird seine Anstrengungen verdoppeln, um Sie darauf aufmerksam zu machen, dass Sie sich nach innen wenden müssen. Es sendet Ihnen also noch alarmierendere, noch stärker nach Aufmerksamkeit heischende Gedanken, Gefühle oder körperliche Symptome. Das ist das Hau-den-Maulwurf-Spiel der Ängste: Wenn Sie einen Maulwurf (Symptom) wegdrücken, ohne die Ursache des Problems anzugehen, erscheint schnell ein anderer Maulwurf (Symptom) an der Stelle des alten. Und an irgendeinem Punkt erreichen die körperlichen Symptome, die Süchte oder die seelischen Qualen eine Schmerzschwelle. Dann werden Sie keine andere Wahl mehr haben, als den Ruf zu beachten, sich nach innen zu wenden. An diesem Punkt wird Ihnen abverlangt, den Mut zu finden, Ihre Denkweise zu verändern. Anstatt sich über Ihre Ängste zu ärgern und sich ihnen zu widersetzen, können Sie sich dafür entscheiden, ihnen mit Neugier, Mitgefühl, innerer Ruhe und sogar Dankbarkeit zu begegnen.

Vier Schlüsselfaktoren: Neugier, Mitgefühl, innere Ruhe und Dankbarkeit

Es gibt vier Schlüsselfaktoren, die Ihnen auf Ihrem Weg helfen werden, Ängste zu überwinden. Ich verwende in diesem Zusammenhang bewusst das Wort *Schlüssel,* denn die Helden, die sich auf die Reise ins Selbst begeben, tun dies immer in Begleitung von Verbündeten und Amuletten, die auf dem Weg Hilfe und Orientierung anbieten. In Mythen und Märchen treten diese Helfer in Form von Tieren, Fabelwesen oder magischen Gegenständen auf, die Symbole für die inneren Ressourcen an Kräften und an Gesundheit darstellen, welche jedem Menschen innewohnen. Wenn Ängste der Ruf sind, der Sie in den dunklen Wald führt, sind die im Folgenden aufgeführten inneren Schlüssel die Verbündeten und die Amulette, die Ihnen den Weg erleuchten.

Der erste Schlüssel, um Ängste sozusagen zu „entladen", besteht darin, bewusst seine Herangehensweise zu ändern. Anstatt sich vor Ängsten zu schützen, sie wegzudrücken und zu hassen, entwickeln Sie *Neugier* auf Ihre innere Welt. Diese Veränderung Ihrer Herangehensweise bedeutet nicht, dass Sie bloß einmal einen Schalter umlegen müssen, sondern sie ist ein täglich, wenn nicht sogar stündlich stattfindender Reset und eine ständige Erinnerung daran, ihren inneren Kompass auf „Neugier" auszurichten. Damit dies gelingt, muss man sich bewusst sein, dass es sich bei den ursprünglichen Gedanken – zum Beispiel „Was, wenn ich meinen Partner gar nicht liebe?", „Was, wenn meinem Baby etwas passiert?" oder „Was, wenn ich unter einer unheilbaren Krankheit leide?" – um einen Notruf aus Ihrem inneres Selbst handelt. Hier melden sich all die Teile von Ihnen, die Sie in den Keller Ihrer Psyche gesperrt haben – die chaotischen, dunklen Teile, die mit Unsicherheit und Kontrollverlust kämpfen – und die von Ihnen beachtet werden wollen. Da unten ist es mittlerweile ziemlich voll geworden und es ist Zeit, dass auch diese Teile von Ihnen herauskommen dürfen. Wenn Sie belastende Gedanken für bare Münze nehmen, statt Neugier für ihre tieferen Botschaften zu entwickeln, verpassen Sie die Gelegenheit, geheilt zu werden. Aber sobald Sie einen solchen Gedanken als Alarmsignal erkennen, können Sie sich mit Neugier dem Bereich widmen, der gerade Ihre Aufmerksamkeit benötigt.

Eine meiner Patientinnen sprach zum Beispiel mit mir über die anstehende Entscheidung, ob sie mit ihrem Mann und ihrem sechs Monate alten Baby wieder in ihr Heimatland zurückkehren oder in den USA bleiben sollte. Der zwanghafte Gedanke, der ihr zu schaffen machte, lautete: „Wir sollten zurückziehen, sonst wird meine Tochter zu einem furchtbaren Menschen heranwachsen." Dieser Gedanke hatte sich zu einer derartigen Obsession entwickelt, dass er sie Tag und Nacht beherrschte und bei ihr sehr starke Ängste und große Einsamkeit auslöste. Für sich genommen schien der Konflikt nachvollziehbar: Sie wollte, dass ihre Tochter in ihrem eigenen erweiterten Familienkreis – ihre Mutter, Schwestern, Cousinen und Cousins – aufwuchs, also so, wie sie auch selbst aufgewachsen war.

Stattdessen lebten sie isoliert in der Anonymität einer Großstadt. Aber wenn Gedanken wie bei meiner Patientin so obsessiv und angstgesteuert sind, wissen wir, dass wir uns im Reich der Ängste befinden und dass sich dahinter ein großer Schatz verbirgt, mit dem wir uns näher beschäftigen müssen. Wenn wir die Frage auf die Art und Weise zu beantworten versuchen, wie es uns unsere Kultur empfiehlt – also Pro- und Kontra-Listen erstellen, andere um Rat fragen und obsessiv darüber nachdenken –, bleiben wir Gefangene dessen, was in unserem Kopf vorgeht. Wir verpassen nicht nur die Gelegenheit, zu den tiefen Erkenntnissen über uns selbst vorzudringen, die in uns schlummern, sondern verbauen uns auch die Chance, diese als Wegweiser zu nutzen. Wie Einstein sagte: „Probleme kann man niemals mit derselben Denkweise lösen, durch die sie entstanden sind." Das bedeutet: Wenn wir versuchen, mit einer von Ängsten geprägten Denkweise eine „Antwort" auf eine angstbesetzte Frage zu erhalten, erzeugen wir nur noch mehr Ängste.

Im ersten Teil unserer Sitzung ermunterte ich meine Patientin, ihren Fokus von der Frage abzuwenden, die sie so beschäftigte. Das war schwierig für sie, denn sie hatte monatelang über dieses Thema gegrübelt. Daher hatten sich in ihrem Gehirn gut eingespielte neuronale Pfade entwickelt, die die Botschaft verstärkten, dass es bei der Antwort auf ihre Frage um Leben und Tod ging. So funktionieren Ängste: Sie beißen sich an einer Frage oder an einem Thema fest wie ein Hund an einem Knochen und man versteift sich ganz darauf, wild entschlossen, eine Antwort zu finden. Denn man glaubt, seinen Frieden zu finden, wenn es einem nur gelänge, diese eine Frage zu beantworten.

Doch als wir tiefer eintauchten und das Reich der Gedanken verließen, begann meine Patientin, Verbindungen herzustellen. Sie konnte erkennen, dass der Gedanke, der sie so beschäftigte, in dem Moment epische Ausmaße angenommen hatte, als sie schwanger geworden war – wie es so oft in Zeiten von Transitionen der Fall ist. Ihr wurde klar, dass viel mehr dahintersteckte, das ihrer Aufmerksamkeit bedurfte: ihre Trauer darüber, so weit von ihrer Heimat entfernt zu sein, sowie eine weitere Schicht von Traurigkeit darüber, dass sie zehn Jahre zuvor weggezogen war, um sich selbst zu verwirklichen; ihre Sehnsucht nach der Heimat als eine Metapher für ihre Sehnsucht, in ihr inneres Zuhause zurückzukehren, weil es ihr auf einmal gelang, einige schmerzhafte Aspekte aus ihrer Kindheit besser zu verstehen; ihr Kummer darüber, ihre Tochter alleine gelassen zu haben, um wieder arbeiten zu gehen – und noch einiges mehr. Nachdem sie sich mit all diesen Themen beschäftigt hatte, konnte sie eine Entscheidung treffen, die auf Klarheit beruhte anstatt auf panischer Angst. Wenn Botschaften, die sich hinter unseren Ängsten verbergen, einmal entschlüsselt sind, löst sich der ursprüngliche Gedanke auf und es entsteht Klarheit.

ÜBUNG

Wecken Sie Ihre Neugier: Wahrnehmen und Benennen

Nehmen Sie sich ungefähr fünfzehn bis zwanzig Minuten Zeit und schreiben Sie auf, wie sich Ihre Ängste anfühlen und wie sie sich bei Ihnen äußern. Seien Sie neugierig! Rufen Sie sich in Erinnerung, dass Ängste nicht Ihr Feind sind, sondern Ihr Bote. Fangen Sie an zu erkunden, welche Botschaften Ihre Ängste Ihnen vermitteln wollen.

Der erste Schritt auf dem Weg, sich von Ängsten zu befreien, besteht darin *wahrzunehmen*, wann sie auftreten, und dann zu *benennen*, wie sie sich bei Ihnen manifestieren. Um Ihre Neugier zu stärken, stellen Sie sich selbst Fragen wie: Wo spüre ich die Ängste in meinem Körper? Welche Gedanken oder Themen verbinde ich heute mit meinen Ängsten und wie war das in der Vergangenheit? Wann habe ich meiner Erinnerung nach zum ersten Mal Ängste verspürt? Wie sind meine Eltern oder Bezugspersonen in meiner Kindheit und Jugend zunächst mit meiner Sensibilität und dann mit meinen Ängsten umgegangen?

Jedes Mal, wenn die Angst in Ihnen aufsteigt, benennen Sie den Gedanken oder das Gefühl laut, indem Sie sagen: „Angst. Das ist ein aufdringlicher Gedanke." Wenn Sie können, machen Sie sich jedes Mal Notizen, sobald Sie Ihre Ängste verspüren. Die Notizen-App Ihres Handys eignet sich gut dafür, aber ein handschriftlich geführtes Tagebuch ist noch besser.

Das zweite Schlüsselelement auf dem Weg zur Heilung ist die Fähigkeit zu lernen, Ihren Ängsten mit Mitgefühl zu begegnen. Das bedeutet, die lebenslang praktizierte Gewohnheit, auf schwierige Gefühle und Erfahrungen mit Scham zu reagieren, durch eine wohlwollende Reaktion zu ersetzen. Sie erlaubt es Ihnen, sich bereitwillig auf den Zustand einzulassen, in dem Sie sich gerade befinden, egal welchen. Angesichts der Tatsache, dass den meisten Menschen als Heranwachsende vermittelt wurde, dass schwierige Gefühle „schlecht" sind und ignoriert oder unterdrückt werden sollten oder ihnen mit Scham zu begegnen ist, ist das keine einfache Aufgabe. Wir werden uns im weiteren Verlauf dieses Buches noch eingehender damit befassen, wie die erlernte Scham-Reaktion umprogrammiert werden kann. In vielerlei Hinsicht zielt das ganze Konzept dieses Buches darauf ab, Ängste zu akzeptieren statt sie abzulehnen. Fürs Erste aber möchte ich Ihnen eine der einfachsten Übungen beibringen, um sich selbst mit Wohlwollen und Güte zu begegnen: Tonglen.

ÜBUNG

Tonglen

Eine der effektivsten Übungen, um unerwünschte Gefühle nicht einfach automatisch zu unterdrücken, ist die buddhistische Meditationsmethode des Tonglens. Sie wurde von der US-amerikanischen buddhistischen Nonne Pema Chödrön bei uns eingeführt. Diese jederzeit und überall durchführbare Übung ist sehr einfach. Wir atmen das ein, was wir normalerweise als „unerwünscht" erachten, und atmen das aus, was erwünscht ist, oder wie Pema Chödrön es auf ihrer Website lehrt: „Wenn Sie Tonglen *an Ort und Stelle* üben, atmen Sie einfach ein und aus, nehmen Sie das Leid auf und senden Sie Weite und Erleichterung aus." Was diese Übung so wirkungsvoll macht, ist, dass sie genau andersherum funktioniert, als wir normalerweise auf schmerzliche Gefühle reagieren. Wenn wir sie also über längere Zeit hinweg praktizieren, schulen wir unseren Geist dahingehend um, Schmerz und Angst (in allen ihren Erscheinungsformen) zu akzeptieren und sogar willkommen zu heißen.

Versuchen Sie als Nächstes, ob Sie sich mit dem zweiten Schritt des Tonglens verbinden können: Atmen Sie das Leid aller anderen Wesen auf dem Planeten ein, die sich genau in dem Moment, in dem Sie die Übung praktizieren, einsam, traurig, enttäuscht, überfordert oder untröstlich fühlen, und atmen Sie dann Liebe und Verbundenheit aus. Wenn Sie denken, Sie sind der einzige Mensch, der es im Leben schwer hat, denken Sie noch einmal nach. Auf eine seltsame und wunderschöne Weise sind wir alle miteinander verbunden. Sobald Sie sich mit dem unsichtbaren Netz der Herzstränge verbinden, das uns in Leid und Glück miteinander vereint, öffnet sich etwas in Ihnen und die Ängste lassen nach.

Das dritte Schlüsselelement zur Heilung von Ängsten besteht darin, sich jeden Tag den Raum und die Zeit zu nehmen, um allmählich zur inneren Ruhe zu kommen. Wir können die Botschaften, die uns unsere Ängste senden, nicht entschlüsseln, wenn wir uns ständig mit Lichtgeschwindigkeit bewegen. Denn die Seele bewegt sich im Rhythmus der biologischen inneren Uhr, nicht im Rhythmus der Zeit im technischen Sinne. Wenn wir jeden freien Moment mit Aktivitäten, Arbeit, Ablenkungen, ständiger Bewegung, dem Versenden und Lesen von Textnachrichten, dem Hören von Musik, dem Scrollen, Klicken und Anschauen von Videos füllen, verlieren wir unsere Fähigkeit, auf unser Inneres zu hören und uns mit ihm zu verbinden. Eine der Botschaften unserer Ängste ist nämlich ein Alarmsignal: „Mach langsamer! Ich kann mich selbst nicht denken hören. Ich habe keine Zeit zur Selbstreflexion. Wenn ich die Verbindung zu meiner inneren Welt verliere, weiß ich nicht, wer ich bin, dann bekomme ich Angst.“ Unsere Kultur bewegt sich von Tag zu Tag schneller und unsere Seelen können mit diesem Tempo nicht Schritt halten.

Jede Übung, die ich in diesem Buch vorstelle, erfordert es, sich zu entschleunigen. Sie können für einen kurzen Augenblick entspannen, indem Sie eine Pause machen und sich einem Moment der Achtsamkeit widmen. Wenn Sie an einer roten Ampel stehen, können Sie sich zum Beispiel entscheiden, tief durchzuatmen und Ihre Umgebung bewusst wahrzunehmen, statt aufs Handy zu schauen oder im Autoradio den Sender zu wechseln.

Sie können sich auch längere Zeiträume dafür nehmen, zum Beispiel zu Beginn und am Ende eines Tages, und Tagebuch schreiben, meditieren oder sich einfach nur ruhig besinnen. Zu den neuen Gewohnheiten, mit denen Sie Ängste überwinden können, gehören auch positiven Aktivitäten, zum Beispiel die Übungen aus diesem Buch. Einige Aktivitäten erfordern, sich die Zeit zu nehmen, in wohltuender Stille zu entspannen, sich zu entschleunigen und im wahrsten Sinne des Wortes nichts zu tun, zum Beispiel an einen Baum gelehnt dazusitzen oder im Gras zu liegen, ohne dass Ihr Handy in Sichtweite ist. Im Raum der Stille erscheinen die Schlüsselelemente Neugier und Mitgefühl als Verbündete, um Ihnen auf Ihrem Weg zur Heilung zu helfen.

ÜBUNG

Fragen zur Entschleunigung

Fragen Sie sich:

- Was passiert, wenn ich mir die Zeit nehme, einen Moment wirklich zu genießen? Wenn ich, anstatt ein Foto von diesem Moment zu machen und es auf Instagram zu posten, voll und ganz bei mir bin, in Einsamkeit und Stille?
- Was passiert, wenn ich morgens aufwache – wenn meine Augenlider sich langsam, mühsam öffnen, um das Morgenlicht hereinzulassen – und ich, statt nach meinem Handy zu greifen und zu scrollen und zu klicken, nach dem Traumbild greife, das noch an den Rändern meines Bewusstseins wabert, bevor es sich ganz verflüchtigt?
- Was passiert, wenn ich am Ende des Tages an einem geöffneten Fenster sitze und lange genug verweile, um nach oben in den Nachthimmel zu blicken, den Mond zu betrachten und seine Weisheiten zu empfangen?

Was passiert, ist, dass Sie sich *in diesem Moment* selbst begegnen. In diesen kurzen Momenten der Stille und der Einsamkeit begegnen

Sie Ihrem Schmerz. Ja, Sie begegnen jenen Teilen von Ihnen, die Sie weggedrängt haben, weil Sie sie in jungen Jahren als nicht liebenswert erachtet haben. Doch wenn Sie es wagen, sich dorthin zu begeben, begegnen Sie auch Ihrem inneren Licht: dem Gedicht, das geschrieben werden will, dem Lied, das gesungen werden möchte, den befreienden Tränen der Trauer, die geweint werden wollen.

Das vierte Schlüsselelement, das Ihnen hilft, neugieriger zu werden und mehr Mitgefühl für sich selbst zu entwickeln, besteht darin, die Nadel Ihres inneren Kompasses auf Dankbarkeit auszurichten. Das bedeutet, nicht nur für die offensichtlichen Segnungen dankbar zu sein, die Ihr Leben bereichern, sondern auch für die Herausforderungen. Der Benediktinermönch David Steindl-Rast sagt dazu in seiner Audio-Reihe *A Greatful Heart:* „Lebendig zu werden heißt, sich der Tausend und Abertausend Segnungen bewusst zu werden, in deren Genuss wir kommen – sogar an einem Tag, an dem wir zum Zahnarzt müssen oder uns sehr krank fühlen."

So können wir das Geschenk entdecken, das uns unsere Angst macht. Durch die Herausforderungen, denen wir uns stellen müssen, lernen und reifen wir am meisten. In jedem Gefühl der Angst, in jedem aufdringlichen Gedanken, in jedem Albtraum, einer Panikattacke und in jeder schlaflosen Nacht sind Schätze verborgen, die uns, wenn es uns gelingt, sie zu bergen, auf den Weg der Heilung und Klarheit führen können. Es ist schwierig, sich das zu Beginn der Reise vorzustellen. Aber alle meine Kursteilnehmer und Patienten, die sich darauf eingelassen haben, sich ihren Ängsten mit den Schlüsselelementen der Neugier, des Mitgefühls und der inneren Ruhe zu nähern und sich davon leiten zu lassen, meldeten sich irgendwann bei mir und meinten: „Ich habe Ihnen erst nicht geglaubt, als Sie mir gesagt haben, ich würde dankbar für meine Ängsten sein, aber jetzt bin ich es tatsächlich. Meiner Angst so zu begegnen, hat mich auf eine Weise zu mir selbst zurückgebracht, die ich mir nie hätte träumen lassen, als ich noch tief darin feststeckte." Das kann auch für Sie wahr werden.

Ich ermuntere Sie dazu, die Schlüsselelemente der Neugier, des Mitgefühls, der inneren Ruhe und der Dankbarkeit zu nutzen, während Sie dieses Buch lesen und daran arbeiten, Ihre Ängste zu überwinden. Sie wissen noch nicht, welche Schätze Sie in Ihren Ängsten entdecken werden, welche Botschaften sich in den aufdringlichen Gedanken, die Ihnen zu schaffen machen, verbergen und dass eine Krankheit ebenfalls ein Geschenk sein kann. Diese Schätze werden bei jedem anders sein, da es kein Patentrezept für die Heilung von Ängsten gibt. Aber während Sie diese innere Arbeit leisten, werden Sie ein Maß an Gelassenheit, Ermächtigung und Klarheit erfahren, das Sie nie für möglich gehalten hätten. Sie werden herausfinden, dass mit Ihnen alles in Ordnung ist, dass der Welt eine Schönheit und eine Symmetrie innewohnt, die Sie bisher nie ganz verstanden haben, und dass Ihr Leben einen Sinn hat. Die Enge, die Ihnen zu schaffen macht, wird sich lösen. Sie werden tiefer atmen. Sie werden vielleicht zum ersten Mal in Ihrem Leben wissen, wer Sie wirklich sind.

ÜBUNG

Bauchatmung

Die tiefe Bauchatmung ist eine der am häufigsten empfohlenen, überall ausführbaren Übungen, um das Nervensystem zu beruhigen und somit auch Ängste zu lindern. Das liegt daran, dass der Vagusnerv aktiviert wird, wenn wir ganz tief einatmen und den Bauch dabei wie einen Ballon nach außen blähen. Dieser Nerv beruhigt die Amygdala, das emotionale Reaktionszentrum, das sich tief in unserem Gehirn befindet. Schon fünf tiefe Atemzüge – langsames Einatmen, das den Bauch füllt, und langsames Ausatmen, das dafür sorgt, dass der Bauch sich wieder zusammenzieht – beruhigen Ihr Nervensystem und bewirken einen kleinen „Reset“, der Ihnen hilft, den nächsten Moment mit mehr Leichtigkeit zu erleben.

Wenn Sie das nächste Mal spüren, wie die Angst in Ihnen aufsteigt, halten Sie kurz inne und machen Sie diese Atemübung:

1. Legen Sie Ihre Hand unterhalb des Bauchnabels auf Ihren Bauch. (Die Hand bewusst auf den Körper zu legen, ist ein Akt der Selbstliebe.)

2. Atmen Sie so tief wie möglich ein und blähen Sie Ihren Bauch dabei nach außen, als wäre er ein Ballon. (Wenn Sie nicht sehr tief einatmen können, machen Sie sich keine Sorgen. Ein häufiges Angstsymptom ist, dass es einem schwerfällt, tief einzuatmen. Sagt jemand einem Betroffenen: „Atme tief ein", kann das also dazu führen, noch mehr Ängste auszulösen. Blähen Sie Ihren Bauch einfach so weit auf, wie Sie können.)

3. Halten Sie eine Sekunde lang die Luft an.

4. Atmen Sie langsam aus.

5. Wiederholen Sie die Übung viermal.

Die Bauchatmung ist eine Sofort-Übung, die überall und jederzeit praktiziert werden kann. Denken Sie daran: Je häufiger Sie diese Übungen machen, desto stärker programmieren Sie Ihre gewohnte Reaktion auf Ängste neu und lernen, ihnen statt mit einem Gefühl der Furcht und Anspannung mit Akzeptanz und Entspannung zu begegnen. Je häufiger Sie Ihren Angstsymptomen entspannt begegnen können, desto mehr können Sie von ihnen lernen und auf Ihrem Weg zur Überwindung der Ängste vorankommen.

2
KULTURELL BEDINGTE ERWARTUNGEN, DIE ÄNGSTE ERZEUGEN

Als Mensch ist es unsere Aufgabe im Leben, allen Menschen dabei zu helfen, sich dessen bewusst zu werden, wie einzigartig und wertvoll jeder Einzelne von uns tatsächlich ist. Jeder von uns besitzt etwas, das kein anderer hat oder jemals haben wird, etwas, das unendlich einzigartig ist. Es ist unsere Aufgabe, uns gegenseitig dabei zu unterstützen, diese Einzigartigkeit zu entdecken und Wege zu finden, sie zum Ausdruck zu bringen.

FRED ROGERS

Ängste, aufdringliche Gedanken und das Gefühl mangelnder Erfüllung haben im Kern eine gemeinsame Quelle: fehlendes Selbstvertrauen. Selbstvertrauen ist der kristallklare Kompass im Zentrum des Seins, der es uns ermöglicht, mit Leichtigkeit und Zuversicht durch unsere innere und äußere Welt zu navigieren. Es hilft uns, liebevolle, positive Gedanken von schlechten, negativen Gedanken zu unterscheiden und unserem Gefühlsleben mit Mitgefühl zu begegnen. Ohne Selbstvertrauen ist es schwer, Entscheidungen zu treffen. Unabhängig davon, ob es sich um eine wichtige Entscheidung handelt, wie ein Stellenangebot anzunehmen, oder um eine unwichtige Entscheidung, wie im Restaurant eine Auswahl von der Speisekarte zu treffen – Menschen, die mit Ängsten zu kämpfen haben, erstarren oft wie ein Reh im Scheinwerferlicht, wenn es darum geht, eine Entscheidung zu treffen.

Dahinter steckt die Angst, eine „falsche" Wahl zu treffen, angetrieben von dem Glauben, dass Perfektion möglich ist, oder die Befürchtung, einen Fehler zu machen, den man bereuen wird, oder dass man etwas verpassen könnte. Wir sind so stark konditioniert zu glauben, dass es eine richtige und eine falsche Entscheidung gibt, dass wir selbst dann Angst haben, es zu vermasseln, wenn die Sache völlig unbedeutend ist. Es ist so, als würden wir denken, dass es für jede Entscheidung einen Multiple-Choice-Test gibt, und wir haben Angst durchzufallen, wenn wir das falsche Kreuzchen setzen. Umgekehrt meinen wir, dass sich uns der heilige Gral des ewigen Glücks offenbart, wenn wir die Fragen „richtig" beantworten.

Was wir nicht lernen, ist, dass Selbstvertrauen und Wohlbefinden – beides Dinge, die das Gegenteil von Ängsten sind – nur erlangt werden können, wenn wir uns mit unseren inneren Quellen der Weisheit und Vollkommenheit verbinden. Diese Vollkommenheit lebt in Ihnen, begraben unter den Selbstzweifeln, die dadurch entstanden sind, dass andere Ihnen gesagt haben, was Sie tun, mögen, fühlen und denken sollen. Wenn Sie einem Baby zuschauen, werden Sie schnell sehen, dass wir mit dem Wissen auf die Welt kommen, was wir mögen und was nicht oder wann wir hungrig oder müde sind oder das Bedürfnis nach Verbundenheit haben. Bei unserer Geburt kennen wir uns sehr gut, und erst durch wohlmeinende Eltern, Lehrer, Ärzte, andere Erwachsene und Betreuungspersonen wird unser inneres Selbstvertrauen beschädigt. Ängste sind, wenn wir ihnen durch die Brille der Weisheit begegnen, der Wegweiser, der uns wieder auf den Weg zu uns selbst führt. Sehen wir uns zunächst an, wie unserem Selbstvertrauen geschadet wurde, bevor wir uns eingehend damit befassen, wie es repariert werden kann.

Der Mythos des Normalen

Man kann die These aufstellen, dass das Konzept des „Normalen" die Wurzel des Selbstzweifels ist und somit eines der in psychischer Hinsicht schädlichsten Konzepte, das die moderne Kultur je geprägt hat. Denn hinter jedem allgegenwärtigen, selbstquälerischen Gedanken wie „Was stimmt mit mir nicht?“, von dem die meisten meiner Patienten geplagt werden, steht die Frage: „Warum kann ich nicht einfach nur normal sein?“

Aber was *ist* normal? Normalsein ist der Versuch, sich in den engen Rahmen dessen zu zwängen, was unsere Gesellschaft als ein normales Verhalten erachtet. Es bedeutet, im Stummmodus zu leben, weil die lauten Töne, die bunten Farben oder der sensible Charakter nicht der Norm entsprechen. Es bedeutet, das Lodern dessen, was einen wirklich ausmacht, zum Erlöschen zu bringen, weil es nicht der verwässerten Definition einer „normalen“ Person entspricht. Es geht darum, nicht aufzufallen, sicherzustellen, dass man weder zu klug noch zu dumm ist, weder zu kontaktfreudig noch zu still und zurückhaltend, weder zu selbstbewusst noch zu unsicher, sondern in den Grauzonen und den sicheren Bereichen zwischen den Extremen zu leben.

Die Erwartung, normal zu sein, wurde Ihnen wahrscheinlich schon im Mutterleib aufgedrückt, als der Arzt Ihr Wachstum mit dem anderer „normal“ wachsender Embryonen verglich. Die Vergleiche setzten sich während Ihres neunmonatigen Aufenthalts im Mutterleib fort, als Ihre Mutter sich gewissenhaft ihren Vorsorgeuntersuchungen unterzog und – entweder durch Ultraschall, Fruchtwasseruntersuchungen oder Abtasten – die Bestätigung erhielt, dass Sie *normal* waren. Vielleicht waren die Ergebnisse auch mal nicht gut und zeigten eine „Anomalie“. In diesem Fall wurden über die Nabelschnur Wellen der Angst nach unten gesendet, die Ihnen übermittelten: „Oje! Etwas stimmt nicht. Das Baby wächst nicht so, wie es der Norm entspricht.“ Die Vergleiche mit der Norm setzten sich dann bei der Geburt fort und anschließend bei allen Baby-Vorsorgeuntersuchungen, bei den jährlichen Kontrolluntersuchungen und natürlich bei der Einschulung. Wohlmeinende Eltern und Lehrer stellten in stiller, unbewusster Übereinkunft sicher, dass Sie „normal“ waren, und jede Abweichung von der Norm wurde schnell im Keim erstickt.

Wenn Sie ein „braves“ Mädchen oder ein „braver“ Junge waren und über die sozialen und schulischen Fähigkeiten verfügten, sich anzupassen, haben Sie die Regeln wahrscheinlich schon sehr früh verinnerlicht und sind dazu übergegangen, sich selbst einzuschränken. Sie haben all die „schrägen“ Eigenarten entsorgt. Sie haben alles weggelassen, was sich „nicht schickt“. Damit sich niemand über Sie lustig machte, haben Sie jede ungewöhnliche Verhaltensweise irgendwo tief in Ihrem Inneren weggesteckt. Sie schafften es, als *normal* zu gelten, und lebten Ihr Leben – bis irgendetwas in Ihnen aufbrach. Wahrscheinlich geschah das, als die Manifestationen Ihrer Ängste eine Schwelle erreichten und Sie anfingen, Ihr wahres Ich zu enthüllen, das bis dahin in einem verborgenen Schattenreich vor sich hinvegetiert hatte.

Wenn Sie es nicht geschafft haben, „normal" zu werden, hatten Sie in Ihrer Kindheit und Jugend wahrscheinlich eher schwierige Jahre. Während es den anderen Kindern offenbar gelang, „die Regeln zu verstehen", konnten Sie einfach nicht still sitzen. Wie oft hat Ihr Lehrer sichtlich entnervt zu Ihnen gesagt: „Warum kannst du nicht einfach *normal* sein?" Sie haben versucht, sich nicht unnötig zu bewegen, Sie haben versucht, die „schrägen" Eigenarten abzulegen, aber irgendetwas in der Art und Weise, wie Sie „verdrahtet" und programmiert sind, hat dafür gesorgt, dass Sie es nicht konnten. Sie haben sich durch die Schule gekämpft, so gut es Ihnen möglich war. Und wenn Sie es auf die Uni geschafft haben, haben Sie dort vielleicht eine Welt vorgefunden, die Sie endlich so akzeptiert hat, wie Sie waren, mit all Ihren „schrägen" Eigenarten. In gewisser Hinsicht gehörten Sie zu den Glücklichen: Weil Sie es nicht geschafft haben, sich an das System anzupassen, ist Ihr authentisches Selbst intakter geblieben. Dennoch hinterlässt der Schmerz, den Außenseiter in jungen Jahren normalerweise erleiden, tiefe und große Narben.

Es ist faszinierend, sich vor Augen zu führen, dass das Konzept *normal* ziemlich neu ist. Jonathan Mooney, der in seiner Kindheit und Jugend mit allen möglichen Lernstörungen zu kämpfen hatte, schreibt dazu sinngemäß in seinem Buch *The Short Bus: A Journey Beyond Normal:*

„Während ich fuhr, dachte ich über das Wort *normal* nach. Bevor ich mich auf diese Reise begeben hatte, hatte ich das großartige Buch *Enforcing Normalcy* von Lennard David in die Hände bekommen, der überzeugend darlegt, dass das Wort *normalcy* (Normalität) erst um das Jahr 1860 herum Eingang in die englische Sprache gefunden hat. Bis dahin hatten wir nur das Konzept des *Ideals,* von dem niemand hoffen konnte, es jemals zu erreichen. In den USA entstand das Konzept *normal* in einem kulturellen Kontext, als die Nation darauf aus war, eine wachsende städtische Population zu kontrollieren und Einwanderer aus der ganzen Welt zu amerikanisieren. Normalität ist jedoch in allererster Linie ein Konzept, das auf

Statistiken beruht. *Das Normale, die Norm oder die Normalität existiert in der realen Welt realer Menschen nicht,* auch wenn man uns einredet, dass wir unser Verhalten ändern und unseren Körper und unseren Verstand trainieren können, um der Norm gerecht zu werden und Normalität zu erreichen. Uns wird eingeredet, danach zu streben – in unserer Kultur, in unseren Familien, in unserem Leben. Aber wenn wir danach streben, so wie ich es getan habe, verschwindet die Normalität. Normalität ist wie ein Horizont, der sich immer wieder entfernt, wenn man sich ihm nähert.

Dem unerreichbaren Horizont der Normalität hinterherzujagen verursacht enorme Ängste, denn die damit einhergehende Botschaft lautet einmal mehr, dass mit einem, so wie man ist, etwas nicht stimmt. Das Tragische ist, dass wir in jungen Jahren alles daransetzen, uns in die Schublade der ‚Normalität' zu zwängen. Später im Leben jedoch machen wir die Erfahrung, dass wir die Menschen am tollsten finden, die es gewagt haben, nicht nach Schema F zu leben. Dann stehen wir – frühestens mit Ende zwanzig und meistens erst in der Mitte unseres Lebens – vor der schwierigen Aufgabe, die verdrängten Teile von uns selbst wieder hervorzuholen und neu zu lernen, was es bedeutet, unser Leben voll und ganz so zu leben, wie wir sind, und rundum wir selbst zu sein. Wäre es nicht viel einfacher gewesen, wenn wir von Anfang an ermutigt worden wären, wir selbst zu sein und uns dessen bewusst zu werden, dass es Menschen in allen Formen, Größen und Variationen gibt? Dass es genau diese Unterschiede sind, die unsere bunte Vielfalt ausmachen und die uns unser Leben voll und ganz so leben lassen, wie wir sind? Wäre es nicht viel gesünder, das Konzept der ‚Normalität' komplett aus der Kindererziehung zu streichen und Kindern zu erlauben, so zu sein, wie sie sind, ohne dass sie sich dafür entschuldigen müssen?"

ÜBUNG

Wie sich der Mythos des Normalen auf Sie ausgewirkt hat

Nehmen Sie sich etwas Zeit, um darüber nachzudenken und aufzuschreiben, wie die Erwartung an Sie, normal zu sein, Ihr Selbstbild, Ihre Lebensentscheidungen und Ihre Ängste beeinflusst hat. Wann wurde Ihnen Ihrer Erinnerung nach zum ersten Mal explizit gesagt oder verdeckt zu verstehen gegeben, dass mit Ihnen in irgendeiner Hinsicht etwas nicht in Ordnung ist? Wann haben Sie daraufhin einen bestimmten Teil von sich unterdrückt oder abgelegt, um sich anzupassen? Was wissen Sie über die Schwangerschaft Ihrer Mutter, Ihre Geburt, Ihre Jahre als Baby und Kleinkind und Ihre Schulzeit, das bei Ihnen zu der Überzeugung beigetragen haben könnte, dass mit Ihnen etwas nicht stimmt oder unnormal ist? Erinnern Sie sich daran, gesagt bekommen zu haben „Du warst so ein schwieriges Baby"? Oder aber: „Du warst so ein braves Kind"? Diese Aussagen sind zwar alltäglich, bekräftigen aber die Überzeugung, dass es eine richtige Art und Weise gibt, wie man zu sein hat.

Kehren Sie zu dieser Übung zurück, wenn Sie über dieses Konzept nachdenken, und lassen Sie zu, dass die Aussagen und die Erinnerungen, die bei Ihnen zum Glauben beigetragen haben, dass etwas mit Ihnen nicht stimmt, an die Oberfläche kommen.

Die Erwartung von Glück

Die zweite bedeutende kulturelle Botschaft, die Ängste verursacht, ist die Erwartung von Glück und das Verleugnen der Schattenseiten. Wir leben in einer Kultur, die dem Licht nachjagt und die Dunkelheit verabscheut. Tatsächlich ist „das Streben nach Glück" eines der Leitprinzipien, auf denen die westliche Kultur beruht. Wir huldigen dem glücklichen Gesicht und setzen ein Lächeln auf, wenn wir hinausziehen in die Welt. Statistisch gesehen werden unkomplizierte Babys häufiger gelobt als quengelige, und temperamentvolle Teenager werden mit mehr positiver Aufmerksamkeit bedacht als mürrische. In einer Kultur, die das Ideal des Extrovertierten als bestes Persönlichkeitsmerkmal erachtet, verinnerlichen wir schon früh in unserem Leben, dass etwas mit uns nicht stimmen kann, wenn wir zu einem eher melancholischen

Naturell neigen. „Nimm es locker“, lernen wir. „Sei dynamisch“, hören wir. Wirf die chaotischen, verworrenen, lauten Teile des Lebens und deiner Persönlichkeit weg. Verbirg sie im Dunkeln.

Es wird einem schon früh vermittelt, dass man, um glücklich zu werden, die an einen gesetzten Erwartungen erfüllen und den Zeitplan der Gesellschaft einhalten muss: Sei gut in der Schule (auch wenn die Art des Lernens dort nicht deinem Lernstil entspricht); habe viele Freunde (auch wenn du introvertiert bist und lieber nur einen oder zwei gute Freunde hättest); treibe Sport, wenn du ein Junge bist (auch wenn du lieber Bücher liest oder dich künstlerisch betätigst); geh nach dem Abitur auf die Uni (auch wenn du für den Beruf, den du ergreifen willst, gar keinen Uni-Abschluss brauchst); feiere ausgelassen (auch wenn du dir daraus nicht viel machst); und dann finde einen tollen Job, heirate, kaufe ein Haus, bekomme ein Kind, arbeite immer mehr und immer härter, und während du die Karriereleiter hochkletterst bekomme ein zweites Kind, kaufe ein größeres Haus und ein teureres Auto und setz dich dann zur Ruhe. Genau in dieser Reihenfolge. Ein Teil von Ihnen weiß, dass das Befolgen dieser Vorgaben kein Glück garantiert, aber wenn Sie sich nicht bewusst dagegen entscheiden, den kulturellen Regeln der Gesellschaft zu folgen, werden Sie sich wahrscheinlich der Herde anschließen und blind bei allem mitmachen. Indem Sie dies tun, geben Sie die wunderbare Vielschichtigkeit Ihrer einzigartigen Persönlichkeit auf, Ihre Gaben, Ihre besonderen Charaktereigenschaften, Ihre Bedürfnisse, Ihre Wünsche und vor allem jeden Aspekt von Ihnen selbst, der aus dem Rahmen der Normalität fällt.

Wenn jungen Menschen schon früh im Leben beigebracht werden würde, sich nicht daran zu orientieren, Glück zu erlangen, sondern Sinn und Erfüllung zu finden, würden sie unter wesentlich weniger Ängsten leiden. Statt dem Streben nach Glück sollten wir das Streben nach Ganzheit in den Vordergrund stellen. Das würde bedeuten, dass Eltern von jeder Quelle – Kinderärzte, Lehrer, Geistliche, Freunde und Medien – vermittelt wird, dass an ihren Kindern viel mehr richtig ist als falsch und dass nicht Glück das Wichtigste ist, sondern ein sinnvolles Leben zu leben, bei dem den Kindern ein solides Selbstvertrauen den Weg weist.

ÜBUNG

„Sollte" durch liebevolles Handeln ersetzen

Wenn Sie wissen möchten, wie sehr Sie Ihr Selbstvertrauen outsourcen, dann beobachten Sie einmal genau, wie sehr das Wort *sollte* Ihre Gedanken und Ihren Wortschatz dominiert. Sobald ich von meinen Patienten einen „Sollte-Satz" höre, weiß ich, dass sie unter einer von außen auferlegten Erwartung leiden. Sie vergleichen ihr Verhalten unweigerlich mit einem kulturell bedingten Ideal von „gutem" oder „richtigem" Verhalten, was dann Ängste verursacht.

Nehmen wir zum Beispiel die Aussage: „Ich sollte mich mehr darüber freuen, meinen Partner zu sehen." Wir tragen die kulturell bedingte Vorstellung mit uns herum, dass mit unserer Beziehung etwas nicht stimmt oder etwas in ihr fehlt, wenn wir uns nicht nach unserem Partner sehnen, falls wir gerade nicht mit ihm zusammen sind. Das führt dann dazu, dass wir denken: „Ich liebe ihn nicht genug" oder „Ich bin mit der falschen Person zusammen" – und schon setzt sich die Angstspirale in Gang.

Um die „Sollte"-Denkweise zu überwinden, achten Sie darauf, wie oft sich das Wort in Ihre Selbstgespräche einschleicht. Anschließend werden Sie sich dessen bewusst, wie Sie sich fühlen, wenn Sie wieder auf diese Aussage hereingefallen sind. Wenn Sie das Wort *sollte* hören, fragen Sie sich stattdessen: „Was wäre in diesem Moment für mich selbst und für andere am besten?"

Es gibt keine Antworten – nur Wegweiser zur Weisheit

Es gab Zeiten, in denen ich unter der gewaltigen Welle des Nicht-Wissens zusammenbrechen wollte, die in Momenten eines Streits oder der Überforderung über mich hinwegrauschte: Wenn meine Jungs sich an die Gurgel gingen, ich mit meinem Mann stritt, ein vorübergehendes Zerwürfnis mit einer sehr guten Freundin passierte oder mir der Zustand der Welt oder der obdachlose Mann an der Straßenecke zu schaffen machte. Der Schmerz schien um mich herumzustürmen wie das Flattern Tausender Motten, ein Wirbelsturm von Emotionen, die in ein Aufflammen von Verzweiflung übergingen, hervorgerufen durch das Bewusstwerden, dass wir alle kämpfen und niemand die Antworten hat. Wo ist der Zauberstab? Wo ist das ultimative Erziehungshandbuch, das uns lehrt, wie wir sicherstellen können, dass unsere Kinder klarkommen und es ihnen gut geht? Wie lösen wir die gewaltigen Probleme der Welt? Hat irgendjemand die Antworten?

Aber dann gewinnt etwas anderes die Oberhand. Normalerweise passiert das, wenn jemand den mutigen Schritt wagt, echte Verantwortung zu übernehmen, und wenn dann die andere Person die Entschuldigung annimmt. Solche Momente der Verletzlichkeit berühren mich immer zutiefst – dieser Moment der Akzeptanz, in dem wir zwar nicht wissen, was wir da gerade tun, es aber vielleicht auch gar nicht wissen müssen. Es erinnert mich an die berühmten Zeilen aus einem der Briefe Rilkes*:

> „… ich möchte Sie, so gut ich es kann, bitten, lieber Herr, Geduld zu haben gegen alles Ungelöste in Ihrem Herzen und zu versuchen, *die Fragen selbst* liebzuhaben wie verschlossene Stuben und wie Bücher, die in einer sehr fremden Sprache geschrieben sind. Forschen Sie jetzt nicht nach den Antworten, die Ihnen nicht gegeben werden können, weil Sie sie nicht leben könnten. Und es handelt sich darum, alles zu leben. *Leben* Sie jetzt die Fragen. Vielleicht leben Sie dann allmählich, ohne es zu merken, eines fernen Tages in die Antwort hinein."

Was uns unter anderem zu schaffen macht ist die Erwartung, dass das Leben und die Beziehungen zu anderen Menschen einfach sind. Aber nichts im Leben ist einfach. Insbesondere Beziehungen scheinen jeden verborgenen Dämon, jeden eingestaubten Komplex, jede nicht vergossene

---

* Brief an Franz Xaver Kappus, 16. Juli 1903. In: Rainer Maria Rilke: „Briefe an einen jungen Dichter"

Träne aus unserer eigenen Lebensgeschichte und der unserer Eltern aufzuscheuchen, die in der Rumpelkammer der Psyche versteckt sind. Mehr als alles andere bringen Beziehungen inneres Wachstum in uns hervor. Und dennoch fragen wir uns immer wieder, was grade schiefläuft, wenn uns zum Beispiel nicht danach ist, unseren Partner zu küssen, wenn unsere Kinder miteinander zanken oder sich ein Freund lange nicht meldet. Wir suchen nach Antworten und am Ende fühlen wir uns normalerweise noch schlechter, weil wir auf die implizite Botschaft hereinfallen: „Wenn du meinen Rat befolgst, wird dein Kind oder deine Beziehung oder dein Leben nicht mit Problemen behaftet sein, und es wird keine Konflikte geben."

Eine tröstlichere und realistischere Denkweise ist die, dass jeder Moment des Fließens ein kleines Wunder ist: Wenn mein Herz mit deinem in Einklang schlägt und wir gleichzeitig Nähe zueinander empfinden; wenn die Kinder gemeinsam ein kreatives Spiel finden, das allen Spaß macht; wenn Freundschaften wochen-, monate- oder jahrelang einfach gut laufen – in alldem zeigt sich die Liebe. Warum? Weil es so viele Ursachen dafür gibt, dass sich unsere Herzen verschließen, zum Beispiel wenn Angst, Neid, Eifersucht oder andere negative Gewohnheiten die Oberhand gewinnen. Dann erfolgt kein gemeinsames Fließen, keine Verbindung. Ganz anders, wenn hingegen zwei offene Herzen im Zuge einer kosmischen, freudigen Kollision aufeinandertreffen – zum Beispiel wenn dein Wunsch, mich zu küssen, mit meinem Wunsch, geküsst zu werden, im Einklang steht.

Wir sind alle ungeformt und ungeschliffen: Sie, ich, unsere Partner, unsere Freunde, unsere Kinder. Selbst Menschen, die wir als Sinnbilder der Vollkommenheit und der Perfektion ansehen – der Dalai Lama, Mutter Theresa, Jesus, Pema Chödrön –, sind und waren ebenfalls ungeformt und ungeschliffen. Der Unterschied ist, dass sie nach Jahren hingebungsvoller Übung und Praxis besser in der Lage sind, ihren wunden Punkten mit Liebe und Mitgefühl zu begegnen. Sie reagieren wahrscheinlich weniger impulsiv als die meisten Menschen, und wenn sie sich „ausleben", gehen sie an die Reaktion darauf mit Neugier heran. Wir verfügen alle über diese Fähigkeit. Es bedarf nur Übung und Praxis und einer Neuprogrammierung, um diese Fähigkeit zu entfalten.

Es ist zutiefst tröstlich zu wissen, dass wir mit unseren Unzulänglichkeiten nicht allein sind. Sich mit anderen zu vergleichen, ist im besten Fall wenig hilfreich und im schlimmsten Fall gefährlich – das ist der Weg, der im Mythos des Normalen und der Erwartung von Glück tief verwurzelt ist. Der Weg zur Befreiung besteht hingegen darin, eine liebevollere und realistischere Beziehung zum Leben zu entwickeln; eine Beziehung, die von der Erkenntnis geleitet ist, dass es keine Ziellinie gibt, dass wir alle ungeformt und ungeschliffen sind. Anstatt zu versuchen, uns in die Schubladen der unerfüllbaren Erwartungen unserer Gesellschaft und unserer Kultur zu zwängen, lernen wir, uns auf unserer gemeinsamen Reise auf diesem schmerzerfüllten, herrlichen Planeten den Zugang zu mehr Selbstliebe zu verschaffen.

Menschlich sein

Wenn es also nicht Ihre Bestimmung ist, sich so zu verbiegen, dass Sie dem Mythos des Normalen entsprechen und sich vom Streben nach Glück leiten lassen, was sollen Sie dann tun? Lassen Sie uns statt nach Glück und Normalität lieber danach streben, menschlich zu sein. Das ist nämlich überhaupt kein Streben, sondern nichts anderes als die behutsame Erlaubnis an uns selbst, genau so zu sein, wie wir sind. Was bedeutet es, menschlich zu sein? Wenn Sie sich bemühen, sich von den negativen und einschränkenden Erwartungen und den damit einhergehenden Botschaften der Gesellschaft und der Kultur zu befreien, lade ich Sie ein, die folgenden Aussagen als Gedächtnisstützen zu lesen.

> Menschlich zu sein bedeutet, sich in Erinnerung zu rufen, dass das Menschsein ein Experiment ohne Ziel oder Bestimmung ist, jedoch mit einem Plan, zu dem ganz zentral das Lernen über Liebe gehört.
>
> Menschlich zu sein bedeutet, unbeholfen und unerfahren zu lieben. Denn wie sollen wir etwas praktizieren, das wir nie gelernt oder gesehen haben? Wir werden mit unserem Partner in einem Sumpf aus Schmerz und stillem Unverständnis sitzen

und keine Ahnung haben, wie wir da je wieder herauskommen sollen. Wir werden uns mal verbunden und lebendig fühlen und mal getrennt und allein. Wir werden zweifeln und ausatmen, Frieden finden und wieder vergessen. Das ist es, was es bedeutet, einander mit Herzen zu lieben, die verletzt wurden, und mit Seelen, die noch nicht gelernt haben, wie man uneingeschränkt liebt.

Menschlich zu sein bedeutet, selbst in der Gegenwart von denjenigen, die wir auf der Welt am meisten lieben, Unbehagen zu verspüren.

Menschlich zu sein bedeutet zu vergessen, dankbar zu sein; zu vergessen, sich um sich selbst zu kümmern; zu vergessen zu beten. Vielleicht verbringen wir mehr Zeit damit, Dinge zu vergessen, als damit, uns Dinge in Erinnerung zu rufen. Das macht dieses kurze Eintauchen in den funkelnden Pool des Erinnerns umso herrlicher und göttlicher.

Menschlich zu sein bedeutet zu lernen, das Paradoxe zu akzeptieren und Ungewissheiten anzunehmen, bis wir häufiger „Ich weiß nicht“ sagen als „Ich weiß“.

Menschlich zu sein bedeutet, sich anzustrengen und zu kämpfen. Irgendwann werden wir uns dessen bewusst, dass der Schmerz, wenn wir unter dem Schirm des „Sollens“ sitzen – „Das sollte nicht so schwer sein. Ich sollte glücklich sein.“ –, nur noch stärker auf uns herabregnet. Doch wenn wir akzeptieren, dass Ängste, Depressionen, Einsamkeit, Machtlosigkeit, Kummer, Freude und Begeisterung allesamt Teil des Ganzen sind, treten wir hinaus in den Regen und tanzen vielleicht sogar ein wenig.

Menschlich zu sein bedeutet traurig zu sein, selbst wenn wir nicht wissen warum; Angst zu verspüren, selbst wenn wir nicht wissen wieso; froh zu sein, selbst wenn wir nicht wissen, was der Grund für unsere Freude ist.

Menschlich zu sein bedeutet, Fehler zu machen. Und manchmal bedeutet das, andere zu verletzen, ungeachtet dessen, ob es sich um unsere engsten Vertrauten handelt oder um Menschen, denen wir noch nie begegnet sind. Menschlich zu sein bedeutet, „Es tut mir leid, ich hoffe, du kannst mir vergeben“ zu sagen, während wir einen Tanz aus Nähe und Schmerz, aus Bereuen und Vergeben, aus Verletzung und Wiedergutmachung vollführen.

Menschlich zu sein bedeutet, die Erfahrung zu machen, dass sich Phasen der Leichtigkeit und des unbeschwerten Dahinfließens mit Phasen des Kämpfens abwechseln. Wenn wir uns zu sehr mit dem Kämpfen identifizieren, verfallen wir in Hoffnungslosigkeit. Wenn wir uns zu sehr der Leichtigkeit hingeben, verfallen wir in Überheblichkeit. So wie ein Floß durch die ruhigen Gewässer gleitet und durch die Stromschnellen rauscht, treiben und kämpfen wir uns den Fluss entlang, der das Leben ist.

Menschlich zu sein bedeutet, sich danach zu sehnen, so mit sich und der Welt im Reinen zu sein wie eine frischgebackene Mutter und doch zu wissen, dass es das nicht gibt. In Momenten der Klarheit und der Weisheit erinnern wir uns daran, dass das einzige perfekte Mit-uns-eins-Sein unserer Beziehung zur einen Quelle, zum Göttlichen, zu dem einen Atem entstammt. In diesen liebenden und unsichtbaren Armen werden wir gesehen, gekannt und geliebt.

Menschlich zu sein bedeutet, im Labyrinth der Psyche verborgene Höhlen zu haben, Schattenreiche, die man nicht sehen kann und von denen man selbst nichts weiß, bis man aufgebrochen wird. Durch die dabei entstehende Spalte dringt Licht herein, erhellt den Schatten und sorgt dafür, dass das, was unter dem Schatten liegt, ins Bewusstsein aufsteigt.

Menschlich zu sein bedeutet, sich dessen bewusst zu werden, dass Partner und Freunde ebenfalls diese Schattenreiche haben; Orte der Dunkelheit, die zu Beginn oder auch nach Jahren der Beziehung unsichtbar bleiben. Wenn er oder sie dann eines Tages aufgebrochen wird, kommen die

Wutgeister an die Oberfläche und wollen erkannt und geliebt werden, um Heilung zu erfahren.

Menschlich zu sein bedeutet, tote Winkel zu haben. So tief wir auch in die Reiche unseres Inneren vordringen – es wird immer Orte geben, an denen wir keinen Blick auf uns selbst haben. Deshalb lautet die ehrlichste und mutigste Frage, die wir einem vertrauten Menschen stellen können: „Was sehe ich nicht?" Und wenn die toten Winkel ausgeleuchtet werden, sind wir voller Dankbarkeit darüber, dass ein weiterer Schleier der Illusion und des Falschsehens gelüftet wurde.

Menschlich zu sein bedeutet zu altern. Die feinen Linien, die sich zwischen dreißig und vierzig bilden, werden sich zwischen vierzig und sechzig und erst recht danach zu Falten vertiefen. Weil wir in einer Gesellschaft und einer Kultur leben, in der man dazu angehalten wird, diese Linien und Falten zu beseitigen oder wenigstens zu verstecken, vergessen wir, dass sie die Geschichten unseres Lebens erzählen. „Schau, die kommen davon, dass ich so heftig gelacht habe, dass mir die Tränen kamen. Schau, die kommen davon, dass ich so heftig geweint habe, dass ich total zusammengebrochen und verstummt bin." Aber wo sind die silberhaarigen Frauen? Sie werden aus der Gesellschaft herausgefärbt, so intensiv ist unser Kampf gegen die Zeit. Was wir oft nicht sehen, ist, dass mit dem Altern die Weisheit kommt, mit der Zeit die Toleranz und mit den weniger werdenden verbleibenden Tagen mehr Dankbarkeit.

Menschlich zu sein bedeutet zu dienen, sei es dem Fleckchen Erde vor Ihrem Zuhause, sei es dem Haustier zu Ihren Füßen, den Menschen, mit denen Sie zusammenleben oder in einem breiteren, eher gesellschaftlichen Kontext. Eine Art des Dienens ist nicht besser als eine andere. Wenn das Dienen aus den Wassern der Quelle des Selbst quillt, verbinden wir uns mit der Quelle und der Sinnhaftigkeit. Es ist, wie Jane Goodall sagt: „Du kannst nicht einen einzigen Tag leben, ohne Einfluss auf die Welt um dich herum zu haben.

Was du tust, macht einen Unterschied; du musst dich entscheiden, welchen Unterschied du machen willst."

Menschlich zu sein bedeutet, mit jedem anderen Wesen auf dem Planeten verbunden zu sein; nicht nur durch Informationen, sondern durch die geistigen Kräfte des Herzens, das sich mit Kraft und Mut öffnet. So lange, bis der leblose Körper des Jungen, der in den Armen eines schmerzgeplagten Soldaten aus dem Wasser getragen wird, mein Sohn ist und die Mutter des Jungen meine Schwester. Über all die Meere und Länder dieses riesigen und dennoch kleinen Planeten hinweg bricht sie in meinen Armen zusammen, ich umarme sie und der Schmerz in meinen Gebeten hüllt sie in eine unsichtbare Decke.

Menschlich zu sein bedeutet, so gut wie wir können zu lieben und geliebt zu werden. Es bedeutet, die Hemmnisse zu beseitigen, die uns daran hindern, vollständig und ungehindert zu lieben, damit wir die Welt, die uns so dringend braucht, mit unserer Liebe bereichern können.

Menschlich zu sein bedeutet, dass wir mit Mängeln behaftet und vollkommen sind: Wir werden verletzen und verletzt werden; wir werden enttäuscht sein und enttäuschen; wir werden stolpern und hinfallen und wieder aufstehen.

ÜBUNG

Werden Sie sich Ihrer positiven Eigenschaften bewusst

Halten wir kurz inne und nehmen uns etwas Zeit, um mit dem Prozess der Neuprogrammierung dessen, was an Ihnen „nicht stimmt", zu beginnen und uns auf das zu konzentrieren, was „richtig", „vollkommen" und „gesund" ist. Die effektivste Methode besteht darin, eine Liste zu erstellen mit alldem, was Ihr bestes, essenziellstes Selbst ausmacht. Das ist also keine Liste Ihrer erbrachten Leistungen, Ihrer Abschlüsse oder irgendwelcher anderer äußerlicher Dinge. Vielmehr ist es eine Liste Ihrer inneren, unveränderlichen positiven Eigenschaften, die Ihren Charakter und Ihr Herz ausmachen. Wenn ich meine Kursteilnehmer dazu auffordere, eine solche Liste zu verfassen, schreiben sie häufig Dinge auf wie: „Ich bin ein freundlicher, freigiebiger Mensch. Ich habe ein Herz für Tiere. Ich mag es, wie sich meine Nase kräuselt, wenn ich lächle, und ich habe einen guten Sinn für Humor. Ich weiß, dass meine Sensibilität eine Gabe ist, auch wenn ich das nicht immer so sehe. Sie hilft mir bei der Arbeit und ermöglicht es mir, ein guter Freund zu sein. Ich arbeite an mir, ich bemühe mich zu lernen und zu reifen. Ich bin hier und nehme an diesem Kurs teil (oder lese dieses Buch), wodurch ich versuche zu wachsen."

Ich empfehle Ihnen, diese Übung in Ihr morgendliches oder abendliches Tagebuchschreiben einzubeziehen. Sie hilft, die Gewohnheit, das Glas als halb leer anzusehen (sich also auf das zu konzentrieren, was an Ihnen „nicht stimmt") umzuprogrammieren zu einer Gewohnheit, das Glas als halb voll zu betrachten (sich also auf das Gute und Vollkommene, das Sie ausmacht, zu konzentrieren). Sie eignen sich auf diese Art die Geisteshaltung an, dass Sie genau so, wie Sie sind, in Ordnung sind.

3
HINDERNISSE AUF DEM WEG ZUR HEILUNG

Es ist nicht so, dass Ängste im Leben auftreten oder eben nicht. Ängste sind Teil des Lebens. Wir gelangen von Ängsten begleitet ins Leben. Und wir betrachten sie, erinnern uns an sie und sagen zu uns: Wir haben es geschafft. Wir haben die Ängste überstanden. Tatsächlich entpuppen sich die schlimmsten Ängste und die größten Probleme, die wir in unserem Leben bewältigen müssen, oft erst Jahre später, wenn wir auf sie zurückblicken, als der Beginn von etwas vollkommen Neuem. (…) Das kann uns Mut verleihen (…), um zuversichtlich nach vorne zu schauen und zu sagen: Ja, das ist eine schwierige Situation. Es ist in etwa so eine schwierige Situation wie die schwierigste Situation, in der sich die Welt oder zumindest die Menschheit je befunden hat. Aber wenn wir uns darauf einlassen (…), wird es eine Neugeburt sein. Und das ist Vertrauen in das Leben. Sich darauf einzulassen bedeutet, sich das Ganze anzusehen [und zu fragen]: Welche Chancen und Möglichkeiten gibt es[?]“

BENDEDIKTINERMÖNCH DAVID STEINDL-RAST

Die Eigenschaften des Widerstands

Selbst wenn wir in unsere innerste Vollkommenheit vordringen und den Lichtschein der Neugier mit einer Haltung des Mitgefühls auf unsere Wunden richten können, kann es immer noch passieren, dass wir auf dem Weg zur Heilung auf Hindernisse stoßen. Ich bin sicher, dass viele von Ihnen schon einmal die Erfahrung gemacht haben, eine neue Gewohnheit etablieren zu wollen – zum Beispiel zu meditieren oder sich jeden Morgen einen grünen Smoothie zuzubereiten. Nach einer Woche oder einem Monat stellten Sie fest, dass Sie nicht bei der Stange geblieben sind. Warum?

Das liegt an der inneren Beschaffenheit des Widerstands, den ich bereits in der Einleitung erwähnt habe. Warum sollten wir uns einer Reifung und einer Heilung widersetzen, die nur eine positive Veränderung bewirken können? In der Frage liegt die Antwort: Es ist die *Veränderung* selbst, die uns Angst macht. In jedem von uns steckt ein Teil, der sich danach sehnt, im Reich des Vertrauten, Sicheren und Vorhersehbaren zu verweilen. Dieser Teil widersetzt sich unseren Versuchen zu reifen.

Widerstand ist ein Cousin der Ängste und äußert sich dadurch, dass man sich zu träge, zu ängstlich oder zu müde fühlt, um neue Gewohnheiten anzunehmen oder das zu tun, wovon man weiß, dass es dem besseren Selbst zugutekommen würde. Dieser Teil von uns schaut am Ende des Tages lieber mehrere Folgen einer Netflix-Serie, statt Tagebuch zu schreiben. Er zieht es vor, auf dem Sofa zu sitzen, statt eine Runde zu joggen. Je besser es Ihnen gelingt zu benennen, wann der Widerstand das Kommando übernimmt, desto leichter wird es Ihnen fallen, sich im Sinne Ihrer Absicht zu heilen und zu reifen, sich also gegen das zu entscheiden, was er Ihnen nahelegt. Um Ihnen bei der Identifizierung des Widerstands zu helfen, sind im Folgenden einige seiner wichtigsten Eigenschaften aufgeführt:

- Er klammert sich an den Status Quo.
- Er ist um jeden Preis darauf bedacht, die Kontrolle zu übernehmen und zu behalten.
- Er fürchtet jede Art von Veränderung, insbesondere jede innere Veränderung.
- Er ist hartnäckig, nicht nachgiebig oder wankelmütig.
- Er fühlt sich am wohlsten, wenn das Leben ohne irgendeine Veränderung des Rhythmus oder der Gewohnheiten in ruhigen Bahnen verläuft.
- Er hasst Risiken.

- Er hat panische Angst davor zu vertrauen.
- Er hat eine irregeleitete Vorstellung von Kontrolle und glaubt, das Eintreten schlimmer Dinge verhindern zu können, wenn er ein ausreichendes Maß an Sorgen verursacht.
- Er ist ungeduldig und will, dass Dinge sofort geregelt werden.
- Er kann kein Paradoxon akzeptieren und denkt in Schwarz-Weiß-Kategorien.
- Er fühlt sich in Ihrem Kopf sicherer, was bedeutet, dass er sich nicht gerne im Reich der Gefühle aufhält. Er assoziiert Gefühle mit Kontrollverlust, denn so hat es sich angefühlt, als Sie ein Kind waren. Und das Schlimmste für diesen Teil von Ihnen ist das Gefühl, nicht die Kontrolle zu haben.
- Er gedeiht durch Bequemlichkeit und liebt es, Sie in Trägheit gefangen zu halten und nicht von der Stelle kommen zu lassen.

Es gibt weitere Gründe, warum wir uns dagegen wehren zu reifen. Zu reifen bedeutet, in jeder Hinsicht Verantwortung für uns selbst zu übernehmen. Der kindliche Teil von uns, der sich danach sehnt, dass uns jemand anderes von unserem Schmerz befreit, macht sich sehr lautstark bemerkbar, wenn wir erwägen, diese Aufgabe selbst zu übernehmen. Ich habe mit vielen Patienten gearbeitet, die als Erwachsene immer noch glaubten – wenn auch oft unbewusst –, dass es die Aufgabe von jemand anderem sei, sich um sie zu kümmern. Insbesondere sei es die Aufgabe ihrer Eltern und diese würden es ja nicht mehr tun, wenn man die Verantwortung selber übernähme. Natürlich würden die Eltern das so oder so nicht machen, aber der widerstrebende Teil der diesem Glauben verhafteten Patienten will das nicht wahrhaben.

Und dann gibt es noch einen weiteren Aspekt des Widerstands und des Selbst: Die Jung'sche Psychologie lehrt uns, dass Widerstand selbst Teil des Plans ist. Widerstand ist nicht einfach etwas, das man überwinden oder hassen muss, sondern unser Widerstand hilft uns zu reifen, weil er uns etwas bietet, gegen das wir uns stemmen können. Es ist genauso wenig hilfreich, Widerstand als einen schlechten Teil unserer Persönlichkeit anzusehen, wie Ängste als einen Feind zu betrachten. Vielmehr ist Widerstand – genauso wie Ängste – ein wesentlicher Teil unseres Selbst, der unseren Heilungsprozess fördert, wenn wir ihm Beachtung schenken, auf ihn eingehen und erfolgreich mit ihm arbeiten. Mit anderen Worten: Indem wir mit dem Widerstand arbeiten, stärken wir unsere Selbstwahrnehmung. Es ist alles genau so, wie es ein soll. Nichts von alledem ist ein Zufall.

Man kann das auch in der Politik sehen. Ungeachtet der jeweiligen Überzeugungen lässt sich beobachten, dass die größten Veränderungen eintreten, wenn es eine Kraft gibt, der man Widerstand entgegensetzen und gegen die man sich aufbäumen kann. Wir scheinen etwas zu benötigen, gegen das wir uns stemmen können, um den Prozess des Reifens einzuleiten, und zwar sowohl in der äußeren Sphäre als auch in unserem Inneren. Das hilft uns, alle Teile von uns – auch unseren Widerstand – als innere Freunde anzusehen, die dazu da sind, uns dabei zu unterstützen zu heilen und zur Ganzheit zu gelangen.

Ist es möglich, Widerstand zu überwinden? Absolut. Ein Kollege und ich hatten einmal eine angeregte Unterhaltung darüber, inwiefern einer der anspruchsvollsten und zugleich befriedigendsten Aspekte unserer Arbeit darin besteht, Patienten dabei zu helfen, die Mauer des Widerstands zu überwinden. Diese hindert sie daran, die volle Verantwortung für ihr eigenes Wohlbefinden zu übernehmen. Oberflächlich betrachtet scheint es so, als wollten diese Patienten sich besser fühlen – warum sollten sie sonst Hilfe suchen? Aber der Widerstand arbeitet im Verborgenen und kommt oft durch die Hintertür. Während die Patienten sich zwar besser fühlen wollen, sind sie nicht immer bereit, die innere Arbeit zu leisten, die sie in die Lage versetzen wird, dies zu erreichen. Es geht sogar noch darüber hinaus: Sie sind möglicherweise *bereit*, die innere Arbeit zu leisten, aber wenn ihr Widerstand eisern ist, hat er die vollkommene Kontrolle. Sie sind machtlos. Bis sie es nicht mehr sind; bis sie in der Lage sind, ausreichend innere Arbeit zu leisten, sodass sie die Hindernisse überwinden können, sich aus der Starre befreien und in Bewegung kommen.

Viele Menschen identifizieren sich so stark mit ihren Scham- und Schmerzgeschichten, dass sie Angst haben, diese Identität zu verlassen. Sie fühlen sich lieber weiter schlecht, als das Risiko einzugehen, sich auf eine neue Geschichte einzulassen. Denken Sie daran: Widerstand klammert sich um jeden Preis an das Vertraute, selbst wenn das Vertraute dafür sorgt, dass man sich schlecht fühlt. Wenn Sie mit Widerstand zu kämpfen haben, stellen Sie sich diese entscheidende Frage: Bin ich bereit, meine Heilung als wichtiger anzusehen als meine derzeitige Identität? Wenn das der Fall ist, setzen Sie sich ruhig hin und horchen Sie auf die Antwort.

Im Folgenden sind Hinweise dafür aufgeführt, dass Sie die Verantwortung meiden und hinter einer Mauer des Widerstands festsitzen:

- Sie betrachten den Schlüssel zum Glück nahezu ausschließlich als etwas, das im Außen zu finden ist. Das kann sich zum Beispiel so äußern, dass Sie Single sind und von der Frage gequält werden, ob es die richtige oder die falsche Entscheidung war, Ihren Partner verlassen zu haben. Oder es kann sein, dass Sie mit einem Partner zusammen sind und über einen speziellen Aspekt Ihrer Beziehung herumgrübeln, der Sie nicht erfüllt.
- Sie werden von einer bestimmten Frage verfolgt, die einen großen Teil Ihrer Zeit und Ihrer Energie in Anspruch nimmt. Dabei handelt es sich normalerweise um einen aufdringlichen Gedanken, der aber auch die Form einer obsessiven Frage annehmen kann, zum Beispiel: „Sollte ich den Job wechseln?“ Oder: „Habe ich einen Fehler gemacht?“
- Sie haben das Gefühl, auf dem Weg zu Ihrer Heilung nicht weiterzukommen. Sie haben viele verschiedene Methoden, Programme, Kurse, Bücher und so weiter ausprobiert, aber nichts von alledem „funktioniert“. Das ist normalerweise ein Anzeichen dafür, dass ein Widerstand Sie davon abhält, die nötige Arbeit tatsächlich zu leisten, und dass Sie stattdessen auf eine magische Lösung des Problems hoffen.
- Wenn Sie ehrlich zu sich selbst sind, wünschen Sie sich, dass jemand anderes Ihr Problem behebt und Sie erlöst (Ihre Mutter, Ihr Vater, Ihr Partner, ein Freund oder ein Therapeut).

Ich habe mit vielen Patienten gearbeitet, die in der Lage waren, ihre Widerstände zu überwinden und sich ihr Leben zurückzuerobern – und zwar ungeachtet dessen, worin genau ihre Widerstände begründet lagen oder warum diese so viel Kontrolle ausübten. Lassen Sie sich voll und ganz darauf ein, Ihre innere Arbeit zu leisten, und greifen Sie auf die Ressource Geduld zurück. Benennen Sie den Widerstand jedes Mal, wenn er versucht, Ihre Genesung zu sabotieren, *und* führen Sie Gegenmaßnahmen durch. Dann werden Sie den Widerstand ebenfalls überwinden.

ÜBUNG

Arbeiten mit dem Widerstand

Nehmen Sie sich etwas Zeit und schreiben Sie auf, wie sich der Widerstand bei Ihnen äußert. Je vertrauter Sie mit diesem inneren Charaktermerkmal werden, desto leichter wird es Ihnen fallen, es zu erkennen, wenn es zum Vorschein kommt. Wenn Sie merken, dass der Widerstand die Kontrolle übernommen hat, probieren Sie die folgenden drei Methoden aus, um ihn zu überwinden.

1. **Benennen Sie ihn:** Wir können nicht ändern, was uns nicht bewusst ist. Vielen Menschen hilft allein schon das Wissen, dass sie mit Widerstand zu kämpfen haben, um ihn zu überwinden.

2. **Bitten Sie eine höhere Quelle um Hilfe:** Wenn Sie das Gefühl haben, die innere Arbeit nicht weiter leisten zu können, es aber tun möchten, können Sie eine höhere Quelle um Hilfe anrufen: „Bitte hilf mir, bei der Stange zu bleiben, um zu meiner eigenen Reifung beizutragen. Bitte hilf mir, Verantwortung zu übernehmen." Übrigens besitzt die Religion nicht das Urheberrecht auf Gebete. Wenn Sie unter dem posttraumatischen Kirchensyndrom leiden, beten Sie zu Ihrem höheren Selbst. Beten Sie zum Universum. Beten Sie zum Meer, zur Lebenskraft oder zur Heilung. Sie müssen nicht einmal an die Kraft von Gebeten glauben. Beten Sie trotzdem.

3. **Greifen Sie auf Ihren inneren liebenden Vater zurück:** Der liebende Vater in Ihnen ist Ihre innere maskuline Energie, die

sagt: „Ich weiß, dass du es nicht tun willst, aber wir machen es trotzdem." Der gesunde innere Vater ist resolut, klar denkend, streng aber liebevoll und gibt dem Argument „Ich habe keine Lust!" nicht nach. Er ist der Elternteil, der dem Kind vermittelt: „Ich weiß, dass du keine Lust hast, zum Klavier-, Kampfsport- oder Schauspielunterricht zu gehen, aber jedes Mal, wenn du hingehst, bist du hinterher froh, dass du es gemacht hast; also gehen wir so oder so hin." Das ist *nicht* der Teil, der einen dazu drängt, etwas zu tun, das nicht wirklich in unserem besten Interesse ist, sondern eher der Teil, der unser Wohlergehen zum Ziel hat. Er drängt einen dazu, Widerstände im Sinne dieses Ziels zu überwinden. Dieser Teil weiß, dass eine elementare Grundfaulheit zum Menschsein gehört und dass der Widerstand, der niemals irgendwelche Veränderungen will, sich an das Einfache und Vertraute klammert. Denken Sie daran: Der Widerstand liebt es, vor dem Fernseher zu sitzen und sich endlos Serien anzusehen, statt sich aufzuraffen und einen zügigen Spaziergang zu machen. Wenn Sie Ängste überwinden wollen, müssen Sie gegen Ihre elementare Grundfaulheit ankämpfen, bis sich die neue, für das Wohlergehen förderliche Gewohnheit durchgesetzt hat.

Mit dem Widerstand zu arbeiten ist einer der anstrengendsten Bestandteile des Heilungsprozesses. Und auch wenn es wichtig ist zu erkennen, dass im Widerstand manchmal durchaus Weisheit enthalten sein kann, ist es genauso wichtig, geduldig und entschlossen an ihm zu arbeiten, bis Ihnen tatsächlich ein Licht aufgeht. Denn unterm Strich lautet die bittere Wahrheit, dass niemand Sie retten wird: nicht Ihr Partner, kein neuer Job, kein neues Haus, kein Umzug in eine andere Stadt, nicht Ihre Eltern und auch nicht Ihr Therapeut. Es gibt keinen Notausgang aus dem Leben. Wir alle müssen uns der Tricks bewusst werden, derer sich der Widerstand bedient – unsere Gedanken, die Neigung zu Trägheit und die Akzeptanz, dass wir von unserem Schmerz verschluckt werden. Dann gilt es, auf die stärkeren inneren Teile von uns zuzugreifen, die im Dienste unserer Ganzheit und unserer Heilung arbeiten, und diese Teile zum Reifen zu bringen.

Verantwortung: Der Schlüssel zur Transformation

Verantwortung für unser eigenes Wohlergehen zu übernehmen, ist ein entscheidender Schlüssel für die Transformation. Wir können nicht genesen, wenn wir darauf warten, dass uns jemand anderes heilt und wir uns selbst blockieren oder die Schuld anderswo suchen. Neben dem Widerstand gibt es noch eine weitere Art und Weise sich zu weigern, Verantwortung zu übernehmen: der Glaube, dass das eigene Leiden eigentlich gar nicht existieren dürfte. Dass man nicht mit Ängsten zu kämpfen hätte, wenn äußerlich etwas anders wäre. Wie bereits dargelegt, hängen wir kulturell bedingt so stark dem Glauben an, dass unser innerer Zustand durch äußere Umstände bestimmt wird, dass eine Änderung der eigenen Denkweise bedeutet, dafür sprichwörtlich gegen den Strom schwimmen zu müssen. Diese neue Denkweise bedeutet, zu 100 Prozent die Verantwortung für den eigenen Schmerz zu übernehmen. Der Glaube, dass Ängste nicht vorkommen sollten, hält Betroffene davon ab, das zu erledigen, was erledigt werden muss. So etwas zu glauben bedeutet, gegen die Realität anzukämpfen, weil die Ängste *vorhanden* sind; und jedes Mal, wenn man diesen vermeintlichen Notausgang nutzt, verpasst man eine Gelegenheit, die einem geboten wird, um zu genesen und zu reifen.

Einen liebenden inneren Elternteil entwickeln

Wenn wir die volle Verantwortung übernehmen wollen, ist es überaus wichtig, sich Zugang zu dem liebenden Elternteil zu verschaffen, der das Schiff, das wir sind, steuert. Paradoxerweise besteht ein wesentlicher Teil dieser Aufgabe darin, diesen liebenden Elternteil überhaupt erst zu entwickeln. Wie verschaffen wir uns Zugang zu etwas, das wir nicht haben? Indem wir uns dessen bewusst werden, dass der Glaube „Ich habe keinen liebenden Elternteil" in Wahrheit nicht stimmt. Es ist eine der Taktiken des Widerstands, Ihnen einzureden, dass Sie keinen inneren Erwachsenen haben und deshalb auch keine Verantwortung für sich übernehmen können.

In jedem von uns steckt dieser Teil. Jedes Mal, wenn Sie einem hilfebedürftigen Freund Unterstützung anbieten, haben Sie Zugang zu Ihrem eigenen inneren mitfühlenden Freund. Jedes Mal, wenn Sie sich Ihrem Sohn oder Ihrer Tochter liebevoll öffnen, um seine oder ihre Gefühle nachzuempfinden, haben Sie Zugang zu Ihrem inneren Elternteil. Jedes Mal, wenn Sie sich mit Ihrer Weisheit verbinden, jenem Ort jenseits der Gedanken und Gefühle, wenden Sie sich an Ihr weises Selbst. Jedes Mal, wenn Sie sich in einer liebevollen und fürsorglichen Weise um Ihren Körper, Ihr Herz, Ihren Geist oder Ihre Seele kümmern, ist es Ihr liebender Elternteil, der Ihr Handeln steuert. Jedes Mal, wenn Sie sich um Ihr Haustier kümmern, sind Sie ein liebevoller Fürsorger. Die Definition eines weisen Selbst / inneren Elternteils lautet:

> Der starke, mitfühlende, neugierige Teil von Ihnen, der in allen vier Reichen – dem körperlichen, dem emotionalen, dem mentalen und dem spirituellen – liebevoll für Sie sorgt. Der Teil, der Zugang zu Ihrer Weisheit hat, um falsche Überzeugungen zu widerlegen, der emotionalen Schmerz aushalten kann, ohne von ihm aufgefressen zu werden, und der effektiv mit Widerständen umgeht. Durch ihn gelingt es Ihnen, sich täglich die Zeit für Ihre Übungen zu nehmen und Ihre innere Arbeit zu leisten.

Wenn jemand zum ersten Mal versucht, seine negativen Selbstgespräche zu verändern, wird er sich dessen bewusst, dass er die Dinge, die er sich selbst sagt, niemals einem Freund sagen würde. Das ist schon mal ein guter Anfang. Stellen Sie sich beim nächsten Mal, wenn Sie traurig sind oder Ängste verspüren, vor, wie Sie einem Freund oder einem Kind antworten würden, das sich so fühlt. Der Dialog könnte folgendermaßen aussehen (mehr über die Dialog-Tagebuch-Methode erfahren Sie in Anhang B):

> **Angst:** „Ich habe Angst. Ich befürchte, möglicherweise unter einer unheilbaren Krankheit zu leiden."
> **Freund:** „Oh, das klingt ja wirklich beängstigend. Wie kommst du denn darauf?"
> **Angst:** „Ich weiß auch nicht. Mir geht es in letzter Zeit einfach nicht so gut. Ich habe ständig diesen Gedanken, dass

etwas mit mir nicht stimmt und ich glaube, dass er meiner Intuition entspringt. Als ob ich tief in meinem Inneren wüsste, dass irgendetwas nicht in Ordnung ist."
Freund: „Ich weiß, wie sich das anfühlt. Mir geht es auch manchmal so. Aber dann versuche ich, ein bisschen tiefer vorzudringen und frage mich, ob da noch irgendetwas anderes ist, das ich nicht sehen oder fühlen will. Zum Beispiel, ob es etwas gibt, das ich empfinde und verdrängt habe. Ist in letzter Zeit etwas passiert, das dich traurig oder dir Angst gemacht hat?"
Angst: „Ja, bei einer sehr guten Freundin, die ich schon seit meiner Kindheit kenne, wurde vor Kurzem ein Hirntumor entdeckt. Ich glaube nicht, dass sie das überlebt."
Freund: „Oh nein! Das tut mir echt leid. Das klingt wirklich beängstigend und sehr traurig."
Angst (jetzt mit etwas Kummer in der Stimme): „Ja, ich bin tatsächlich unheimlich traurig. Für ihre Kinder und ihren Mann muss das so schlimm sein, und ich kann mir kaum vorstellen, was für eine Angst meine Freundin haben muss."
Stille: „Ein guter Freund kann schweigen und die Stille mit aushalten, wenn echte Gefühle aufkommen."
Angst / Kummer: „Oh mein Gott, sie tut mir so leid. Und ich habe auch Angst. Was, wenn mir so etwas passiert?" [Durch einen solchen Gedanken macht man sich weniger verletzlich und weicht dem reinen Gefühl aus.]
Freund: „Wenn ich die Worte ‚Was, wenn' höre, weiß ich, dass wir uns im Reich der Ängste befinden. Ich weiß, dass das ein wirklich beängstigender Gedanke ist, aber lass uns zurück zu den Gefühlen kommen. Kannst du bei deinem Kummer und deiner Verletzlichkeit bleiben? Legen wir eine Hand auf dein Herz." [Legt eine Hand aufs Herz.]
Kummer / Unsicherheit (weint jetzt): „Ich bin einfach unglaublich traurig. Das Leben ist so ungewiss. Woran können wir uns festhalten? Wie kann das jemandem passieren, der noch so jung ist? Wie soll ich damit umgehen?"

Freund: „Fühle es einfach. Lass zu, dass du es fühlst. Trauer ist Medizin. Du kannst nichts tun, außer einfach nur da zu sein."

Sie mögen vielleicht denken: „Ich wüsste niemals, wie ich einem Freund diese Dinge sagen könnte. Ich bin nicht so weise, und manchmal weiß ich überhaupt nicht, was ich sagen soll." Fangen Sie einfach an dem Punkt an, an dem Sie sich befinden. Sie tun Ihr Bestes, wenn Sie sich selbst mit Mitgefühl und Neugierde begegnen. Denken Sie daran: Sobald Sie es schaffen, von einer schamvollen, urteilenden Denkweise zu einer Denkweise des Mitgefühls und der Neugier zu wechseln, tun Sie, was getan werden muss. Selbst wenn Sie nicht genau wissen, was Sie sagen sollen, ist das nicht wichtig. Wichtig ist, dass Sie beginnen, jedes Mal genau darauf zu achten, wenn Sie sich selbst verurteilen oder der Scham zum Opfer fallen, und dass Sie bereit sind, sich eine neue Denkweise zu eigen zu machen. Dabei ist Ihre Neugier der Scheinwerfer, den Sie auf die Dinge richten, und Ihr Mitgefühl die Hand, die Sie leitet.

Hinweis der Autorin: Ich verwende die Begriffe „weises Selbst", „innerer Elternteil" und „mitfühlender Freund" als Synonyme. Verwenden Sie für sich gerne den Begriff, der Sie am meisten anspricht.

ÜBUNG

Finden Sie Ihren inneren Elternteil/Ihr weises Selbst/Ihren mitfühlenden Freund

Nehmen Sie sich etwas Zeit. Denken Sie über all die Male nach, als Sie in der Lage waren, auf eine präsente, aufmerksame, klare Weise für sich selbst da zu sein, und schreiben Sie auf, was Ihnen dazu einfällt. Wenn es Ihnen leichter fällt, sich an ein Erlebnis zu erinnern, als Sie für einen anderen Menschen ein mitfühlender Freund waren, ist das auch in Ordnung. Noch mal: Die Tatsache, dass Sie einem anderen Menschen gegenüber Mitgefühl haben können, bedeutet, dass diese Fähigkeit und Kraft in Ihnen lebt und nur der richtigen Aufmerksamkeit bedarf, um reifen zu können. Erinnern Sie sich daran, wie Sie sich gefühlt haben, als Sie Ihrem Freund zugehört haben, was Sie gesagt haben und wie Ihr Freund darauf reagiert hat. Wenn Ihnen keine spezielle Situation mit einem Freund einfällt, denken Sie daran, wie Sie für Ihr Haustier da sind: wie Sie sich um es kümmern, was für Opfer Sie bringen, wie Sie reagieren, wenn es Schmerzen hat oder es ihm nicht gut geht. Jedes Mal, wenn Sie für ein anderes Wesen da sind und ihm mit Mitgefühl begegnen, haben Sie Zugang zu diesem inneren Teil, den wir das weise Selbst oder den mitfühlenden Freund nennen. Diesen inneren Teil in sich zu finden und Zugang zu ihm zu haben, ist einer der entscheidenden Schlüssel, um Ängste zu überwinden und sich von ihnen zu befreien.

Der Notausgang Perfektion – eine Methode, sich der Verantwortung zu entziehen

Es gibt so viele Methoden, wie wir Schmerz unterdrücken und uns somit der Verantwortung entziehen können. Wir können uns dafür entscheiden, den Schmerz zu leugnen. Wir können mit Drogen und Alkohol den Weg der „Selbstmedikation“ wählen. Wir können dem tückischen Glauben verfallen, dass es „selbstsüchtig und selbstverliebt ist und nichts bringt“, sich nach innen zu wenden. Wir unterdrücken Schmerz, weil wir in einer Kultur leben, die uns beibringt, Schmerz zu vermeiden und weil wir nicht wissen, dass eine Hinwendung zum Schmerz – und ich verwende den Begriff „Schmerz“ als einen Oberbegriff für alles Unangenehme, Unbehagliche, das wir nicht empfinden wollen – einer der verborgenen Pfade zur Freude ist.

Die meisten Menschen, insbesondere diejenigen, die für Ängste anfällig sind, bedienen sich einer Standardmethode, um Schmerzen zu vermeiden. Sie besteht darin, sich in die sicheren Regionen des Geistes zu begeben, in denen der Schmerz einen nicht finden kann. Dort sitzt man dann am großen Webstuhl der aufdringlichen Gedanken und spinnt sein Netz aus „Was-wäre-wenn“-Fragen und „Wenn-doch-nur“-Wünschen, und jeder einzelne Faden hält einen in Angst vor der Zukunft oder in Bedauern über die Vergangenheit gefangen. Man ist in der obersten Kammer seines mentalen Schlosses eingesperrt, so wie das Mädchen in „Rumpelstilzchen", und spinnt und spinnt seine goldenen Fäden. Dort kann einen der Kummer nicht finden. Nur dass dieser Faden in Wahrheit nicht golden ist. Er mag vielleicht glänzen wie Gold. Er mag einen vielleicht verlocken wie Gold. Aber es hat nichts Goldenes an sich, in den kalten Kammern des Geistes gefangen zu sein. Dort ist es sicher, ja. Aber nicht lebendig, reichhaltig oder erfüllt. Wir haben einfach gelernt, uns an diesen Ort zu begeben, weil uns keine andere Art und Weise beigebracht wurde, mit dem Schmerz umzugehen.

An diesem Webstuhl weben sich neben Gedanken, die Ängste ausdrücken – „Was, wenn ich sterbe?" oder „Was, wenn ich in der falschen Stadt lebe?" –, auch Notausgangs-Fäden ihren Weg in das Gewebe der Psyche. Diese Fäden klingen wie: „Ich werde nie eine Mutter sein" oder „Ich werde glücklich sein, wenn ich … (zum Beispiel: diesen Abschluss in der Tasche habe; ein Kind bekomme; den richtigen Partner finde)." Jeder hat Notausgangs-Fäden, die seiner inneren Landschaft so vertraut sind wie das Atmen. Und fast all diese Gedanken sind mit dem Faden der Perfektion verflochten.

Es läuft auf einen einzigen mächtigen Glaubenssatz hinaus: „Wenn ich perfekt bin, werde ich Schmerz vermeiden." Daran angelehnte Überzeugungen lauten: „Wenn ich mit dem perfekten Partner zusammen bin, werde ich Schmerz vermeiden." Oder: „Wenn ich … (das perfekte Haus, die perfekte Stadt, den perfekten Job) finde, werde ich Schmerz vermeiden."

Eingebettet in das Streben nach Perfektion ist das Streben nach Sicherheit. Das Ego glaubt, dass das Erreichen von Perfektion Schutz vor Unsicherheit bietet, welche das menschliche Leben bestimmt. Aber natürlich wird Perfektion nie erreicht, weil sie schlicht und einfach nicht existiert. Und selbst wenn wir das eigentlich wissen, widersetzt sich ein Teil von uns dieser Realität und versucht dennoch, Perfektion zu erreichen. Wir finden immer subtilere und ausgefeiltere Möglichkeiten, um dem Chaos und den Unbehaglichkeiten, die mit dem Menschsein einhergehen, zu entkommen; wir tun das, um der unvermeidlichen Realität zu entrinnen, dass Schmerz, Verlust und letztendlich der Tod zum Leben dazugehören.

Ein Moment des Schmerzes kann so lautlos daherkommen wie eine Feder, die plötzlich auf dem Kissen des Herzens landet. Eines Tages saß ich draußen und dachte: „Ich möchte umziehen." Ich kannte meinen Geist gut genug um zu erkennen, dass dieser Gedanke seit den Überschwemmungen, die unser Leben hier in Colorado im September 2013 auf den Kopf gestellt hatten, zu einem meiner Notausgänge geworden war. Ich hatte auch vor den Überschwemmungen schon mit dem Gedanken gespielt umzuziehen, aber nachdem wir unseren Grund und Boden und beinahe auch unser Haus verloren hatten, verspürte ich ein neues Maß an Unsicherheit; ich wollte unbedingt vermeiden, diese Unsicherheit erneut zu empfinden. Diesmal wurde der Gedanke „Ich möchte umziehen" beziehungsweise die Vorstellung eines perfekten Hauses von einem nadelstichartigen Schmerz begleitet.

Anstatt mich an diesen Gedanken zu klammern, ihm nachzugeben und im Internet nach einem neuen „perfekten" Haus zu suchen (bei solchen Gedanken bin ich sehr anfällig fürs Googeln), sagte ich laut: „Es gibt kein perfektes Haus." Ich benannte die Abwehr, und indem ich dies tat, erlaubte ich meinem Kummer, an die Oberfläche zu kommen. Manchmal ist der Kummer mit einer aktuellen Situation verbunden und manchmal mit dem namenlosen Schmerz, der wie ein unterirdischer Fluss durch unser menschliches Leben fließt. Nachdem ich das Hirngespinst der Perfektion laut als ein solches benannt hatte, versuchte ich, in meinem Herzen zurückzuverfolgen, was die Ursache meines Schmerzes war. *Ah, ja, das ist sie. Atme.*

Ich benannte meine Abwehr; ich atmete; ich fühlte. Und indem ich benannte und fühlte, schwächte sich die oberste Abwehrschicht ab zu einem zufriedenen Schnurren, zu jenem Ort, an dem alle Erfahrungen und Emotionen harmonisch zusammenleben. Es ist nicht so, dass ich den Schmerz umgangen und Glück gefunden hätte. Eher habe ich am Teetisch meines Herzens für den Schmerz einen Platz frei gemacht. Indem ich dies tat, konnte ich meine gewohnheitsmäßige Notausgang-Fantasie zurückdrängen, die mich von dem Schmerz des Menschseins befreien würde – hier die Vorstellung eines neuen, perfekten Hauses.

Jedes Mal, wenn Sie Ihre Abwehrmechanismen benennen, verlassen Sie den Kopf-Raum der Ängste und betreten den Herz-Raum des gegenwärtigen Augenblicks. In diesem Raum und durch diese Aktionen, nämlich das Leben anzunehmen und Verantwortung zu übernehmen, statt sich ihr zu entziehen, beginnt der Heilungsprozess.

Die Zeitachse der Heilung

Während wir diesen Pfad weiter beschreiten, ist es wichtig, ein anderes Hindernis zu benennen, das den Prozess der Überwindung von Ängsten beeinträchtigen kann: unsere Erwartungen im Hinblick auf die Dauer der Heilung. In unserer linearen, leistungsorientierten Kultur, die zudem mit einer ordentlichen Dosis Perfektionsstreben gewürzt ist, erwarten wir, wenn wir ein Buch lesen oder gewissenhaft eine Übung absolvieren, nach einigen Monaten geheilt zu sein. Aber die Heilung folgt nicht dem Zeitplan unserer Kultur, sie folgt dem Zeitstrahl der Seele. Dieser ist jedoch nicht linear, sondern kreisförmig, veränderlich und geheimnisvoll.

Wir lernen und genesen in ebbe- und flutartigen Wellen und kreisen um unser Zentrum, in dem unser wahres Selbst zu Hause ist. Wenn wir uns in einem Zyklus des Reifens befinden, durchdringen wir Schichten von Ego-Ängsten und gelangen in diesen Kern des Wohlbefindens, in dem Frieden und Klarheit herrschen. Dann ist unser Herz offen und lebendig, und wir können mit Leichtigkeit Liebe empfangen und geben. Das ist der Himmel des Menschseins, und wie sehr sehnen wir uns danach, immer an diesem Ort zu leben! Doch wenn unser angstbasiertes Selbst, das sich oft als Widerstand manifestiert, spürt, dass wir „zu sehr" reifen oder „zu schnell" lernen, bockt es leider unvermeidlich wie ein Bulle beim Rodeo. Plötzlich fühlt es sich so an, als stünden wir wieder ganz am Anfang. Dann landen wir im Stadium der Ebbe. Wenn wir dort keinen Kontext haben, in dem wir den Zyklus des Heilungsprozesses verstehen können, kann unser angstbasiertes Denken diesen Zustand leicht als Bestätigung unserer aktuellen Angstgeschichte sehen.

Mir werden von Teilnehmern meiner Kurse und in Kommentaren auf meiner Website oft Fragen zu Rückfällen und Rückschlägen gestellt. Doch ich sehe sie nicht als Rückfälle, sondern eher als Phasen, in denen das angstbasierte Selbst sich mit größerer Leidenschaft einmischt und versucht, uns davon zu überzeugen, dass es nicht sicher ist zu reifen. Dieser Teil von uns fürchtet das Reifen, weil er um sein Leben fürchtet. Denn jedes Mal, wenn wir unserem wahren Selbst dadurch eine Schicht näherkommen, stirbt das angstbasierte Selbst ein wenig. Und niemand will sterben – nicht einmal die Teile unserer Psyche, die wir weder sehen noch berühren können.

Da wir in einer linear orientierten Kultur leben, erwarten wir, dass unsere Reifung ebenfalls linear verläuft. Wir begeben uns auf den Pfad der Heilung und meinen, dass die Kurve unseres Heilungsprozesses konstant ansteigt, so wie alles andere im Leben. Zumindest lehrt uns das unsere Kultur: Nach dem Kindergarten kommt die erste Klasse; nach der ersten Klasse kommt die zweite; nach der Heirat kommt der Hauskauf und nach dem Hauskauf das Baby. Aber so verläuft das echte Leben nun einmal nicht. Wenn man genau hinsieht, verlaufen in Wahrheit nur wenige Dinge im Leben linear. Wir nähern uns unserem Partner an und ziehen uns wieder zurück. Wir fühlen uns einer höheren Kraft verbunden, sind voll im Einklang mit unserem spirituellen Weg und dann setzen Zweifel ein. Wir denken, wir haben unsere „Berufung" gefunden, nur um nach ein paar Jahren Berufserfahrung festzustellen, dass wir etwas ganz anderes machen wollen.

Wenn Sie einen sogenannten Rückfall erleiden, was unweigerlich der Fall sein wird, rufen Sie sich in Erinnerung, dass Sie bereit sind für die nächste Stufe des Lernens. Denken Sie daran, dass Apathie auch Leere bedeutet, und Leere geht dem Wachstum voraus: die Stille des Winters, die in ihrer „Trostlosigkeit" teilnahmslos wirkt, bereitet die Natur auf die Lebendigkeit des Frühlings vor. Wenn Sie die Falle vermeiden, die Leere / Apathie / Taubheit als Beweis dafür zu erachten, dass etwas an Ihrem äußeren Leben nicht stimmt, und sich stattdessen mit der Stille abfinden, ohne ihr Bedeutung beizumessen, werden Sie Ihre Klarheit wiederfinden. Klarheit bedeutet nicht immer Glück, aber Klarheit bedeutet auf jeden Fall Selbstverantwortung. Und genau dort ist unser Wohlbefinden zu Hause.

4
TRANSITIONEN

Mit anderen Worten: *Veränderung* ist situationsbedingt. Eine *Transition* hingegen ist psychologisch. Es geht nicht um die Ereignisse, sondern um die innere Neuorientierung und die innere Neudefinition des Selbst, die Sie vollziehen müssen, um eine Veränderung in Ihr Leben zu integrieren. Ohne eine Transition ist eine Veränderung nur ein Verrücken der Möbel. Ohne dass eine Transition stattfindet, wird die Veränderung nicht funktionieren, weil sie nicht „greift".

WILLIAM BRIDGES
Transitions: Making Sense of Life's Changes

Wir können uns nicht fundiert mit Ängsten beschäftigen, wenn wir nicht auch über Transitionen reden. Während einige Menschen im Hinblick auf die Veränderungen, die das Leben mit sich bringt, mühelos mit dem Strom schwimmen können, erleben die meisten Menschen Veränderungen regelrecht als eine „Todeserfahrung". Sie hinterlässt unvollendete Transitionen, die wiederum den Keim für künftigen Schmerz in sich tragen, insbesondere dann, wenn der Kummer im Zusammenhang mit der Transition in dem Moment, in dem sie stattfand, nicht vollständig verarbeitet wurde. Veränderungen können ungeheuer verstörend sein. Deshalb besteht ein wichtiger Schritt bei der Überwindung unserer Ängste darin, Transitionen bewusst zu durchleben und Maßnahmen zu ergreifen, um die Auswirkungen unverheilter Transitionen aus der Vergangenheit zu heilen.

Transitionen sind Risse in der Seele, wenn sich der Erdboden unseres Daseins öffnet und durch die Spalten aktueller und vergangener Schmerz zum Vorschein kommt. Transitionen sind kraftvoll – voller Potenzial im Hinblick auf das, was entstehen kann. In diesem kraftvollen Zustand der Haltlosigkeit haben wir eine Wahl: uns selbst noch fester zu verschließen und die schützende Hülle um unser Herz zu verstärken oder dem sanften Gefühl nachzugeben, das wie eine Hand durch die Spalten nach oben reicht und uns einlädt, sie zu ergreifen und zu genesen.

Die meisten Menschen haben mehr oder weniger mit den großen Meilensteinen des Lebens zu kämpfen, während sie diese Phasen durchlaufen: Kindergarten, Pubertät, Schulabschluss, Umzug und Studium oder Ausbildung, Universitäts- oder Ausbildungsabschluss, Berufseinstieg, Heirat, Geburt eines Kindes, Kauf eines Hauses. Diejenigen, die sensibler sind, weil sie sich der Flüchtigkeit und der Vergänglichkeit des Lebens (also der Tatsache, dass es Verlust und Tod nun einmal gibt), stärker bewusst sind, spüren die täglichen Tod-und-Wiedergeburt-Transitionen stärker als die meisten anderen Menschen. Das bedeutet, dass sowohl kleine als auch große Transitionen – Morgen- und Abenddämmerung, Jahrestage, der Wechsel der Jahreszeiten, Geburtstage – gewürdigt und anerkannt werden müssen, damit es einem gut geht. Während man sich mitten in einer Veränderung befindet – selbst wenn es sich bei dieser Veränderung um etwas Freudiges, Positives handelt wie eine Hochzeit oder den Einzug in das ersehnte Traumhaus –, ist es normal, sich traurig, verwirrt, wütend, desorientiert, verängstigt, erschrocken, taub, einsam oder verletzlich zu fühlen.

Den meisten Menschen mangelt es an grundlegenden Informationen über Transitionen, die ihnen helfen könnten, die soeben beschriebenen Gefühle zu kontextualisieren, sie zu verstehen und sie effektiv zu durchleben. Kulturell bedingt konzentrieren wir uns auf die Äußerlichkeiten einer Transition – auf die Planung einer Hochzeit, den Kauf des Autositzes für das Baby, das Packen der Umzugskartons – und lassen das Reich des Inneren außen vor. Äußerlichkeiten sind zwar wichtig, doch wenn wir es versäumen, mit den Emotionen, die im Laufe von Transitionen aktiviert werden, bewusst zu arbeiten, verringern wir unsere Chancen, uns so harmonisch wie möglich an das neue Leben anzupassen. Das kann langfristig negative Folgen haben, und zwar nicht nur während der gerade stattfindenden Transition, sondern auch für unser Leben im Allgemeinen. Es kann dazu führen, dass sich Ängste aufbauen.

Die drei Phasen einer Transition

Bei jeder Transition durchläuft man drei Phasen:

> **Loslassen:** Während dieser Phase lösen wir uns von unserem alten Leben, betrauern die damit einhergehenden Verluste und erkunden Ängste und Erwartungen im Hinblick auf unser neues Leben.
> **Dazwischen oder an der Schwelle:** Während dieser Phase befinden wir uns an der Schwelle (Limbo) – losgelöst von unserem alten Leben, aber noch nicht im neuen angekommen. In diesem äußerst unbehaglichen Zustand fühlen wir uns taub, desorientiert, bedrückt und außer Kontrolle.
> **Wiedergeburt:** Während dieser Phase lassen wir uns voll auf unser neues Leben ein, fühlen uns zuversichtlich und wohl und freuen uns auf die Möglichkeiten des Reifens, die jedem Neuanfang innewohnen.

Jeder Mensch durchlebt jeden Tag und jedes Jahr zahlreiche Veränderungen in seinem Leben. Diese könnten mithilfe einfacher Informationen und dem Wissen um Angst auslösende, erschöpfenden Erfahrungen in lebensbejahende, transformative Erlebnisse verwandelt werden. Wir stellen uns Transitionen normalerweise als anstrengend und negativ vor. Die meisten Menschen erkennen aber nicht, dass es, eingebettet in die absehbaren Ereignisse des Lebenszyklus, Gelegenheiten gibt, die uns einladen, sich auf unsere Ängste und unseren Kummer einzulassen und damit auseinanderzusetzen. So können wir jedes Mal, wenn wir eine solche Phase durchlaufen, auf einer tieferen Ebene genesen. Anstatt alles daranzusetzen, Transitionen so schnell wie möglich hinter uns zu bringen, würden wir sehr davon profitieren, uns voll und ganz auf sie einzulassen. (Schließlich erleben wir alle die Transitionen, die das Leben mit sich bringt, denn sie sind umrahmt von Geburt und Tod. Es ist nur so, dass einige Transitionen deutlicher hervorstechen als andere.) Das Leben verändert sich ständig, und wenn wir mit der Bereitschaft zu reifen an Transitionen herangehen, lernen wir schließlich, diese Wahrheit mit Hingabe anzunehmen. Noch wichtiger ist: Sobald Sie eine

Transition bewusst durchleben, bietet Ihnen das eine sehr gute Gelegenheit, eine Schicht von Denkweisen, Überzeugungen, Mustern und Gewohnheiten abzulegen, die zu Ihren Ängsten beitragen.

Transitionen, über die man in unserer Kultur nicht redet

Ängste speisen sich aus der Scham, welche durch unrealistische Erwartungen und falsche Informationen geschürt wird. Wenn wir der kulturell bedingten Erwartung entsprechen, dass wir den Kummer, der mit den kleineren Verlusten im Leben einhergeht – jenen kleinen und kleinsten Ereignissen, die nur wenige Menschen benennen und thematisieren –, nicht fühlen sollten, werden wir angreifbar für Selbstzweifel und Scham. In Worte gefasst, könnte sich das zum Beispiel so anhören: „Alle scheinen sich auf die bevorstehenden Feiertage zu freuen, aber ich verspüre ängstliches Unbehagen und Kummer, also scheint etwas mit mir nicht zu stimmen." Oder: „Am Sonntagabend habe ich immer ein flaues Gefühl im Magen, aber ich habe noch nie gehört, dass jemand anderes über dieses Gefühl gesprochen hat, also stimmt mit mir wohl etwas nicht." Wenn sich die Feststellung „Mit mir stimmt etwas nicht" in Ihren inneren Dialog einschleicht, sind Sie nur einige wenige Schritte davon entfernt, Ängste zu entwickeln.

Als Gesellschaft benötigen wir dringend mehr sprachliche Ausdrücke für die offensichtlichen und die eher subtilen Wendepunkte in unserem Leben. Sie müssen wissen, dass es Momente gibt, zum Beispiel an der Schwelle vom Nachmittag zum Abend, an denen sich eine große Leere breitmachen kann. Wir neigen dazu, vor ihr zu fliehen und etwas oder jemanden zu suchen, das oder der diese Leere vertreibt. Aber wenn Sie wissen, dass sie ganz normal ist und Sie auch nur eine vage Ahnung haben, warum diese Traurigkeit da ist, können Sie sie leichter hinnehmen und sich durch sie hindurchatmen, bis sie vergeht und sich eine große Erfülltheit offenbart. Sobald wir nicht wissen, was uns erwartet, verfallen wir in unseren Standardmodus, der darin besteht, Scham und Angst zu verspüren.

Lassen Sie uns einige dieser kleinen und kleinsten Ereignisse im Leben betrachten. So können Sie damit beginnen, die zahlreichen Gefühle, die im Zusammenhang mit diesen Ereignissen aufgewühlt werden können, zu bemerken und zu benennen. Das erste dieser Ereignisse – der Übergang vom Licht in die Dunkelheit, der Übergang vom Sommer zum Herbst – trifft mich jedes Jahr mitten ins Herz. Wenn ich mich nicht sofort damit befasse und die damit einhergehenden Gefühle angehe, melden sie sich wieder in Form von Ängsten. Rufe ich mir aber in Erinnerung, dem Leben so zu begegnen, wie es ist, und gebe mich dieser jedes Jahr stattfindenden, wenn auch subtilen Transformation hin, kann ich dem Fluss des Lebens weiter folgen.

Verlust des Lichts

Das Licht verblasst, die Zeit vergeht, der große Junge ist plötzlich zehn, das Baby ist kein Baby mehr und die Zeit, Kinder zu bekommen, ist vorbei. Ich sehe die schwangere Frau in der Warteschlange vor der Supermarktkasse, und plötzlich wird mir bewusst, dass es bei mir schon elf Jahre her ist. Ich erinnere mich daran, wie ich selber schwanger war, voller Hoffnung und Liebe, an der Schwelle zu etwas umfassend Neuem und Aufregendem. Da war auch Schmerz, aber jetzt kommen die Freude und die Vorfreude aus der Vergangenheit zu mir in die Gegenwart geweht – eine weitere Schicht der Erkenntnis, dass wieder einmal ein Lebensabschnitt vorbei ist. Ach ja, dieses Leben. Ach, diese sensible Seele mit dem scharfen Bewusstsein für das Vergehen der Zeit.

Das Licht verblasst, die Zeit verrinnt, die Woche, in der ich Geburtstag habe. Wenn die vergehenden Jahre mit mehr Weisheit und mehr Gelassenheit erfüllt sind – warum bringt ein Geburtstag dann Kummer mit sich? Es ist nicht der Geburtstag selbst. Es ist der Übergang, der bedeutet, dass ein neues Lebensjahr nur stattfinden kann, wenn man das vergangene loslässt. Es gibt eine Geburt und einen Tod. Das ist das Gesetz der Transitionen, das Gesetz jedes Übergangsrituals. Mich damit zu befassen ist das Herzstück meiner Arbeit, meine größte Leidenschaft. Dennoch bedauere ich jedes Jahr die Zeitumstellung, den Verlust von einer Stunde Licht.

„Es ist eine melancholische Zeit“, sagt mein Mann, „und eine schöne Zeit.“ Seine Künstlerseele hat eine starke sentimentale Ader. Er scheint dem Verlust des Lichts mehr abgewinnen zu können als ich. Ich halte es nicht für einen Zufall, dass ich kurz nach der Zeitumstellung geboren wurde. Die Jung'sche Analytikerin Marion Woodman sagt, dass wir Transitionen in sehr ähnlicher Weise durchleben wie die Art und Weise, in der wir auf die Welt kommen (zum Beispiel Steißgeburt, Spätgeburt, Kaiserschnitt, natürliche Geburt). Vielleicht ist es auch so, dass unsere Seele mit der Jahreszeit verbunden ist, in der wir geboren wurden. Ich weiß, dass es Menschen gibt, die die Dunkelheit zu schätzen wissen und die sich in den Monaten, in denen man eher isoliert lebt, besonders wohlfühlen. Das tue ich auch, aber bei mir dauert es ein bisschen, bis ich so weit bin.

„Es ist eine Zeit des Verlusts", sagt mein Mann und erinnert mich damit an alles, was ich selbst lehre. Es ist eine Zeit, in der vergangene Verluste ins Bewusstsein aufsteigen. Der Verlust seines Vaters. Der Verlust meiner Großmutter. Auch ihrer Geburtstagswoche. Ich vermisse sie. Ich spüre sie jetzt ganz nah. Hinter meinen Augenlidern sehe ich ihre Rosen. Ich spüre ihr strahlendes Lächeln, mit dem sie mich jedes Mal an ihrer Haustür begrüßte. Ich schmecke die grünen Bohnen, das gegrillte Hähnchen und den frischen Salat aus dem Garten meines Großvaters. Sie war einer meiner Engel und ist es immer noch.

Ich höre meinen Patienten zu und höre bei vielen von ihnen den traurigen Klang des Verlusts: Ein Großvater ist gestorben; eine Beziehung hat sich nicht gut entwickelt; die Erinnerungen an Mütter und Väter, die nicht mehr da sind. Durch diesen Geburtskanal halten wir einander die Hände, zarte menschliche Seelen, die den Verlust als Teil unseres Aufenthalts auf diesem Planeten erdulden müssen. Für diejenigen von uns, die für Transitionen sensibilisiert sind, ist eine Zeitumstellung ein Portal; wir zwängen uns hindurch und verrenken uns unbehaglich, um uns dem Rhythmus anzupassen.

Es gibt ein Gegenmittel für das Unbehagen, nämlich die Medizin, die die Natur / Psyche / Seele uns gegeben hat, um mit Verlusten umzugehen: Trauer. Was als Leere beginnt, wenn ich das verblassende Licht betrachte, verwandelt sich in Erfülltheit, wenn die Tränen wie Regen in meinen inneren Brunnen tropfen. Ich weine und schreibe und ergebe mich dem, was ist. Man kann die Natur nicht bekämpfen. Die Jahreszeiten ändern sich, die Zeit vergeht, und egal was wir Menschen auf diesem großartigen, wunderschönen Planeten auch aufbieten – wir werden die Gesetze der Natur niemals ändern. Sie lehrt uns immer wieder die Vollkommenheit ihrer Rhythmen. Sie lehrt uns, dass wir, wenn wir uns ergeben und trauern – was bedeutet, lange genug innezuhalten, um den Tränen zu erlauben, in uns aufzusteigen und zu fließen –, die Gelegenheit erhalten, uns um die Traurigkeit zu kümmern, die in unserem Herzen lebt. Es ist so einfach, dieser Traurigkeit während der warmen, hellen, von Aktivitäten geprägten Jahreszeiten zu entfliehen. Die kürzer werdenden Tage zeigen an, dass es an der Zeit ist, sich nach innen zu wenden; es ist Zeit, sich in die heiligen, verletzlichen Bereiche zu kuscheln und die Leere zuzulassen, die Ruhezeit, während der die neuen Samen für die Wiedergeburt des nächsten Frühlings keimen. Wenn wir in die Dunkelheit hineinatmen, statt vor ihr zu fliehen, erinnern wir uns daran, dass es nichts zu fürchten gibt. Wenn wir ihr begegnen, transformieren wir Leere in Erfülltheit und verwandeln eine Phase, die ein Moment der Angst sein könnte, in einen goldenen Moment.

Sonntagsangst

Sonntagsangst ist eine verbreitete Erfahrung, die viele Menschen heimsucht, die als Kinder mit der Schule und als Erwachsene mit ihrer Arbeit zu kämpfen hatten. Es ist die Angst, die uns überkommt, wenn wir wissen, dass wir am Montagmorgen wieder in einem Alltag erscheinen müssen, der gerade Ängste auslöst oder dafür sorgt, dass wir uns an vergangene Ängste erinnern. Vor einigen Jahren hatte ich mit einer Patientin zu tun, die sehr stark mit dieser speziellen Art von Ängsten zu kämpfen hatte. Anstatt sich direkt einzugestehen, dass sie unter Sonntagsangst litt, projizierte sie die Ängste auf ihren Partner und lauschte dem abgedroschenen Song auf der Tonspur ihrer Psyche mit dem Titel „Nicht genug“. Sie analysierte ihren Tag („Waren wir genug miteinander verbunden?“), sein Gesicht („Sieht er gut genug aus?“) und schließlich sich selbst („Bin ich gut genug für ihn?“). Schließlich war sie in der Lage, dies als den hypervigilanten Teil von sich selbst zu identifizieren – den Teil von ihr, der den Horizont absuchte und nach einer lauernden Gefahr Ausschau hielt.

Im Laufe unseres Gesprächs über ihr Problem ermunterte ich sie, ihrer hypervigilanten Sonntagsangst einen Namen zu geben – den Namen von jemandem, der sie in ihrem Leben schon seit Jahrzehnten begleitet hatte. Jetzt war es an der Zeit, die Ängste aus dem Schatten zu locken und real zu machen, damit sie nicht verhüllt auftreten und Aufmerksamkeit einfordern mussten, indem sie an die Hintertür klopften und an ihrem liebenswerten Ehemann herumnörgelten. Als sie einen Namen für die Angst gefunden hatte, ermutigte ich meine Patientin, zu einem Präventivschlag anzusetzen. Anstatt am nächsten Sonntag darauf zu warten, dass die Angst den üblichen „Nicht-genug"-Song anstimmte, sollte sie sie durch die Vordertür zu einem Gespräch einladen. Dann könnte sie sich direkt mit ihr unterhalten und sie fragen, was sie wollte und brauchte. Sie sollte sich bei dem Gespräch von einem liebenden inneren Elternteil leiten lassen und erkunden, ob sie eine Zeitreise zurück zu jenen schmerzhaften Sonntagen machen mussten, als sie noch ein Kind war und die Schule drohend am Horizont lauerte. Oder mussten sie sich gemeinsam auf dieses Einzelbett setzen, der liebende Elternteil und das kleine Kind, und das Kind musste dem Erwachsenen seine Geschichte erzählen und seinen Kopf an eine imaginäre liebevolle Schulter schmiegen, während es weinte? Als meine Patientin von ihrer Sonntagsangst heimgesucht wurde und sie sich auf ein Gespräch einließ, dampfte sie die Ängste ein auf ihr Kernbedürfnis – dass sie Zeit und Raum benötigte, um sich noch einmal mit Kummer und Einsamkeit aus ihrer Vergangenheit zu befassen – und die gegenwärtige Projektion verschwand.

Es erfordert Mut, eine Reise in diese unbekannten Gewässer anzutreten, die sich in der Schwellenzone eines Sonntagabends offenbaren. Es erfordert Mut, darauf zu vertrauen, dass man mit dem, was man dort vorfindet, umgehen kann. Es erfordert Mut, sein eigener Freund zu werden – der Freund, der den eigenen Schmerz mitfühlt und Trost sucht, wenn er sich zu stark anfühlt, um alleine damit fertig zu werden.

Morgenangst

Wir kennen alle den Begriff „morgendliche Übelkeit", aber nur wenige Menschen sprechen über ein anderes Leiden, das vielen von uns zu schaffen macht: Morgenangst. Meine Patienten und Kursteilnehmer, die mit Ängsten zu kämpfen haben, berichten oft, dass sie morgens mit einem Knoten im Magen aufwachen. Sie können nichts zu sich nehmen, weil sie Angst davor haben, sich einem weiteren Tag zu stellen, an dem sie von ihren Ängsten heimgesucht werden. Die häufig gestellte Frage lautet: Warum? Warum scheinen Ängste gleich am Morgen am stärksten zuzuschlagen?

Der Morgen ist eine Schwellenzeit, die Zeit zwischen Tag und Nacht, in der wir verletzlich sind, weil wir uns zwischen zwei Daseinszuständen befinden: zwischen dem unbewussten Zustand, in dem wir träumen, und dem bewussten Zustand unserer Tagesstunden. Ein typisches Merkmal der Schwellenzeit ist, dass wir uns in dieser Phase verletzlich, ohne Kontrolle, desorientiert und unsicher fühlen. An diesem Moment bricht das Fundament unseres vertrauten Lebens weg und wir haben das Gefühl, ohne Kompass und ohne Steuerruder mitten auf dem Ozean zu treiben.

Der Morgen ist die Zeit des *Yin* (weibliches Bewusstsein), wenn unsere normalen Verteidigungsmechanismen sich abschwächen und uns ein Portal zur Seele offensteht. Der Morgen ist weich, fließend und rund. Wenn man sich in einem gesunden geistigen Zustand befindet, ermöglicht diese Weichheit kreative und spirituelle Offenbarungen. Genau dies ist oft der Moment, in dem aus der dunklen heiligen Welt der Psyche Gedichtzeilen oder kreative Ideen an die Oberfläche steigen.

Wenn Sie sich in einem von Ängsten geprägten Zustand befinden, bietet sich Ihnen ein Zeitfenster, in dem Sie die Ängste sehen können, ohne von den normalen Zerstreuungen Ihres geschäftigen Tages abgelenkt zu sein. In der Stille des Morgens müssen die Botschaften, die während Ihres lauten, hektischen Tages möglicherweise mit Nachdruck an die Türen Ihres Geistes klopfen, diese Türen nur leicht antippen, damit Sie zuhören. Da die gewohnte Reaktion auf Ängste darin besteht, sich vor ihnen zu verkriechen und zu fliehen, lautet der gängige Rat bei Morgenangst, aufzustehen und in die Gänge zu kommen. Das ist natürlich der gleiche Rat, den die meisten Menschen im Hinblick auf all ihre unangenehmen, „negativen“ Gefühle erhalten: Finde dich damit ab. Steh auf. Komm in die Gänge. Treib Sport. Geh unter die Dusche. Geh deinen Tag an.

Statt so etwas zu tun, rate ich Ihnen dringend, den Mut zu finden, durch das dämmrige Portal der Morgenstunden zu schreiten. Erkunden Sie Ihre Ängste mit Neugier und rufen Sie sich in Erinnerung, dass sie eine Botschaft enthalten, die Ihnen etwas Wichtiges über Sie mitzuteilen hat. Wenn Sie versuchen, die Ängste zu ignorieren, werden sie Sie lediglich in Form von aufdringlichen Gedanken und den mit ihnen einhergehenden körperlichen Symptomen durch den Tag begleiten. Da Sie ihnen ohnehin nicht entkommen, können Sie sich ihnen auch genauso gut jetzt stellen.

Soweit ich mich zurückerinnern kann, lag auf meinem Nachttisch schon immer ein Tagebuch. Bevor meine Träume oder meine frühmorgendlichen Grübeleien sich verflüchtigen und sich im Meer des Tages verlieren können, schreibe ich sie auf. Wenn ich meinen Tag damit beginne, mich mit meinem Inneren zu verbinden und mir Zeit für meine Seele zu nehmen, kann ich den Tag mit mehr Gelassenheit angehen und durchleben. Selbst in meinen Zwanzigern, in den Tiefen der dunklen Nacht meiner Seele, habe ich meine Tage damit begonnen und beendet, mich in irgendeiner Weise nach innen zu wenden. Um es noch einmal zu sagen: Es erfordert Mut, sich diesen inneren Reichen zu stellen, erst recht, sobald Ängste im Raum stehen. Aber denken Sie daran: Wenn Sie Ihren Ängsten nicht freundlich begegnen, werden sie einen Weg finden, zu Ihnen zu kommen, oft in Form zunehmend alarmierender aufdringlicher Gedanken und anderer unerfreulicher Symptome. Wenn Sie sich aktiv Ihren Ängsten stellen, anstatt zu warten, bis diese zu Ihnen kommen, gehen Sie einen weiteren Schritt auf dem Weg, Ihren inneren Elternteil reifen zu lassen und den Einfluss zu verringern, mit dem Ihre Ängste Ihr Leben im Griff haben.

Was wird die Erkundung Ihrer Ängste, die sich am Morgen manifestieren, für Sie bereithalten?

ÜBUNG

Begegnen Sie dem, was durch Transitionen aufsteigt

Verbringen Sie am Anfang oder am Ende des Tages, nachdem Sie sich von Tablets, Handys und Menschen gelöst haben, mindestens fünf Minuten alleine. Verharren Sie in der Pause zwischen Bewusstsein und Unbewusstsein, zwischen *Yin* und *Yang*. Wenn Sie spüren, dass durch den Spalt der Transition Sehnsucht oder Traurigkeit aufsteigen, erwägen Sie, sich darauf einzulassen, anstatt diese Gefühle einfach beiseitezuschieben. Achten Sie darauf, was für Gedanken als Reaktion auf die Gefühle in Ihnen aufkommen; lenken Sie Ihre Aufmerksamkeit behutsam auf diese Gedanken, als wären sie kostbar und zerbrechlich.

Lassen Sie sich in dieser bewusst aufgesuchten Schwellenzone vertrauensvoll von Ihrem Körper leiten und folgen Sie ihm. Vielleicht ist Ihnen danach, ein wenig leichtes Yoga zu machen. Vielleicht wollen Sie tanzen. Vielleicht verspüren Sie das Verlangen, sich an ein offenes Fenster zu setzen und dem Wind zu lauschen oder zu den Sternen aufzuschauen. Vielleicht fühlen Sie sich zum Mond hingezogen.

Wenn Sie sich dabei wiederfinden, den Mond zu betrachten, lauschen Sie seiner Weisheit. Horchen Sie und halten Sie Ausschau nach dem Gedicht oder dem Gemälde, das vielleicht Form in Ihnen annimmt. Vertrauen Sie den Gefühlen, die es danach drängt aufzusteigen. Achten Sie auf Sehnsüchte. Würdigen Sie die Bilder, die aus dem Unterbewusstsein ins Bewusstsein steigen. Finden Sie selbst dann, wenn Sie am Abend müde sind und wirklich ins Bett gehen „sollten", einen Weg, das, was aufsteigt, auszudrücken. Schreiben Sie, malen Sie, tanzen Sie, atmen Sie oder machen Sie bewusst gar nichts. Selbst Ihre in Mondlicht getauchte Silhouette ist ein Ausdruck des Göttlichen. Es reicht schon, einfach nur zu sein.

HINWEIS ▷

Ich werde dem Verlauf der Jahreszeiten entsprechend dem Rhythmus der nördlichen Hemisphäre folgen. Wenn Sie auf der Südhalbkugel leben, müssen Sie die Reihenfolge umkehren.

5
MONATE UND JAHRESZEITEN

Die Grillen sangen in den Gräsern. Sie sangen das
Lied vom Ende des Sommers, ein trauriges,
monotones Lied.
„Der Sommer ist vorbei“, sangen sie. „Aus und vorbei,
aus und vorbei. Der Sommer vergeht, vergeht.“
Die Grillen hielten es für ihre Pflicht, alle zu warnen,
dass die Zeit des Sommers nicht ewig dauern kann.
Selbst an den schönsten Tagen des Jahres – jenen
Tagen, wenn der Sommer in den Herbst übergeht –,
verbreiteten die Grillen das Gerücht von Traurigkeit
und Veränderung.

E. B. White
Frei nach *Charlotte's Web / Wilbur und Charlotte*

Sich an den Rhythmus des Jahres anpassen

Transitionen können insofern herausfordernd sein, als sie die Bereiche, in denen wir feststecken, zum Vorschein bringen. Aber sobald wir uns auf den Rhythmus des Jahres einstellen, sind wir nicht nur in der Lage, die Grundgefühle Trauer oder Verletzlichkeit zu benennen und zu verarbeiten, wenn sie in uns aufsteigen, sondern auch, uns die Gabe der Weisheit zunutze zu machen, die uns die Natur schenkt. Alles, was uns hilft, mit einem tieferen Rhythmus in Einklang zu kommen, beruhigt und zügelt unsere ängstliche Seele. Sie sehnt sich nach nichts mehr als nach dem Wissen, dass wir sicher und geborgen sind und darauf vertrauen zu können, dass die Dinge geregelt werden. Wir sind in erster Linie Tiere.

Doch aufgrund der technologischen Fortschritte und der wachsenden Geschwindigkeit, mit der sich unsere Kultur entwickelt, werden wir von unserer tierischen Natur und unserer Seele immer stärker abgekoppelt. Wir vergessen, wie man im Einklang mit der Natur und den Jahreszeiten lebt. Wir vergessen, dass die Natur uns auf unserer Reise durch das Leben unterstützen kann und dass der Verlauf der Jahreszeiten, genauso wie es in den bedeutenden Mythen der Welt beschrieben wird, ein weiterer Verbündeter ist, der uns Hilfe und Hinweise auf unserem Weg bietet.

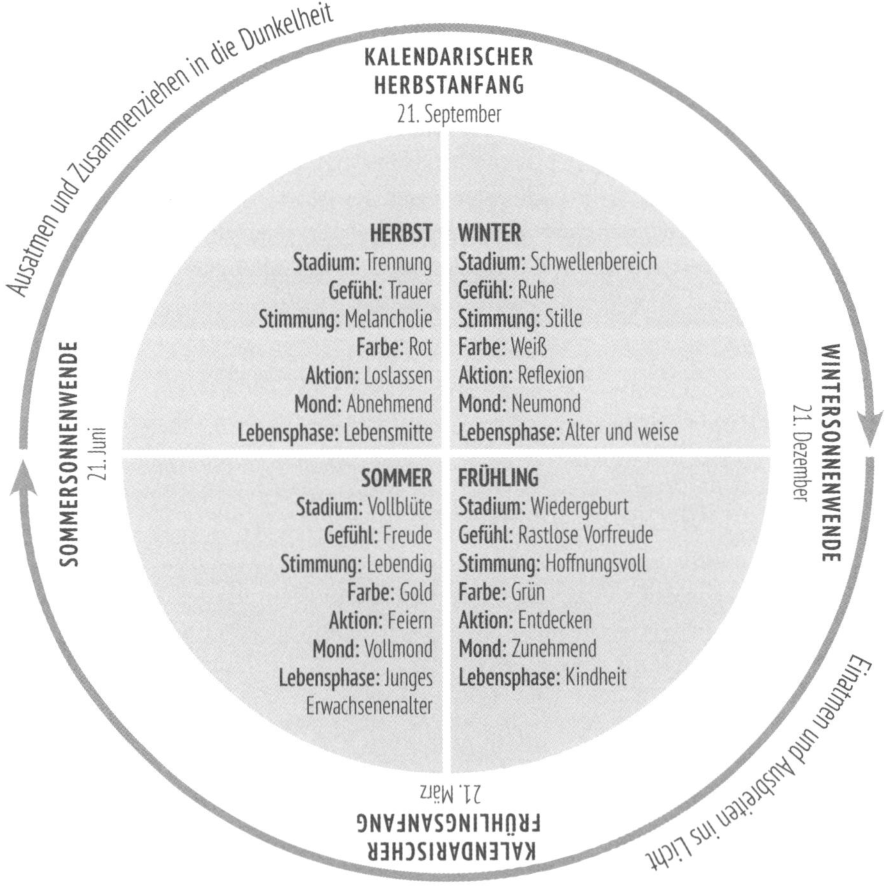

Abbildung 1: Jahreszeiten der Transitionen

Herbst: Die Jahreszeit des Loslassens

Wir haben alle schon diesen Moment erlebt, wenn mit einer Sommerbrise der Duft des Herbstes oder das Gefühl, dass es Herbst wird, herangeweht wird. Die Luft mag noch von der Hitze des Sommers erfüllt sein, aber der Wind der Veränderung kündet bereits davon, dass eine neue Jahreszeit im Anmarsch ist. Obwohl der Sommer offiziell am 21. Juni beginnt, markiert die Sommersonnenwende den Zeitpunkt, ab dem die Tage kürzer werden. Dadurch entsteht das Paradoxon, das alle Übergänge charakterisiert: Während wir dem vollen Sommer entgegenleben, erleben wir gleichzeitig die kürzer werdenden Tage, die ein Decrescendo erreichen, wenn der Herbst das Staffelholz an den Winter übergibt. In diesem Sinne hat der Herbst die ganze Zeit die Lebendigkeit des Sommers mitgeatmet.

Der Herbst ist die Jahreszeit schlechthin, um an ihrem Beispiel die wesentlichen Eigenschaften von Transitionen zu erläutern. Während der Winter die Jahreszeit der Reflexion ist, der Frühling die Jahreszeit der Wiedergeburt und der Sommer die Jahreszeit des Feierns, ist der Herbst die Zeit, in der wir mit dem Treiben der Natur in Einklang kommen und uns die zentrale Frage einer jeden Transition im Leben stellen: „Was sollte ich loslassen?" Vielleicht sind es Ihre ständigen Ängste und Sorgen; vielleicht ist es Ihr Hang dazu, an Ihrem Partner herumzunörgeln oder ihn zu kritisieren; vielleicht Ihre Anfälligkeit dafür, sich über Ihre Kinder zu ärgern; vielleicht ist es Ihre Kritik an sich selbst, die innere Stimme, die Ihnen ununterbrochen einredet, nicht gut genug zu sein. Was auch immer es ist – es kann zusammen mit den herbstlichen Blättern der Bäume auf den Boden geweht werden und sich zu Erde zersetzen, wenn wir uns entscheiden, uns bewusst darauf zu konzentrieren, was losgelassen werden muss.

Der Herbst ist auch die Zeit, in der unsere Gefühlswelt häufig von Erinnerungen geflutet wird. Wenn Ihre Kinder zu ihrem ersten Tag im neuen Schuljahr aufbrechen, erinnern Sie sich möglicherweise an die ersten Tage im neuen Schuljahr Ihrer eigenen Kindheit. Unabhängig davon, ob diese Erinnerungen positiv oder negativ sind, finden Sie sich vielleicht dabei wieder, einen Moment in diesem bittersüßen Reich der Nostalgie innezuhalten, in dem Sie sich der Vergänglichkeit der Zeit besonders stark bewusst werden. Ein weiterer Sommer ist vorbei, ein weiteres neues Schuljahr beginnt, ein weiterer Herbst steht vor der Tür. Wenn die Erinnerungen positiv sind, schwelgen Sie vielleicht einige Momente lang in alten Glücksgefühlen. Wenn die Erinnerungen schmerzhaft sind, ist es eine Gelegenheit zuzulassen, dass sich diese Gefühle in Ihnen ausbreiten bis Sie spüren, wie die Tränen Ihre Wangen herunterkullern wie die draußen herabsegelnden herbstlichen Blätter der Bäume.

Sobald sich die Blätter an den Bäumen verfärben, Sie vor einem knisternden Kaminfeuer sitzen oder zusehen, wie die Sonne den Garten am späten Nachmittag in ein goldenes Licht taucht, fragen Sie sich: „Für was ist die Zeit gekommen, dass ich es loslasse?" Wenn die Antwort in Ihnen aufsteigt, werfen Sie es in die sich verfärbenden Blätter, ins Kaminfeuer und ins Licht der Sonne und bitten Sie den Herbst um Hilfe, was auch immer es ist loszulassen.

September-Ängste

Die etwas kühle Luft. Der Anblick der Schulutensilien in den Gängen des Drogeriemarkts. Das Geräusch des Schulbusses. Herbstblätter. Die kürzer werdenden Tage. Jedes Jahr berichten mir meine Patienten in dieser Zeit von Träumen, in denen sie in die Schule kommen und vergessen haben, sich anzuziehen oder sich auf eine Prüfung vorzubereiten.

Warum bringt der September Ängste mit sich? Ein Grund ist, dass er uns an die Schule erinnert. Wie ich in Kapitel 1 dargelegt habe, war die Schule für viele Menschen ein Ort, an dem ihre Freiheit, ihre Kreativität, ihre Lernfreude und ihre Ausgelassenheit eingeengt und ziemlich oft ausgelöscht wurden.

Ich denke immer wieder an die nur aus einem Raum bestehende Schule, in die meine Großeltern in Upstate New York gegangen sind. Damals in den 1920er-Jahren war es ein Luxus, in die Schule gehen zu können. Die Schule war ein Ort, an dem die Bauernkinder ihren Pflichten entfliehen konnten und die grundlegenden Fähigkeiten erlernten, die es ihnen ermöglichen würden, weiterzukommen und aufs College zu gehen, was sie wiederum in die Lage versetzte, einen Beruf abseits der Plackerei und der körperlich anstrengenden Arbeit auf einem Bauernhof ergreifen zu können. (Ich finde es übrigens interessant und bemerkenswert, dass sich in den letzten Jahren eine „Zurück-aufs-Land"-Bewegung entwickelt hat und ich frage mich, was meine Großeltern wohl dazu sagen würden.) Obwohl auch damals einiges davon abhing, was für einen Lehrer man erwischte, stelle ich mir vor, dass der Schulbesuch für die meisten Kinder etwas war, auf das sie sich gefreut haben.

Das ist heutzutage nicht mehr immer der Fall. Ich selbst bin bis zur sechsten Klasse sehr gerne in die Schule gegangen, aber als ich in der siebten Klasse die Schule wechseln musste, litt ich zum ersten Mal in meinem Leben unter Schlaflosigkeit. Mit der Einführung von Klassenarbeiten, Tests und Noten wurde meine Lernfreude durch den Druck ersetzt, erfolgreich sein zu wollen. Sozialen Hierarchien und Cliquen ausgesetzt zu sein – was vor allem zu bedeuten schien, richtig gekleidet zu sein –, hatte bei mir zur Folge, dass meine soziale Unbefangenheit zum ersten Mal in meinem Leben durch das Bedürfnis ersetzt wurde, anderen zu gefallen. Während die Schule bis dahin ein Ort der Freude und der Freiheit gewesen war, fühlte sie sich jetzt an wie ein Gefängnis. Der September, der einmal eine aufregende Zeit gewesen war, in der ich mich auf noch unbeschriebene Schulhefte und frisch angespitzte Bleistifte gefreut hatte, war auf einmal mit Ängsten belastet.

Im Vergleich zu dem, was ich von vielen meiner Patienten höre, war meine Schulerfahrung der reinste Spaziergang. Es erstaunt mich und bricht mir das Herz, wie viele Menschen, die mit Ängsten und Selbstzweifeln kämpfen und den Weg zu mir finden, in ihrer Schulzeit unter Mobbing zu leiden hatten. Grob geschätzt würde ich sagen, dass mindestens 75 Prozent meiner Patienten und Kursteilnehmer in der Schule gemobbt wurden. Warum ist das so? Mobber haben es oft auf die sensiblen, klugen, introspektiven, introvertierten Kinder abgesehen, und genau das trifft auf meine Patienten zu. Vielleicht waren die Mobber selbst hochsensible Babys, deren eigene Sensibilität so früh in ihrem Leben verurteilt, gescholten und unterdrückt wurde, dass sie sie bei anderen nicht ertragen konnten. Was auch immer die Ursache ist – wenn man von Gleichaltrigen emotional malträtiert wurde, fällt es einem sehr schwer, ihnen später im Leben zu vertrauen oder auch nur dem Leben selbst. Sobald einem einmal das Herz zerbrochen ist, ist es schwer zu glauben, dass das nicht wieder passieren wird. Es ist dieser alte Schmerz, der im frühen Herbst möglicherweise in einem aufsteigt.

Abgesehen von der Schulangst kündigt der Herbst den Wechsel der Jahreszeiten an, und in einem gewissen Maß sind wir, bewusst oder unbewusst, auf dieses Gefühl von Verlust eingestellt. Hier in Colorado spüren wir die ersten Hinweise auf die Ankunft des Herbstes im August. Am Morgen liegt eine leichte Kühle in der Luft, bevor die Temperaturen auf bis zu 32 Grad und mehr ansteigen. Einige Blätter an den Bäumen reagieren auf die Temperaturunterschiede und beginnen, sich zu verfärben. Ein Ende kündigt sich an, ein Tod, wenn die Jahreszeit des Wassers und der Hitze in kältere und dunklere Tage übergeht. Sobald die Welt sich nach innen kehrt, folgt die Psyche diesem Beispiel.

Die heilsame Antwort darauf ist, sich den schwierigen Gefühlen zuzuwenden und sie nicht zu verdrängen, indem man sie verurteilt, sich für sie schämt, sich ihnen widersetzt oder sie verharmlost. („Wie dumm von dir, warum fühlst du dich traurig, obwohl es noch Sommer ist? Sonst ist niemand traurig. Finde dich damit ab.“) Wenn Kummer in uns aufsteigt, atmen wir in den Kummer hinein. Wenn eine Blase der Leere unseren Brustraum ausfüllt, atmen wir auch dort. Wenn Erinnerungen an vergangene Transitionen einen Moment des Tages oder der Nacht beherrschen, schaffen wir Raum für diese Erinnerungen und rufen uns ins Gedächtnis, dass Verlust Verlust auslöst und Transitionen Transitionen zur Folge haben. Lassen Sie uns voll und ganz in das Getümmel der Transition eintauchen, uns erlauben, uns dem Gefühl des Kontrollverlustes hinzugeben, verletzlich zu sein und uns bodenlos zu fühlen. Lassen wir zu, dass die Tränen als Reaktion auf all das fließen und bringen wir dieses Erlebnis auf eine kreative Weise zum Ausdruck. Wenn wir das alles tun, dann finden wir Halt in dem allem zugrunde liegenden und alles überragenden Gefühl, dass alles in Ordnung ist.

Winter: Die Jahreszeit der Stille und der Dankbarkeit

Sobald wir den Herbst ziehen lassen, treten wir in die Stille des Winters über. Der Winter ist *die* Schwellenjahreszeit: Man ist nicht mehr bekümmert, aber auch noch nicht ganz bereit für die Wiedergeburt. Für viele Menschen sind Stille und Einsamkeit zwei der am meisten herausfordernden Erfahrungen, die man ertragen muss, und unsere Kultur ist außerordentlich gut darin, uns von diesen Daseinszuständen abzulenken. Wir planen, wir feiern, wir gehen auf Partys, konsumieren und gehen unter Leute, bis wir am Ende des Dezembers ins Nichts absteigen. Das ist der Moment, in dem die Party endet, in dem die Ängste, vor denen Sie weglaufen, eine Chance haben, ihre Weisheit mitzuteilen. Hören Sie genau hin. Das ist oft die Zeit, in der neue Denkmuster, Ideen, Träume und kreative Projekte entstehen.

Feiertagsschmerzen

Falls es Ihnen so geht wie den meisten Menschen, verspüren Sie wahrscheinlich ein Gefühl des Schmerzes, der Angst und/oder der Überforderung, wenn die Feiertage beginnen. Der Konsumrausch, der Druck, fröhlich sein zu müssen und die Erwartung, das perfekte Familienglück zu erleben wie auf einer Zeichnung von Norman Rockwell reichen aus, um jedem die Stimmung zu trüben. Wenn man dann auch noch ein sensibler Mensch ist, der zu Ängsten und Depressionen neigt, liegt das Rezept für einen Zusammenbruch oder einen Wutanfall gleich neben dem für das Festtagessen.

Die Feiertage sind die perfekte Bühne für Enttäuschungen und Schmerzen. Immer wenn wir erwarten, uns auf eine bestimmte Weise zu fühlen (selig, verbunden, glücklich), verlangen die anderen Gefühle in uns nach Aufmerksamkeit, bis wir in irgendeiner Art zusammenbrechen. Wie ich in Kapitel 2 dargelegt habe, schrecken wir vor Erwartungen zurück. Und die Erwartung von reiner Freude ist schon an sich lächerlich. Warum setzen wir uns selbst unter Druck, uns einzig und allein aufgrund eines bestimmten Datums im Kalender auf eine bestimmte Weise fühlen zu müssen? Wir behandeln uns selbst so, als wären wir ein Roboter, der bestimmte Gefühle aus- und andere Gefühle anschalten kann, nur weil gerade Thanksgiving, Weihnachten oder Chanukka ist. Und weil wir diesen Umstand nicht bewusst akzeptieren, schleicht sich der im Zusammenhang mit Feiertagen und Transitionen auftretende Schmerz durch die Hintertür in unsere Psyche ein. Dann fangen wir auf einmal mit unserem besten Freund einen Streit an oder verfallen in Ängste oder Depressionen.

Jeder Mensch trägt in irgendeiner Form Schmerz und Herzenskummer in sich. Dabei handelt es sich um einen latenten Schmerz, der während der Feiertage an die Oberfläche steigt. Bei einigen ist es der Schmerz über die eigene Scheidung, die die intakte Familie zerstört hat und dem Betroffenen und seinen Kindern vorfeiertäglichen Stress, Einsamkeit und Überforderung beschert. Bei anderen ist es der Schmerz über die Trennung der Eltern, die Distanz zu den inzwischen erwachsenen Kindern schafft, während sie versuchen, den Stress zu bewältigen, der damit einhergeht, es allen Familienteilen recht machen zu wollen. Bei einigen ist es der Liebeskummer infolge einer kürzlich erfolgten Trennung. Bei wieder anderen ist es der Kummer darüber, keine Familie oder keinen Partner zu haben, niemanden, mit dem man gemeinsam die Feiertage verbringen könnte. Und so könnte ich endlos fortfahren. Der Punkt ist: Niemand lebt in so einer Traumwelt wie in der Hollywoodkomödie *Der Vater der Braut,* in der jeglicher Schmerz ausgeblendet wird und nur ein perfektes Haus mit einer perfekten Familie und einem perfekten Leben existiert. Das gibt es schlicht und einfach nicht.

Das Schwierigste daran, den Schmerz einzuladen, gemeinsam mit uns die Feiertage zu verbringen, ist die Tatsache, dass wir glauben, dass er gar nicht da sein sollte. Wenn man nicht einmal glaubt, dass er existiert, wie kann man ihm dann eine Einladung schicken? Wir geben uns dem Irrglauben hin, dass alle anderen glücklich sind (und die sozialen Medien sind in dieser Hinsicht wenig hilfreich). Die Folge ist, dass wir, wenn der Schmerz in irgendeiner Form auftaucht (Enttäuschung, Einsamkeit, Frustration, Traurigkeit), reflexartig reagieren und ihn in die nächste Tonne treten – die Scham fliegt auch gleich mit raus. Das klingt dann wie: „Was ist mit mir los? Ich sollte alles im Griff haben. Ich habe keinen Grund, traurig zu sein." Sobald dem gesunden und nachvollziehbaren Schmerz mit Scham begegnet wird, verwandelt sich der Schmerz schnell in Ängste. Um dem Aufkommen von Ängsten den Weg zu verstellen, müssen wir bereit sein, den rohen Schmerz zu spüren.

ÜBUNG

Laden Sie den Schmerz an Ihre Festtafel ein

Nehmen Sie sich das nächste Mal, wenn die Feiertage vor der Tür stehen, ein bisschen Zeit. Setzen Sie sich mit Ihrem Tagebuch hin und erlauben Sie sich niederzuschreiben, wie Sie sich fühlen. Laden Sie Ihren Schmerz ein, an dieser Zusammenkunft teilzunehmen. Rutschen Sie zur Seite und machen Sie Platz für die Enttäuschung. Rücken Sie den besten Stuhl zurecht für den Herzschmerz. Vielleicht haben Sie sogar Lust, handgeschriebene Einladungen zu verfassen, die an den Kummer, die Enttäuschung und den Herzschmerz gerichtet sind. Legen Sie die Einladungen in einen eigens für diese drei bestimmten, selbst gebastelten Briefkasten. Denn immer, wenn wir unsere Gefühle ritualisieren können, gehen sie schneller vorüber. Wenn Sie diese Gemütszustände also eingeladen haben, sich zu Ihnen zu gesellen, schreiben Sie alle Erinnerungen, Geschichten, Bilder oder Empfindungen auf, die in Ihnen aufkommen. Legen Sie den Stift nun zur Seite und erlauben Sie Ihrem Schmerz, in Ihr Herz und Ihre Augen aufzusteigen. Dann lassen Sie Ihren Tränen freien Lauf und weinen Sie aus vollem Herzen. Auf diese Weise werden Sie sich mit den rohen, menschlichen Gefühlen verbinden, die die Feiertage hervorrufen. Indem Sie dies tun, treten die Ängste zur Seite und Sie schaffen an Ihrem Tisch Platz für echte Freude und Dankbarkeit.

Die Weihnachtszeit: Eine Gelegenheit, dankbar zu sein

Während der Weihnachtszeit herrscht auf unserem Planeten eine gewisse Verletzlichkeit vor. Ich sehe sie in den Gesichtern der Menschen: Hinter dem Stress, der Anspannung und der Hektik verbirgt sich die Sanftheit eines offenen Herzens. Ich sehe die Sehnsucht nach Verbundenheit, das zutiefst menschliche Grundbedürfnis danach, unsere Isolation zu überwinden und die behagliche Gesellschaft anderer Menschen zu genießen. Ich sehe den Wunsch nach Frieden. Ich sehe die Sehnsucht nach Liebe.

Es passiert in der Weihnachtszeit in kleinen Momenten, während ich meinen Tagesgeschäften nachgehe. Ich habe auf dem Parkplatz Blickkontakt mit einer anderen Autofahrerin und lächele sie an. Sie erwidert das Lächeln. Eine Begegnung von Fremden. Ich fahre vom Parkplatz und winke dem Obdachlosen an der Ecke zu. „Können wir ihm nicht etwas geben, Mama?", fragt mein Sohn. Ich weiß, dass ich keine kleinen Geldscheine habe. Ich greife in meine Geldbörse und reiche ihm einen großen Schein; er kurbelt sein Fenster herunter und gibt ihn dem Mann. Dieser sieht den Schein, wendet sich ab, dreht sich wieder um und stammelt unter Tränen: „Gott segne Sie." Ich lege mir eine Hand aufs Herz und mir steigen ebenfalls Tränen in die Augen. Ich betrachte meinen Sohn und sehe sein strahlendes Lächeln, das so groß ist wie seine Seele. Ein heiliger Moment.

Genau diese kleinen Momente des einfachen, offenherzigen zwischenmenschlichen Kontakts machen diese Jahreszeit aus. Wir nennen diese Zeit um den Heiligen Abend herum Feiertage, aber es sind auch heilige Tage, denn mit ihnen einher geht die Einladung, sich stärker als sonst mit Liebe und Frieden zu verbinden. Wir können uns in dieser Zeit ganz dem Überkonsum hingeben, der von Jahr zu Jahr weiter auszuufern scheint; oder wir konzentrieren uns auf die ursprüngliche Bedeutung, die jedem heiligen Tag zugrunde liegt: das Bedürfnis, uns mit unserer wahren Natur zu verbinden, unserer grundlegenden Gutherzigkeit und Großzügigkeit, und aus diesem Zustand heraus anderen etwas zu geben. Für mich ist es das, was Heiligkeit ausmacht. Das unbelastete Herz. Das sind die Momente im Leben, in denen wir mit dem Göttlichen in Berührung kommen. Damit meine ich die edelsten Teile von uns, die einen Funken Göttlichkeit in sich tragen. Das kann auf dem Gipfel eines Berges oder an einer Straßenecke geschehen. Es geschieht, wenn unser Herz weit, weit offen ist – offen genug, um das empfangen zu können, was Martin Buber die „Ich-Du"-Erfahrung genannt hat: Auge in Auge einem anderen Menschen, einem Tier, einem Baum oder einem Felsen gegenüberzustehen. Diese Erfahrung besteht darin zuzulassen, ohne Hemmungen oder Einschränkungen zu sehen und gesehen zu werden. Es ist, mit einem Wort, Liebe.

Darum geht es in dieser Jahreszeit. Das ist es, was damit gemeint ist, in den unterirdischen Fluss hinabzusinken, der die Feiertage durchdringt und sie in heilige Tage verwandelt. Es geht darum, aus der puren Freude am Geben zu geben. Wenn Sie sich mit diesem Fluss verbinden, der unter der hektischen, von Ängsten bestimmten, pulsierenden und vom Kaufen und Verpacken geprägten Oberfläche dahinrauscht, erhalten Sie die Gelegenheit, mehr darüber zu lernen, was es wirklich bedeutet, zu lieben.

Eine der stärksten Formen des Gebens besteht darin, das wahre Wesen eines anderen zu sehen und zu erkennen. Wenn wir einem anderen Menschen in die Augen schauen und ihn mit Liebe betrachten, machen wir ihm ein großes Geschenk. Ich finde es faszinierend, wenn auch nicht überraschend, dass viele Patienten, die den Weg zu mir finden, in helfenden Berufen arbeiten: Therapeuten, Lehrer, Krankenschwestern, Ärzte, Sozialarbeiter und natürlich Eltern. Das sind Menschen, deren Herz so groß ist wie der Mond und denen es leichtfällt, anderen etwas zu geben und deren wahres Wesen zu sehen und zu erkennen; es fällt ihnen jedoch schwer, ihr eigenes wahres Wesen zu erkennen. Also fangen wir dort an. Während dieser Zeit, wenn der Schleier dünner wird und sich die Achse der Erde in Richtung Winter neigt, sprechen wir ein Gebet: „Bitte hilf mir, das Gute in mir zu erkennen. Bitte lass mich wissen, dass ich geliebt werde."

Selbst wenn Sie sich nur einen kurzen Moment lang an Ihre Güte erinnern, können Sie die Nadel Ihres Kompasses in diesem erfüllten Zustand auf Geben stellen, und Ihre Ängste werden nachlassen. Es ist wichtig zu wissen, dass das Geben nicht vom Heilen abhängt. Der gängige Satz des Egos lautet: „Wie kann ich geben, wenn ich nicht vollständig geheilt bin?" Das Geben fördert den Heilungsprozess und die Heilung beflügelt das Geben. Geben und Heilung arbeiten als Tandem – sie sind Zwillinge, symbiotische Pole, die uns helfen, immer mehr in Richtung Liebe zu reifen. Je mehr uns das gelingt, desto weniger Raum bleibt für Ängste.

Hier noch einmal die Botschaft dieser Jahreszeit: Lasst uns geben. Wir konzentrieren uns auf das Schenken, aber wie wäre es, wenn wir unseren Fokus auf das Schenken unserer Herzensgüte erweitern würden? Das können Sie zum Beispiel umsetzen, in dem Sie sich vornehmen, sich bis zum Neujahrstag bei jedem, dem Sie begegnen – von sehr nahestehenden Menschen bis hin zu absolut Fremden –, einen Moment Zeit zu nehmen, um sein wahres Wesen zu sehen und zu erkennen. Ich habe einmal von einem Rabbi gelesen, der zu jedem Menschen, den er traf, im Stillen *tehora hee* sagte („Deine Seele ist gut"). Es ist so ähnlich, wie wenn wir am Ende einer

Yogastunde *Namasté* sagen, was bedeutet: „Das Licht in mir sieht das Licht in dir.“ Ist es nicht das, was auch Jesus gelehrt hat – seinen Nächsten zu lieben? Ist es nicht das, was wir an Weihnachten feiern – die Geburt eines Mannes, der bedingungslose Liebe verkörpert und Frieden auf diese Erde brachte? Wie wäre es, dieses Bewusstsein in unser Herz aufzunehmen und es uns bewusst zur Gewohnheit zu machen, die Gutherzigkeit in jedem Lebewesen zu sehen und zu erkennen, mit dem wir in irgendeiner Form in Berührung kommen? Wie wäre es, diesem Lebewesen eine stille oder auch verbale Rückmeldung darüber zukommen zu lassen? Wie wäre es, mit den spirituellen Augen unseres Herzens zu sehen?

Ich sehe dich. Ich sehe deine Gutherzigkeit. Ich sehe dein Herz. Ich weiß nicht, welche Erfahrungen und Erlebnisse dich an diesen Moment deines Lebens gebracht haben, aber indem ich dir diesen Geldschein reiche, gebe ich dir mehr als nur Geld: Ich schenke dir einen Moment der Liebe. Wir sind zwei Menschen, von denen jeder auf seine Weise leidet und jeder auf seine Weise das Göttliche berührt. Während ich dir diese Zeilen schreibe, halte ich dich in meinem Herzen. Ich sende dir Liebe. Ich hoffe, dass du einen warmen Platz hast, an dem du heute die Nacht verbringen kannst. Ich hoffe, du hast eine Decke. Ich hoffe, du hast etwas zu essen. Ich hoffe, dass dich meine Gedanken auf irgendeine geheimnisvolle Weise erreichen. Ich wünsche mir eine friedlichere Welt, auf der alle Lebewesen frei und sicher sind und geliebt werden.

Wenn jeder die Nadel seines inneren Kompasses so ausrichten würde, dass er das wahre Wesen des anderen sehen und erkennen kann, wäre unsere Welt eine andere. Vielleicht können wir sie durch die Brille der Weihnachtsfeiertage betrachten, indem wir das Gute sehen, über das wahre Wesen reflektieren und Gebete für den Frieden in das Herz eines jeden Menschen senden, dem wir begegnen.

Es gibt zwei Flüsse, die durch die Weihnachtszeit strömen: einen Fluss der Ängste, der durch das Bedürfnis geprägt ist, zu konsumieren, sich ins Getümmel zu stürzen, sich zu vergnügen und ständig laut und beschäftigt zu sein; und einen Fluss der Liebe, der von Geben und Dankbarkeit geprägt ist. Je mehr Sie sich dafür entscheiden, sich mit dem großen, breiten Fluss der Liebe zu verbinden, der unter uns und zwischen uns und um uns alle herum fließt, desto stärker öffnen Sie Ihr Herz und verdrängen die Ängste.

Indem Sie dies tun, transformieren Sie die Feiertage um den Heiligen Abend wieder zurück zu heiligen Tagen.

Auf die Saat hören

Der Winter ist oft eine in emotionaler Hinsicht herausfordernde Zeit. In den dunkleren Monaten mit kürzeren Tagen lädt unsere Psyche uns dazu ein, zu entschleunigen und in ihre Unterwelt einzutauchen, wo wir unvergossene Tränen, nicht erkundete Ängste und im Verborgenen schlummernde Träume finden. Während der langen Tage des Sommers mit seinen endlosen vergnüglichen Ablenkungen können wir unseren Schatten ausweichen. Aber wenn erst der Herbst und dann der Winter Einzug halten, wenn die Hektik und die Geschenke und die Feiern hinter uns liegen und der lange Monat Januar in die Stille des Februars übergeht, gibt es keinen anderen Ort mehr als unser Inneres, an den wir uns begeben können. Haben wir keine feste Beziehung zu unserem Gefühlsleben, kann sich leicht etwas breitmachen, das unsere Kultur Depression nennt.

Depression hat viele Bedeutungen. Aus einer Jung'schen Perspektive ist eine Depression ein Ruf der Seele, still zu sitzen und sich mit dem Warten und dem Nichts anzufreunden, welche die Schwellen- oder Zwischenzone kennzeichnen. Aus der Perspektive der Transformationen ist eine Winterdepression das, was zwangsläufig auf das Sommerhoch folgt. Was nach oben geht, muss auch wieder nach unten kommen. Wenn wir dieser Wahrheit des Lebens Raum geben, dann gelingt es uns, nicht länger gegen die typische Energie anzukämpfen, die während dieser Monate so präsent ist. Stattdessen können wir in die Stille hineinatmen und vielleicht die Geschenke entdecken, die in dieser Stille zu finden sind. Jedes Mal, wenn wir uns mit dem in Einklang bringen, was ist, statt uns auf die Erwartung auszurichten, wie wir glauben, dass es sein sollte, haben Ängste weniger Raum, sich in uns festzusetzen.

Sobald wir uns mit Ehrfurcht und Neugier in die Stille sinken lassen, sind wir vielleicht überrascht, was wir dort finden. Ja, es kann sein, dass viele Tränen vergossen werden müssen. Dort schlummern vielleicht Einsamkeit, Unsicherheit, Verletzlichkeit und die Angst vor dem Unbekannten. Aber da ist auch etwas, das unter dem Winterschnee hervorglänzt – ein Samen der Kreativität, ein Moment der Möglichkeit. Ein Samen, der, wenn ihm Aufmerksamkeit geschenkt wird, zu etwas Neuem herankeimen kann: ein Gedicht, eine Geschichte, ein Projekt, ein Rezept, ein Tanz, ein Lied, ein Gemälde. Der Samen ist noch nicht so weit, voll aufzublühen, doch der zarte Keim ist schon da. Sie können diesen Samen aber nur wahrnehmen, wenn Sie sich ausreichend entschleunigen.

Ich lade Sie ein, im Winter auf die Samen zu achten, die keimen und heranwachsen wollen. Achten Sie auf die leichten Vibrationen der „Ja"-Energie, die danach drängt, neues Leben zu erschaffen. Dem Winter wohnt eine ganz besondere, ursprüngliche Energie inne, vor allem im Februar, weil das der Monat unmittelbar vor dem Frühling ist. Die Pflanzensäfte beginnen, schneller zu fließen. Die Tiere, die noch in Stille verharren oder Winterschlaf halten, spüren, dass der erste warme Wind nah ist. Den Krokussen fehlen nur noch Zentimeter, bis sie ihre violetten Köpfe aus der Erde strecken. Was vibriert in Ihnen? Welcher schwache kreative Impuls schlägt in Ihnen Wurzeln und ist bereit, seine Reise durch den Geburtskanal der Psyche anzutreten und eines Tages als etwas Neues und Lebendiges in diese Welt hineingeboren zu werden?

Frühling: Die Jahreszeit der Wiedergeburt

An der Schwelle zum Frühling beginnen wir, ein leises Erwachen in uns zu spüren. Die Vorsätze, die wir in den dunklen Tagen des Winters gefasst haben, mögen in den vergangenen Monaten in uns geschlummert haben. Doch jetzt sehen wir die ersten grünen Pflänzchen aus der Erde sprießen und werden uns dessen bewusst, dass der Beginn von etwas Neuem bevorsteht. Jetzt ist die Jahreszeit der Hoffnung und der Erneuerung, in der wir, ermuntert durch mehr Licht und mehr Wärme, die Energie dazu finden, den zaghaften Neubeginn zum großen Frühlingserwachen werden zu lassen.

Jetzt ist der Zeitpunkt, sich zu fragen: „Was drängt danach, geboren zu werden? Wenn ich in der Silvesternacht gute Vorsätze gefasst habe – wie kann ich die Energie der Erneuerung nutzen, um sie in die Praxis umzusetzen? Welche Samen, welche Neuanfänge haben unter der Oberfläche meines Geistes geschlummert und drängen jetzt mit aller Kraft danach, verwirklicht zu werden?“ Der Frühling ist eine hervorragende Zeit, um die mächtige Energie der Wiedergeburt zu nutzen und dafür zu sorgen, dass Ihr Vorsatz die Schicht des Widerstands durchbricht, die Sie möglicherweise daran hindert zu heilen.

Manchmal reicht es schon aus, den Wechsel der Jahreszeiten zu spüren, um einen inneren Wechsel zu ermöglichen. Im vergangenen Jahr beriet ich zum Beispiel eine Mutter von zwei kleinen Mädchen. Das jüngere Kind stürzte sich begeistert auf jede neue Aktivität und schien mit dem Leben kaum Probleme zu haben. Seine ältere Schwester war hingegen eher vorsichtig und sensibel und hatte im Sommer des Vorjahres Schwierigkeiten gehabt, Fahrradfahren zu lernen. Das Mädchen wollte es unbedingt können und mit seinen Freundinnen aus der Nachbarschaft zusammen losziehen, aber irgendetwas hielt es zurück.

Als sich der Frühling näherte und es draußen wärmer wurde, besprach ich mit der Mutter, dass sie zu ihrer Tochter sagen könnte: „Der Frühling ist da und wird dir helfen, diese neue Fertigkeit zu lernen. Genau wie die Krokusse, die mutig ihre Köpfchen aus der Erde strecken, obwohl die Gefahren des Winters noch nahe sind, kannst du den Mut finden, noch einmal zu versuchen, Fahrrad zu fahren, auch wenn du immer noch Angst davor hast. Ich glaube, du bist jetzt bereit. Was meinst du?“ Das Mädchen sagte, ja, es sei bereit und ja, es habe immer noch Angst. In den ersten Frühlingstagen unternahmen Mutter und Tochter dann gemeinsam eine Wanderung und beobachteten, wie die Jahreszeit zum Leben erwachte. Sie sahen die kleinen grünen Knospen an den Bäumen und die filigranen Halme der wilden Gräser, die sich die Hänge hinaufzogen. Sie wanderten einige Kilometer, dann machten sie eine Pause, setzten sich auf den Boden und spürten die warme Sonne auf ihren Gesichtern. Als sie nach Hause kamen, fuhr das Mädchen zum ersten Mal alleine auf seinem Fahrrad.

Wenn der Winter für Sie eine Jahreszeit des Kummers war, lassen Sie zu, dass die sanften Winde des Frühlings die Reste der Traurigkeit wegblasen. Wenn der Winter eine Jahreszeit des Kränkelns war, lassen Sie die Frische des Frühlings Ihre Gesundheit wiederherstellen. Wenn der Winter eine Jahreszeit des Verlustes war, werden Sie sich des neuen Lebens und der Wiedergeburten bewusst, die Sie umgeben. Wenn der Winter eine Zeit der Stille war, laden Sie die Vögel ein, Ihr Leben wieder mit Gesang zu bereichern. Wenn der Winter eine Zeit der Hoffnungslosigkeit war, verbinden Sie sich mit den immer wiederkehrenden Zeichen der Hoffnung, die sich in der Natur Bahn brechen, als wollten sie sagen: „Heute ist ein neuer Tag. Heute kann ich mit etwas Neuem beginnen und in mir einen Ort für den Neubeginn finden. Heute lebe ich und dafür bin ich dankbar. Heute sehe ich die Liebe, die sich in den Wundern der Natur manifestiert, und ich flüstere ein leises, aber bestimmtes ‚Ja'."

Die Rastlosigkeit des Frühlings

In jedem Frühling liegt eine gewisse Rastlosigkeit in der Luft. Ich spüre sie in den Bäumen, deren im Winter gespeicherter Saft pulsiert, um neue Knospen und Blätter sprießen zu lassen. Ich sehe sie bei meinen Patienten, die sich aus einer Persönlichkeit herauswinden, die ihnen nicht mehr behagt – aus einer Persönlichkeit als Alleinstehende, als Kinderlose oder als Angestellte in einem Job, der ihnen nicht mehr gefällt. Ich spüre sie bei vielen kreativen Menschen in meinem Umfeld, die daran arbeiten, ein Projekt fertigzustellen, mit dem sie die Welt schon seit Jahren bereichern wollen. Ich erkenne sie in mir selbst, während ich versuche, das Gleichgewicht zu finden, das Mütter dauerhaft nicht zu finden scheinen. Und ich erlebe sie bei meinen Söhnen, deren ganzes Wesen sich in einem kribbelnden Zustand des Unbehagens zu befinden scheint, während sie ihrer nächsten Wachstumsphase entgegenstreben.

Im Herbst lädt die Natur uns ein, uns nach innen zu wenden, während wir uns wie die Bäume, die ihre Blätter abwerfen, darauf vorbereiten, das loszulassen, was uns nicht mehr behagt oder nicht mehr von Nutzen ist. Aber im Frühling, der in jahreszeitlicher Hinsicht den Gegenpol zum Herbst darstellt, sind wir ebenfalls eingeladen, die stagnierenden Dinge zu beobachten, die der Winterschlaf offenbart hat, und auch sie loszulassen. Es ist ein anderes Loslassen als im Herbst, kein vollständiges Ablegen, sondern eher die Erkenntnis, dass eine neue Phase in Reichweite ist. Um in ihren Genuss kommen zu können, müssen wir eine unangenehme, „juckende" Phase durchleben, eine Phase, die sich anfühlt, als würde sich eine Hautschicht abschälen. Die äußere Welt steht an der Schwelle dazu, in aller Pracht voll zu erblühen und den Sommer zu feiern. Wenn wir genau hinsehen, werden wir uns dessen bewusst, dass unsere innere Welt sich ebenfalls in diesem zugleich unbehaglichen und aufregenden Zustand der Erwartung und Vorfreude befindet.

Manchmal ist die Rastlosigkeit ein Aufruf zum Handeln: Wir beurteilen die gegenwärtige Situation und klopfen sie darauf ab, ob es andere Möglichkeiten gibt, die darauf warten, entdeckt zu werden. Aber manchmal hält uns unsere Neigung, Probleme anzugehen und sie irgendwie zu lösen und in Ordnung zu bringen davon ab, diese Rastlosigkeit einfach nur zu erleben; sie hindert uns daran, darauf zu vertrauen, dass das Neue einfach nur durch dieses Erleben auf natürliche Weise geboren werden wird.

Sommer: Die Jahreszeit des Feierns

Der Sommer ist die Jahreszeit einfacher und immerwährender Freuden. Sie tollt wie ein glückliches Kind zwischen dem unschuldigen Frühling und dem melancholischen Herbst umher und wartet darauf, dass wir uns ihrer unbändigen Lebensfreude hingeben. Es ist die Jahreszeit, in der wir barfuß durchs Gras gehen; in der wir zusehen, wie Kinder unter Rasensprengern herumrennen und sich sorglos Wasserrutschen hinunterstürzen; in der wir Strohhüte, Sommerkleider und Sandalen tragen und eine Kugel Vanilleeis schlecken.

Vor vielen Jahren, als meine Jungen noch klein waren, verständigten mein älterer Sohn und ich uns wortlos auf ein tägliches Ritual. Sobald sein jüngerer Bruder eingenickt war und sein Mittagsschläfchen machte, setzten mein älterer Sohn und ich uns unsere Sonnenhüte auf, fassten uns bei den Händen und gingen in den Garten. Egal, wie viel Ärger und Frust uns auch den Morgen verdorben hatten: Sobald wir die Steine betraten, die die Umrandung unseres Gartens bildeten, atmeten wir tiefer aus und spürten, wie sich die Spannungen lösten.

Ohne Computer, Handys und die immer größer werdende Ansammlung von „Kinderkram", der unser Haus füllte, verfielen wir in einen ruhigen Rhythmus, während wir uns den einfachsten Dingen widmeten: Unkraut zupfen, gießen, ernten. Der Wasserfall aus Worten, der normalerweise zwischen den Lippen meines Sechsjährigen hervorsprudelte, versiegte allmählich. Es war, als ob seine Gedanken dem Takt dessen folgten, was er tat, und ihm die Muße verschafften, dem Zwitschern der Vögel und dem Rauschen des Bachs zu lauschen. Er hatte Zeit, um sich tief zu bücken und einer Biene dabei zuzusehen, wie sie ihre zerfledderten Flügel in der Mittagssonne trocknete.

Nachdem mein Sohn sich die Taschen mit Zuckererbsen vollgestopft hatte, gingen wir wieder zum Haus, setzten uns gemeinsam in die Korbstühle auf unserer abgeschirmten Veranda und staunten über diese wundervollen grünen Köstlichkeiten. „Besser als Bonbons“, sagte er, während er in vollen Zügen die Süße der Erbsen genoss, die wir zu Beginn des Frühlings ausgesät hatten. Es war so schlicht und so vollkommen. Diese Momente waren zweifellos immer wieder der Höhepunkt eines jeden Tages.

Das Geheimnis besteht darin, lange genug zu entschleunigen, um die kleinen Wunder wahrzunehmen, die uns umgeben; die einzigartigen Momente des Lebens, die uns, wenn wir uns die Zeit nehmen, sie zu sehen, mit einem tiefen Gefühl der Freude und der Dankbarkeit erfüllen können. Manchmal fühlt es sich an wie eine Herkulesaufgabe, sich von der Anziehungskraft der Bildschirme und der Dinge zu lösen, die wir erledigen müssen, jener ständig wachsenden und nie endenden To-do-Liste. Aber es lässt sich nicht bestreiten, dass die einfachen Freuden des Sommers nicht in der virtuellen Realität und auch nicht im Abhaken von Punkten auf Listen liegen.

In unserer Kultur, die Technologie, Leistung und Effizienz auf einen nahezu gottgleichen Sockel hebt und uns zu einem hektischen Tempo antreibt, das Ängste nur noch verschlimmert, müssen wir nach den einfachen Aktivitäten manchmal gründlich suchen. Sie helfen uns zu entschleunigen und zu einem natürlichen Tempo zurückzufinden. Diese Momente sind Balsam für den ängstlichen Geist. Nach diesen Momenten sehnt sich die Seele. Und der Sommer ist voller solcher Gelegenheiten. Es kann etwas so Einfaches sein, wie sich unter einem Baum auszustrecken, wie eine Katze im Schatten zu liegen und sich zu erlauben, sich in der trägen Hitze des späten Nachmittags auszuruhen. Oder sich mitten an einem Arbeitstag irgendwann zehn Minuten Zeit zu nehmen, sich auf eine Parkbank zu setzen, in einen knackigen roten Apfel zu beißen und die Formen der Wolken zu betrachten, die am Himmel entlangziehen. Erinnern

Sie sich daran, wie Sie als Kind in den Wolken verborgene Dinosaurier und Hunde entdeckt haben? In dieser kindlichen Jahreszeit können wir wieder wie Kinder werden und uns daran erinnern, dass uns einfache Momente und zeitlose Beschäftigungen am meisten Freude bereiten.

ÜBUNG

Die Jahreszeiten laden Sie ein

Wenn wir uns mit der primären Aktion jeder Jahreszeit in Einklang bringen, können wir die Energie der Natur nutzen und unsere eigenen Transitionen dadurch erleichtern. Nehmen Sie sich in jeder Jahreszeit Zeit, über die folgenden Fragen zu reflektieren:

- Herbst: Sobald Sie sehen, wie die Blätter von den Bäumen fallen, lade ich Sie ein, sich gegenüber der Energie des Loslassens zu öffnen und sich zu fragen: „Für was ist die Zeit gekommen, dass ich es loslasse?"
- Winter: Wenn Sie sehen, wie sich Stille über das Land legt und Sie spüren, dass Ihre eigene Seele sich in den Winterschlaf begibt, können Sie sich fragen: „Was entsteht in Stille und Einsamkeit?"
- Frühling: Jetzt sprießen die Keime der tatsächlichen und der metaphorischen Samen, die monatelang geschlummert haben, zaghaft durch die sich erwärmende Erde und Sie können sich fragen: „Was ist bereit, das Licht der Welt zu erblicken?"
- Sommer: Wenn Sie die Früchte Ihrer Arbeit ernten und Tage voller Wasser und Sonnenschein genießen, können Sie sich fragen: „Was gibt es zu feiern?"

6

DIE VERLETZLICHKEIT DES SEINS IM GEGENWÄRTIGEN MOMENT

Bodhichitta ist unser Herz – unser verwundetes, erweichtes Herz. Aber wenn Sie nun nach diesem weichen Herzen suchen, das wir so sorgsam hüten – wenn Sie beschließen, eine wissenschaftliche Untersuchung mithilfe eines Mikroskops durchzuführen, um dieses Herz zu entdecken –, werden Sie es nicht finden.
Sie können es suchen, aber alles, was Sie finden werden, ist eine gewisse Zartheit. Es gibt nichts, das Sie herausschneiden und unters Mikroskop legen können. Es gibt nichts, das Sie sezieren oder anfassen können. Je genauer Sie hinschauen, desto deutlicher sehen Sie einfach nur ein Gefühl von Zartheit, leicht behaftet mit einer gewissen Art von Traurigkeit. Diese Traurigkeit rührt nicht daher, dass uns jemand schlecht behandelt hat.
Es ist eine angeborene Traurigkeit, die nicht durch irgendwelche Umstände verursacht wird. Sie ist Teil unseres Geburtsrechts, ein Familienerbstück. Das echte Herz der Traurigkeit.

PEMA CHÖDRÖN
Frei nach *Start Where You Are/Beginne, wo du bist*

Uns wird nicht beigebracht, dem Leben zu seinen eigenen Bedingungen zu begegnen, also im gegenwärtigen Moment zu leben. Uns selbst überlassen, wird unser Ego sich winden, ausweichen, Dinge erfinden und uns zu überreden versuchen, um uns nur davor zu bewahren, dem Leben direkt ins Auge zu blicken. Alle aufdringlichen Gedanken des Egos und alle angstbasierten Konzepte sind in Wahrheit fein ausgearbeitete und oft überzeugende Fluchtmöglichkeiten. Sie sollen uns davon abhalten, mit den rohen Dingen in Berührung zu kommen, die das Menschsein ausmachen – mit unserer Einsamkeit, unserem Schmerz, unserer Angst, unserer Unsicherheit und unserer Transzendenz. Jenen Dingen also, die nur aufkommen, wenn wir uns in den gegenwärtigen Moment fallen lassen.

Eine der raffiniertesten Verteidigungstaktiken, um uns vor der Verletzlichkeit zu bewahren, die damit einhergeht, im gegenwärtigen Moment zu leben, besteht darin, uns in die Denkfalle zu locken, in Form von Bedauern, Schuldgefühlen oder Scham in der Vergangenheit zu verharren oder uns in die Zukunft zu katapultieren. So machen wir uns um Dinge Sorgen, die sich unserer Kontrolle entziehen. Einer der Schlüssel zur Überwindung und Heilung von Ängsten ist nun, zu lernen, in dem Moment zu leben, in dem unsere Verletzlichkeit zu Hause ist. Das ist nicht einfach, vor allem, weil nur sehr wenigen Menschen beigebracht wurde, wie man mit Verletzlichkeit umgeht. Tatsächlich wird uns genau das Gegenteil vermittelt, denn uns wird oft anerzogen, uns nicht verletzlich zu machen, weil das nicht sicher ist. Im Laufe der längsten Zeit der Menschheitsgeschichte, während der es tatsächlich nicht sicher war, sich verletzlich zu zeigen, war diese Denkweise wahrscheinlich sinnvoll. Da wir aber inzwischen an einer neuen Bewusstseinsschwelle stehen, sind wir eingeladen, einen neuen Weg kennenzulernen. Ängste sind die Wegweiser. Neugier und Mitgefühl sind die Verbündeten. Die Bereitschaft, sich der vollen, reinen, zarten Erfahrung des Menschseins zu öffnen, ist das Licht in der Dunkelheit.

Keine Fluchtmöglichkeit vor dem Leben

Neben unseren vergangenheits- oder zukunftsbezogenen Sorgen nutzen wir auch den „Ich-werde-glücklich-sein-wenn-Mythos“ als Fluchtmöglichkeit. Wir fallen der heimtückischen kulturellen Botschaft zum Opfer, die lautet: „Du wirst glücklich sein, wenn … (du deinen Uniabschluss hast, den Job bekommst, heiratest, das Haus kaufst, einen Hund hast, ein Kind bekommst).“

Oder: „Du wirst glücklich sein, wenn … (du diese Prüfung hinter dir hast, diese Aufgabe erledigt ist, die Sonne scheint).“ Aber sobald jedes dieser Ereignisse eintritt und Sie sich immer noch unruhig und unsicher fühlen, fragen Sie sich, was mit Ihnen nicht stimmt. Dabei ist mit Ihnen alles in Ordnung. Es ist einfach nur so, dass es keine Fluchtmöglichkeit vor dem Leben gibt. Das bedeutet, dass wir der Einsamkeit, dem Schmerz, der Ungewissheit und der Transzendenz, die damit einhergehen, Mensch zu sein, nicht aus dem Weg gehen können. Erkunden wir einige dieser Zustände etwas eingehender.

Das Leben kann eine *einsame* Reise sein. Tatsächlich ist Einsamkeit ein ureigener Bestandteil der menschlichen Lebenserfahrung. Denn kein anderer Mensch, so nah er unserem Herzen auch kommen mag, wird je in unserem Körper leben und das Leben mit unseren Augen sehen. Einer der Schätze, die sich in den Fragen verbergen, die den ängstlichen Geist oft plagen, ist die Einladung, sich auf die fundamentale, existenzielle Einsamkeit einzulassen. Wenn wir über unsere diversen Fragen grübeln, sind wir auf die durchaus überzeugende Fluchtmöglichkeit fixiert, die das Ego uns anbietet: „Mit jemand anderem oder woanders würdest du dich nicht einsam fühlen.“ Erkennen wir hingegen, dass Einsamkeit Teil des menschlichen Daseins ist, können wir lernen, unserer Einsamkeit zu begegnen und uns vielleicht sogar mit ihr anzufreunden. Wenn wir der Einsamkeit begegnen, anstatt vor ihr wegzulaufen, verwandelt sie sich paradoxerweise in eine Freundschaft – aber es ist unsere eigene innere Freundschaft, nicht die Erwartung, dass jemand anderes diesen Teil unserer Sehnsucht ausfüllt (in Kapitel 10 werden wir uns eingehender mit Einsamkeit befassen).

Das Leben kann eine *schmerzliche* Reise sein. Für einige Menschen, vor allem für diejenigen, die ein weit geöffnetes Herz haben, ist der Schmerz ein Teil ihres alltäglichen Lebens. Wir müssen nicht einmal wissen, warum wir weinen, aber wenn wir entschleunigen und weich werden, werden wir uns dessen bewusst, dass sich im Zentrum eines offenen Herzens eine Schicht von Traurigkeit befindet. Wir versuchen diesem „wahren Herzen von Traurigkeit“, wie Pema Chödrön es nennt, zu entfliehen, aber es gibt kein Entrinnen, weil das Leben Schmerz beinhaltet. Wenn Sie ein Mensch sind, dessen Herz noch nicht verhärtet ist, sind Sie sehr sensibel dafür, diesen Schmerz jeden Tag, manchmal sogar stündlich, zu empfinden. *Man kann nicht über das Leben hinwegkommen.* Wir müssen lernen, das Leben zu durchleben.

Das Leben kann eine *transzendente* Reise sein. Momente, vielleicht Minuten, in denen sich die Seele ausdehnt, wenn nicht nur der physische Körper einen vollen Atemzug einatmet und über die vertrauten Grenzen hinausgeht, sondern auch die Seele. Transzendenz ist, wenn die Seele sich selbst erkennt, wenn der unendliche Teil von mir sich an sich selbst erinnert, indem er sich irgendwo in dieser endlichen Welt widergespiegelt sieht. Das Streben nach Transzendenz ist keine Möglichkeit, die mit dem Menschsein einhergehende Tatsache zu umgehen, ein Mensch in einem physischen Körper zu sein. Aber wir können nach Transzendenz streben, so wie wir Sauerstoff einatmen. Denn diese Momente im Leben, in denen wir gleichzeitig aus uns selbst herausgehoben werden und uns an uns selbst erinnern, speisen unsere Seele mit Sauerstoff und machen das Leben lebenswert.

Wo finden wir Transzendenz? Es gibt keine Formel. Wir finden sie, indem wir dem leisen Flüstern des *Ja* folgen, bis das leise Lied zu einer wie von einem ganzen Chor gesungenen Lautstärke erwacht, bis die transzendenten Momente keine isolierten Erlebnisse mehr sind, sondern täglich und sogar stündlich unser Leben prägen. Das kann passieren, wenn Sie spazieren gehen, beten, ein Kunstwerk betrachten, ein Gedicht schreiben oder eines auswendig lernen. Das kann sein, wenn Sie sich mit einem Traum beschäftigen, einen Berg besteigen, am Strand sitzen oder eine Katze streicheln. Wir hüpfen von einem Seerosenblatt des *Ja* zum nächsten, bis die Blätter sich aneinanderreihen und einen grünen Pfad bilden, der uns durch unsere Tage und Nächte leitet.

Wir müssen Raum schaffen und durch Entschleunigung in die Stille kommen, um das *Ja* einzuladen. Wir müssen in einer Ecke unseres geschäftigen Lebens einen Platz für Ruhe schaffen, um das Summen der Insekten zu hören. Und wir müssen wissen, dass Transzendenz nicht das Ziel ist und tatsächlich nicht losgelöst ist von dem Schmerz, der Einsamkeit, der Angst und der Verletzlichkeit, die das Menschsein ausmachen.

Transzendenz bedeutet, dem Leben zu dessen Bedingungen zu begegnen, die Rüstung abzulegen, den Kampf zu beenden und einfach zu sagen: „Hier bin ich. Ich erlaube dem Leben, durch mich hindurchzufließen und mit mir zu fließen. Ich sage Ja zum Leben, in all seinen vielfältigen Ausdrucksformen des Schmerzes und der Schönheit. Hier bin ich.“

Die Angst davor, sich zu gut zu fühlen

So sehr wir uns nach Transzendenz sehnen, so sehr widersetzen wir uns ihr auch. Denn sich gut zu fühlen geht genauso sehr mit Verletzlichkeit einher, wie mit etwas zu kämpfen zu haben. Tatsächlich kann es in vielerlei Hinsicht mit *noch mehr* Verletzlichkeit einhergehen, sich gut zu fühlen. Wenn man sich nämlich gut fühlt, hat man etwas zu verlieren, und das Ego fürchtet nichts stärker als einen Verlust. Um also zu lernen, zu der Verletzlichkeit, die mit dem Leben im gegenwärtigen Moment einhergeht, öfter Ja zu sagen, müssen wir den natürlichen Widerstand erkunden, der aufkommt, wenn wir uns gut fühlen.

Sie sehnen sich danach, sich besser zu fühlen. Sie haben genug davon, zu leiden. Aber wenn sich etwas Gutes ankündigt, registrieren Sie einen Denkprozess, der das Gute mit Gedanken verdrängt wie: „Ich verdiene es nicht, glücklich zu sein“ oder „Wenn ich glücklich bin, wird etwas passieren und mir mein Glück wieder nehmen.“ Das ist Ihr Verteidigungssystem, Ihr Ego, das Überstunden macht, um Sie vor dem Risiko zu schützen, verletzlich zu sein. Denn es ist genauso sehr ein Risiko, sich gut zu fühlen, wie es ein Risiko ist, Schmerz zu empfinden. Die einzige sichere Zone ist der enge Bereich, in dem die Gefühle so gedämmt werden, dass sie sich in einem kontrollierbaren, tauben Zustand befinden. Das ist der Bereich, auf den sich unsere kopflastige Kultur konzentriert. Der Weg in die Freiheit besteht darin zu lernen, die Schutzschichten, die bisher dafür gesorgt haben, dass wir uns sicher gefühlt haben, abzulegen und zu riskieren, wieder unmittelbar und direkt mit dem Leben in Berührung zu kommen.

Eine meiner Kursteilnehmerinnen beschrieb es folgendermaßen: „Ich erlebe jetzt ganze Tage, an denen ich keine Ängste verspüre, und alles fühlt sich so real an. Es ist so, als ob ich mein ganzes Leben lang Handschuhe getragen hätte und auf einmal die Textur, die Form und die Temperatur meiner Emotionen und die des Lebens im Allgemeinen erfühlen könnte. Jeder Moment fühlt sich sehr real an, wenn er nicht von der dicken Schicht aus Ängsten und ständigen Sorgen verhüllt ist.

Doch wenn ich mich in diesem Zustand befinde, bekomme ich manchmal große Angst. Ich fürchte, dass irgendetwas Schlimmes passieren wird. Ich habe dann das Gefühl, dass ich es nicht verdiene, glücklich zu sein und all den Unvollkommenheiten zum Trotz mit meinem Partner und meinem Job zufrieden zu sein. Ich bin dabei, den Glaubenssatz zu enttarnen, dass es gefährlich ist, glücklich zu sein. Gibt es irgendeine Anleitung dafür, wie man mit dieser Angst umgehen kann?“

Wenn Ihnen diese Beschreibung bekannt vorkommt, sind Sie nicht alleine. Sie leiden unter dem, was Gay Hendricks in seinem Buch *The Big Leap* das *Upper-Limit-Problem,* das Obere-Limit-Problem, nennt. Er hatte dieses Phänomen bei sich entdeckt, als er nach einem Mittagessen mit einem Freund in sein Büro zurückkehrte. Das Treffen war angenehm gewesen und sie hatten über die Projekte gesprochen, an denen sie arbeiteten. Bei ihm lief alles gut, und er war glücklich mit seinen Beziehungen zu anderen Menschen. Er lehnte sich in seinen Stuhl zurück, streckte sich und seufzte zufrieden. Er fühlte sich großartig. Doch dann fing er plötzlich an, sich Sorgen um seine Tochter Amanda zu machen, die gerade an einem Sommerferienprogramm teilnahm. Sie hatte sich gewünscht, dort hinzufahren. Doch vor seinem inneren Auge lief plötzlich ein schlimmer Film ab: Amanda alleine in ihrem Schlafsaal; Amanda, die Heimweh hatte und sich einsam und elend fühlte; Amanda, wie sie von anderen Kindern geärgert wurde. Alle Freude wich aus ihm, als sich sein Geist immer weiter mit solchen Schreckensbildern füllte.

Also rief er den Leiter des Ferienprogramms an und erfuhr, dass es seiner Tochter gutging und alles in Ordnung war. Daraufhin kam er sich dumm vor und fragte sich, wie es sein konnte, dass er sich in einem Moment so gut fühlte und im nächsten Moment diese Besorgnis erregenden Bilder vor seinem inneren Auge sah. Dann wurde ihm bewusst, dass ihm sein Geist diese Bilder geschickt hatte, *weil* es ihm gut ging. Er beschreibt es so: „Ein Teil von mir hatte Angst davor, über einen längeren Zeitraum hinweg positive Energie zu genießen. Als ich mein oberes Limit dessen erreicht hatte, wie viele positive Gefühle ich verkraften konnte, erzeugte ich eine Reihe unangenehmer Gedanken, um meine Euphorie zu dämpfen.“

Kommt Ihnen das bekannt vor? Lassen Sie uns den Glauben entkräften, dass es nicht sicher ist, glücklich zu sein.

Ich ziehe es immer vor, weit nach außen zu zoomen und mit der dicksten Schicht eines Glaubenssatzes zu beginnen, die sich in diesem Fall im kollektiven Unbewussten befindet. Rufen Sie sich in Erinnerung, dass das kollektive Unbewusste jener Teil des Denkens ist, der allen Menschen gemein und sogar noch mit der Erinnerung unserer Vorfahren verbunden ist. Mit anderen Worten: Wir glauben oft, dass wir die einzigen Menschen sind, die etwas erleben oder fühlen, aber wenn wir herauszoomen und uns mit dem unsichtbaren Netz verbinden, sehen wir, dass unsere persönliche Erfahrung auch eine kollektive Erfahrung ist. Gay Hendricks beschreibt, wie die Angst davor, sich zu gut zu fühlen, mit der kollektiven Erfahrung verbunden ist, wie die Menschen Jahrtausende lang mit Widrigkeiten zu kämpfen hatten. Erst vor Kurzem haben wir uns in der Evolutionsgeschichte dahin entwickelt, uns zu erlauben, uns für eine beliebig lange Zeit gut zu fühlen.

Natürlich hat nicht jeder Mensch auf diesem Planeten das Glück, sich darüber Sorgen machen zu können, dass das Leben zu schön ist. Es gibt Millionen von Menschen, die auf der elementarsten Ebene um ihr Überleben kämpfen müssen. Die Angst davor, sich zu gut zu fühlen, ist zwar für viele eine kollektive Erfahrung, doch es ist keine universelle Erfahrung und würde in der Maslowschen Bedürfnishierarchie auf der obersten Stufe der Pyramide eingeordnet werden: in der Kategorie Selbstverwirklichung. Das schmälert nichts daran, wie schmerzhaft und selbstbeschränkend es sein kann, unter der Angst zu leiden, sich zu gut zu fühlen; aber ich glaube, dass es wichtig ist, sich dieser Angst mit einer gesunden Prise Augenmaß und Weitsicht zu nähern.

Die nächste anzugehende Ebene ist die des Egos. Wie bereits beschrieben, hat das Ego mehr als alles andere zum Ziel, Verluste zu vermeiden, indem es die Kontrolle behält. In seinem vergeblichen Streben nach ultimativer Kontrolle redet es uns ein, dass wir, wenn wir seinen Lügen glauben, erfolgreich unsere Zukunft kontrollieren können. In diesem Fall sagt das Ego: „Wenn du die guten Dinge in deinem Leben schätzt, wirst du dafür sorgen, dass sie verschwinden." Erkennen Sie die sich selbst erfüllende Prophezeiung in dieser Aussage?

Zuletzt gehen wir unsere persönliche Geschichte an, die Momente, als Sie von Gleichaltrigen, Lehrern, Geschwistern oder Eltern niedergemacht wurden, weil Sie Ihr Licht hell erstrahlen ließen. Ich kann mich noch gut daran erinnern, wie Mädchen meiner Clique in der fünften

Klasse mit großer Verachtung über ein anderes Mädchen sagten: „Sie ist so eingebildet." Oder: „Sie hält sich für so toll." Bei einem Kind, für das die Akzeptanz durch Gleichaltrige das Wichtigste der Welt ist, braucht es nicht viel, damit es sich solche Aussagen, die es über jemand anderen hört, selbst zu eigen macht. In diesem einen Moment lernen wir, klein zu bleiben.

Letztendlich geht es darum, sich immer wieder darüber bewusst zu werden, wo Sie die Kontrolle haben und wo nicht. Sie haben keine Kontrolle über die Zukunft, ebenso wenig über den Ausgang der meisten Ereignisse in Ihrem Leben. Aber Sie können beeinflussen, wie Sie auf angstbasierte „Was-wäre-wenn"-Gedanken reagieren, die sich wie eine Lawine in Ihrem Geist auftürmen und versuchen, Sie genau hier, genau jetzt davon abzuhalten, den gegenwärtigen Moment zu leben. Sie können kontrollieren, wie Sie auf Ihre innere Welt reagieren und wie viel Verantwortung Sie für Ihr eigenes Wohlergehen übernehmen. Genau das werden Sie in der nächsten Übung lernen.

ÜBUNG

Die Angst, sich gut zu fühlen

Wenn Sie merken, dass die Angst, sich zu gut zu fühlen, in Ihnen aufkommt, machen Sie Folgendes:

1. **Nehmen Sie das Gefühl wahr.** Werden Sie sich dessen bewusst, wenn Ihre guten Gefühle auf einmal in Sorgen und Grübeln umschlagen. Je besser Sie diese Gewohnheit wahrnehmen können, desto leichter wird es Ihnen fallen, etwas an ihr zu ändern.

2. **Benennen Sie die Glaubenssätze Ihres Egos und fordern Sie sie heraus.** Das Ego ist am mächtigsten, wenn es in der Dunkelheit agiert, verborgen hinter einem großen Vorhang. Wenn Sie den Vorhang zurückziehen, werden Sie erkennen, dass

das Ego kein Furcht einflößender Riese ist, sondern nur ein kleiner, ängstlicher Teil von uns. Wenn Sie die Glaubenssätze Ihres Egos aufschreiben, holen Sie sie ganz bewusst ins Scheinwerferlicht – und sie werden beginnen, sich zu verflüchtigen.

3. **Betrachten Sie die Momente, in denen Sie in Ihrem Leben von anderen heruntergezogen wurden.** Oder schreiben Sie Erlebnisse auf, die bei Ihnen dazu geführt haben zu glauben, dass es nicht sicher ist, ganz und gar Ihr außergewöhnliches, schönes, großartiges, brillantes Selbst zu sein. Die meisten Menschen lernen irgendwann in ihrem Leben, dass es nicht in Ordnung ist zu glauben, sie seien wunderbar, sondern dass es sicherer ist, „klein" zu bleiben. Indem Sie sich mit diesen Erlebnissen beschäftigen, holen Sie sie aus Ihrem Unterbewusstsein hervor und können die Glaubenssätze, die dabei gebildet wurden, hinterfragen und widerlegen. Es kann auch Kummer an die Oberfläche kommen, wenn Sie auf Erinnerungen an Erlebnisse stoßen, bei denen Sie dazu gebracht wurden, sich „klein" zu fühlen; vor allem, wenn diese Erinnerungen etwas mit Ihren Eltern zu tun haben.

4. **Benennen Sie Ihre Ängste.** Schreiben Sie auf, was Ihnen Angst daran macht, innere Arbeit zu leisten, die dazu führen könnte, dass Sie sich geerdeter und fröhlicher fühlen. Wenn Sie sich jahre- oder sogar jahrzehntelang mit Ihrem Schmerz und Ihren Ängsten identifiziert haben, kann es beängstigend sein, sich eine neue Identität vorzustellen – eine Identität, die darauf basiert, sich gut zu fühlen. Die meisten Menschen schrecken davor zurück, sich auf ihre innere Welt einzulassen, weil sie Angst vor dem haben, was sie dort finden werden.

Es ist von entscheidender Bedeutung, dass Sie sich langsam und sehr behutsam mit Ihrer inneren Welt befassen. Sie sind wahrscheinlich noch sehr mit Ihren zentralen Glaubenssätzen verwachsen. Diese sind wie ein hartnäckiges Unkraut, das sich um Ihren Kern geschlungen hat. Wenn Sie dieses Unkraut zu schnell an der Wurzel herausreißen, fühlt es sich an, als würde Ihr inneres Selbst kollabieren. Da Sie so lange mit Ihren Geschichten und Ihren Glaubenssätzen gelebt haben, sind diese ein Teil Ihrer inneren Struktur oder der Bausteine Ihrer Psyche geworden. Die Arbeit muss langsam und methodisch angegangen werden wie von einem achtsamen Gärtner; vielleicht zupft er zunächst den oberen Teil des unerwünschten Unkrauts heraus und gräbt dann vorsichtig in die Erde, um die Wurzel freizulegen.

Wenn Ihr Ego versucht, Ihnen mit einem seiner üblichen Sprüche Angst zu machen („Wenn du dich der inneren Arbeit widmest und reifst, wird etwas Schlimmes passieren oder du wirst etwas Furchtbares über dich herausfinden!“), ist es sehr wichtig, sich bewusst zu machen, dass das, was Sie finden werden, Sie selbst sind. Sie werden lernen, wie man liebt, und zwar sich selbst und andere. Sie werden sich dessen bewusst, dass Ängste, denen man sich nicht zuwendet, enorm viel Raum einnehmen. Wenn Sie dann anfangen, die Fangarme dieser Ängste zu lockern und schließlich zu lösen, wird sich Ihr Herz in ungeahnten Weisen öffnen. Auf den Punkt gebracht: Es wird nichts Schlimmes passieren, wenn Sie innere Arbeit leisten. Der Glaube, dass das passieren könnte, ist nur die Folge der Angst Ihres Egos vor Veränderungen und sein Versuch, Sie davon zu überzeugen, lieber die Finger davon zu lassen und so zu tun, als ob alles in bester Ordnung wäre. Aber wenn Ängste das Sagen haben, ist *nichts* in bester Ordnung. Und je mehr Sie sich nach innen wenden und den Mut aufbringen, sich den wunden Bereichen zu stellen, die mit der Verletzlichkeit des Lebens im gegenwärtigen Moment einhergehen, desto mehr werden Sie Ihre Freiheit finden.

Teil II: Die vier Reiche des Selbst

ÄNGSTE VON GRUND AUF HEILEN

Wir müssen lernen, im Sonnenschein spazieren zu gehen und
die Farben der Erde zu sehen, unseren Körper zu
respektieren, auf die Musik im Leben zu achten, auf unsere
Träume zu hören und den Menschen, die wir lieben,
Zuneigung zu zeigen.
Dann können wir Frieden schließen.

ROBERT A. JOHNSON
We: Understanding the Psychology of Romantic Love

7

DER PLATZ AM KOPFENDE DES TISCHES

Selbstverwirklichung ist kein plötzlich eintretendes
Ereignis oder gar das endgültige Ergebnis einer langen
Anstrengung. Der tibetische buddhistische Dichter
und Heilige Milarepa, der im elften Jahrhundert lebte,
sagte: „Erwarte keine vollständige Verwirklichung,
sondern übe einfach jeden Tag deines Lebens."
Ein gesunder Mensch ist nicht vollkommen,
sondern vervollkommnungsfähig, kein fertiges Werk,
sondern ein Werk in einem Prozess der Entwicklung.
Um gesund zu bleiben, bedarf es Disziplin, Arbeit
und Geduld. Deshalb ist unser Leben eine Reise
und somit zwangsläufig etwas Heldenhaftes.

DAVID RICHO

Frei nach *How to Be an Adult in Relationships/*
Reif werden füreinander

Um die unumgängliche Aufgabe zu meistern, sich um die vier Reiche Ihres Selbst zu kümmern, benötigen Sie einen liebevollen, kompetenten und verständlichen inneren Elternteil oder guten inneren Freund (oder eine innere Freundin), der oder die das Steuer Ihrer Psyche übernimmt. So wie Kinder sich sicher fühlen, wenn ein vertrauter Elternteil am Kopfende des metaphorischen Esstisches sitzt, so werden sich auch Ihre inneren Wesensmerkmale – Angst, Urteilsvermögen, Furcht, Eifersucht, Kritik, Aufgabenbewältigung und Ihr Streben danach, ein braves Mädchen oder ein braver Junge zu sein – sicher fühlen, wenn ein liebevoller, kompetenter und vertrauter Elternteil am Kopfende Ihres inneren Tisches sitzt. Wenn Sie diesen wesentlichen Bestandteil ihres Ichs vernachlässigen, kann das sonst zu noch mehr Angst, Überforderung und Verwirrung führen, vor allem, wenn man sich intensiv mit sich selbst beschäftigt. Sobald Sie diese Fähigkeit hingegen ausbauen, können Sie Ihrem Körper, Ihrem Herzen, Ihrem Geist und Ihrer Seele auf eine Weise begegnen, die es Ihnen ermöglicht, auf die Botschaften Ihrer Ängste zu hören und entsprechend zu reagieren.

Die Qualitäten eines liebevollen inneren Elternteils

Wir *alle* haben diese ruhige, mitfühlende Ader in uns. Doch wenn Sie in Ihrer Kindheit keine Vorbilder hatten, die Ihnen gezeigt haben, wie man Emotionen reguliert (und das haben nur sehr wenige Menschen), kann es schwierig sein, Zugang zu dieser Ader zu finden. Das bedeutet nicht, dass dieser Teil von Ihnen nicht existiert. (Rufen Sie sich in Erinnerung: Eine der bevorzugten Taktiken des Widerstands ist es, Ihnen einzureden, dass Sie keinen liebevollen inneren Elternteil haben und deshalb diese innere Arbeit nicht leisten können.) Es bedeutet nur, dass dieser Teil von Ihnen wie ein schwacher Muskel ist, den Sie mehr beachten müssen, um ihn zu kräftigen. Dafür kann es hilfreich sein zu wissen, welche Eigenschaften Sie stärken möchten, sodass Sie, wenn Sie sie wahrnehmen, sagen können: „Ja, das ist mein innerer Elternteil." Was immer Sie gießen, wird wachsen. In diesem Fall wollen Sie einen bestimmten Teil von sich selbst wachsen lassen, der standhalten kann, wenn das Leben um Sie herum brodelt und während Sie tiefer in Ihre innere Welt und Ihren Heilungsprozess eintauchen. Im Folgenden werden einige grundlegende Eigenschaften eines liebevollen inneren Elternteils beschrieben:

- Ein liebevoller Vater oder eine liebevolle Mutter nimmt die Bedürfnisse eines Kindes wahr und respektiert sie, drängt das Kind aber gegebenenfalls auch aus seiner Komfortzone heraus, falls dies erforderlich ist. Auf die selbe Weise sorgt ein liebevoller innerer Elternteil dafür, dass Ihre innere Welt von Mitgefühl und intensiver Neugier geprägt ist, ohne dass Sie dabei in Leid oder Trägheit verfallen.

- So wie ein liebevoller Vater oder eine liebevolle Mutter sich Zeit nimmt, in den gegenwärtigen Moment einzutauchen und mit dem Kind eine Verbindung von Auge zu Auge und von Herz zu Herz herzustellen, ohne sich ablenken zu lassen, so erkennt auch der innere Elternteil, wie wichtig es ist, lange Pausen im sonst so schnelllebigen und hektischen Alltag einzubauen. Nur so kann er oder sie mit voller Geistesgegenwart auf das hören, was wirklich erforderlich ist. Das bedeutet, dass wir unsere Handys ausschalten oder in einen anderen Raum legen. Es bedeutet auch, dass wir die Stimmen zum Schweigen bringen, die uns von der Gegenwart ablenken, also Dinge, die mit der Arbeit zu tun haben wie Anrufe, E-Mails und Rechnungen. Wir können uns nicht sicher, geliebt oder wertgeschätzt fühlen, wenn sich die Eltern in unserem Leben – sowohl unsere realen Eltern als auch unsere inneren Elternteile – keine Zeit zum Zuhören nehmen.
- Darüber hinaus ist der liebevolle, weise innere Elternteil nicht nur ein Zuhörer und Unterstützer, er ist auch der Teil von uns, der Grenzen setzt und Einschränkungen auferlegt. Es ist der Teil, der zu der einen Sache Ja sagt („Ja, ich werde jetzt Sport treiben, auch wenn mir nicht danach ist.") und zu einer anderen Sache Nein („Nein, ich werde heute Abend keinen Alkohol trinken, weil ich weiß, dass ich dann morgen mit Angstgefühlen aufwache."). Dieser Teil von uns kann Entscheidungen treffen und diesen Entscheidungen vertrauen.
- Wenn man einen liebevollen Elternteil am Kopfende des Tisches sitzen hat, kann man seine schwierigen Gefühle – Traurigkeit, Eifersucht, Enttäuschung, Wut, Frustration,

Einsamkeit, Langeweile – fühlen, ohne von ihnen verschlungen zu werden. Man lernt auch, dass man nicht jedem Gedanken, der einem durch den Kopf geht, Glauben schenken muss. Und dass man nicht gleich handeln muss, nur weil einem etwas durch den Kopf geht. Wenn Sie darauf vertrauen, dass ein Erwachsener am Kopfende des Tisches sitzt, wissen Sie, dass Ihre Gedanken einfach nur Gedanken sind und dass zwischen Gedanken und Handlungen eine große Kluft liegt.

- Der liebende Elternteil erkennt den Mut an, den es braucht, um sich auf die innere Arbeit einzulassen. Er erinnert uns oft daran, manchmal mehrmals am Tag, dass Geduld, Kompetenz und Vertrauen erforderlich sind, um von der Wurzel her zu heilen. Unsere Kultur des Fast-Foods, der schnellen Lösungen und der sofortigen Befriedigung schwächt unsere Fähigkeit, Geduld aufzubringen. In unserem verzerrten Zeitempfinden erwarten wir *sofortige* Linderung. Wir haben unsere Wertschätzung für langsam zustande kommende Erfahrungen verloren. Das gilt sowohl für langsam zubereitete kulinarische Genüsse als auch für unser Gefühlsleben und das Reich unserer Seele. Wir schreiben keine Briefe mehr und warten daher auch nicht mehr voller Vorfreude auf eine Antwort. Wir haben unsere Fähigkeit, einfach nur *zu sein,* fast gänzlich verloren. Egal ob es darum geht, einfach nur an einem Feuer zu sitzen, ohne etwas anderes zu hören als das Knistern der Flammen, oder im Gras zu liegen und in den Himmel zu blicken, ohne das Handy griffbereit zu haben.

Es gibt keine Möglichkeit, die Heilung zu beschleunigen. Die Seele folgt wie Tiere ihrem eigenen Tempo und ihrem eigenen Rhythmus. Das ist für unseren modernen Verstand, der vergessen hat, wie man wartet, eine Quelle der Frustration. Aber es ist die Aufgabe der liebenden inneren Eltern, uns daran zu erinnern, unseren Fokus um ein paar Grad zu verschieben und eine neue Sichtweise einzunehmen, die langsames Leben und langsames Heilen versteht. In diesem Raum der Geduld werden Sie einen Ort zum Ausatmen finden.

ÜBUNG

Stärken Sie Ihr weises Selbst/Ihren inneren Elternteil

Ihr weises Selbst ist wie ein Muskel; je mehr Sie ihn einsetzen, desto stärker wird er. Jedes Mal, wenn Sie bewusst erkennen, dass Sie aus einer Position der Klarheit und Weisheit heraus gehandelt haben, wird Ihr innerer Elternteil stärker. Es ist in der Tat die Einsicht selbst, die diesen Muskel stärkt. Wie Kinder nämlich ihre Bezugspersonen und Mentoren brauchen, damit diese die ihnen innewohnenden Begabungen und Stärken erkennen und anerkennen, so müssen auch unsere inneren Wesensmerkmale anerkannt werden. Jedes Mal, wenn Sie sich auf irgendeine Art von innerer Arbeit einlassen, stärken Sie Ihren inneren Elternteil. Jedes Mal, wenn Sie trainieren, obwohl Sie sich nicht danach fühlen, oder wenn Sie sich trotz der inneren Angstmauern, die bestrebt sind, Sie auseinanderzuhalten, auf Ihren Partner zubewegen, wird der innere Elternteil stärker.

Eine praktische Übung, die Ihren inneren Elternteil stärken kann, besteht darin, regelmäßig und bewusst die anderen Wesenszüge Ihrer Psyche zu benennen, die um den Platz am Kopfende des Tisches buhlen.

Zeichnen Sie ein langes Rechteck auf ein Blatt Papier, das einen Tisch darstellt. Schreiben Sie „Liebevolles, weises Selbst“ an das Kopfende des Tisches und „setzen“ Sie auf die anderen Plätze die Nebenfiguren Ihrer inneren Welt, jene Bereiche, die viel Lärm machen: Angst, Einsamkeit, der Hang zum Be- und Verurteilen, Arroganz und dergleichen. Wenn Sie sich auf eine dieser Stimmen einlassen, sollten Sie dies mit der absoluten Entschlossenheit tun, dass Ihr innerer Elternteil weiterhin den Ton angibt.

Wir schaffen Raum für unseren Hang zum Be- und Verurteilen, aber wir lassen ihn nicht die Oberhand gewinnen. Wir erkunden die aufgewühlten Gewässer der Angst, während unsere inneren Eltern vom Ufer aus das Sicherungsseil festhalten.

Auf einer Ebene sind Ängste sozusagen Ihr junges Selbst, das zum Trocknen an der Wäscheleine hängt. Sobald Sie sich auf einen liebevollen inneren Elternteil einlassen, und sei es nur, indem Sie die in diesem Kapitel vorgestellte Übung durchführen, werden Ihre Ängste um ein oder zwei Stufen reduziert. Je mehr Sie diesen soliden, geerdeten Teil von sich stärken, desto weniger Ängste werden Sie verspüren.

8

DAS REICH DES KÖRPERS

Dies ist Ihr Körper, Ihr größtes Geschenk,
ausgestattet mit Weisheit, die Sie nicht hören, mit Kummer,
den Sie vergessen glaubten, und mit Freude,
die Sie nie gekannt haben.

MARION WOODMAN
Coming Home to Myself:
Reflections for Nurturing a Woman's Body and Soul

Unser Körper ist das Gefäß, durch das wir Botschaften und Informationen empfangen, der Tempel, der es uns ermöglicht, uns selbst kennenzulernen. Wie bei jedem Tempel gilt: Je mehr Respekt wir ihm entgegenbringen, desto heiliger und vertrauter wird der Ort. Wenn unser Körper mit Zucker, Alkohol und verarbeiteten Lebensmitteln vollgestopft ist, wenn wir uns nicht genug bewegen oder schlafen oder wenn unsere Hormone aus dem Gleichgewicht geraten sind, werden die Kammern des Tempels schwerer zugänglich. Lernen wir hingegen, auf unseren Körper zu achten und auf seine Botschaften zu hören, werden wir klarer und sind eher in der Lage, Zugang zu der Weisheit zu finden, die in unserem Innersten wohnt. Oft kommunizieren Ängste über das Reich des Körperlichen mit uns und das Auftreten von Ängsten ist häufig eine Botschaft, dass wir uns liebevoll um unseren Körper kümmern müssen.

Im Umgang mit Ängsten empfehle ich, an der Basis anzusetzen, und das heißt, mit dem Körper zu beginnen. Unser Körper ist das Fundament für unser Wohlbefinden. Wenn sich also Ängste auftürmen, ist es am ratsamsten, sich folgende Frage zu stellen: „Gibt es ein elementares körperliches Bedürfnis, das meine Aufmerksamkeit verlangt?" Wenn meine Kinder in irgendeiner Weise unausgeglichen sind, erkundige ich mich immer zuerst nach ihrer körperlichen Verfassung: „Hast du gestern Nacht genug geschlafen?", „Hast du heute genug Protein zu dir genommen?", „Willst du eine Runde um den Block laufen?", „Hast du zu viel Zucker gegessen?". Die gleichen Fragen stelle ich mir selbst, ergänzt um eine Frage, die sich auf meinen Hormonhaushalt bezieht.

Die körperlichen Symptome von Angstzuständen

Da wir in einer Hochleistungskultur leben, neigen wir dazu, die Bedürfnisse unseres Körpers zu ignorieren – bis sie sich in körperlichen Leiden oder Ängsten äußern. Tatsächlich besteht eine der effizientesten Methoden der Psyche, unsere Aufmerksamkeit zu erlangen, darin, Ängste durch den Körper zum Ausdruck zu bringen. Natürlich ist ein Symptom manchmal einfach ein Symptom (und keine Manifestation von Ängsten), und es ist wichtig, eine ernsthafte körperliche Erkrankung auszuschließen, bevor man sich auf eine Denkweise einlässt, die Symptome als Metaphern betrachtet. Aus diesem Grund kann es unglaublich beruhigend und hilfreich für einen von Ängsten Betroffenen sein, eine umfassende körperliche Untersuchung durchführen zu lassen und einen eindeutigen Befund zu erhalten, bevor die Ängste angegangen werden.

Wenn die letzte Zeile bei Ihnen Ängste ausgelöst hat, sind Sie nicht allein. Immer, wenn wir über Dinge sprechen, die mit dem Körper zu tun haben, besteht die Gefahr, dass wir gesundheitliche Ängste auslösen – „Oh Gott! Sie hat gerade gesagt, dass dieses spezielle Symptom wirklich bedeuten könnte, dass etwas mit mir nicht stimmt! Ich muss morgen sofort zum Arzt!" Halten Sie inne. Atmen Sie tief ein. Und aus. Und jetzt noch einmal. Versuchen Sie, diesen Moment als Einladung zu nutzen, um Ihre liebevollen inneren Eltern beziehungsweise Ihr weises Ich zu kontaktieren und sich vorzustellen, was Sie sagen könnten, um sich zu beruhigen. Das hört sich zum Beispiel so an: „Ja, die Vorstellung, dass etwas mit mir nicht in Ordnung sein könnte, macht mir Angst (Bestätigung), doch die Chancen stehen gut, dass ich gesund bin (Realität). So etwas habe ich schon einmal erlebt. Erinnerst du dich daran, als ich dachte, ich hätte …? [Verweis auf eine Situation in der Vergangenheit, in der Sie den Bluff der Angst durchschaut haben.] Es stellte sich heraus, dass alles okay war. Wenn sowieso ein routinemäßiger Gesundheits-Checkup fällig ist, werde ich einen Termin dafür vereinbaren. Aber lesen wir doch mal weiter und schauen wir uns an, worauf diese körperlichen Anzeichen der Angst noch hinweisen könnten (Neugier)."

Wie ich bereits in Kapitel 1 erklärt habe, kann es für den ängstlichen Geist sehr beruhigend sein, eine Liste der häufigsten körperlichen Symptome durchzugehen, durch die sich Ängste manifestieren. So können Sie beim nächsten Mal, wenn sich Ihnen die Kehle zuschnürt oder Sie Schweißausbrüche haben, sagen: „Das ist der Ausdruck von Ängsten", anstatt der Angst zu gestatten, das Ruder zu übernehmen und ein neues Horrorszenario heraufzubeschwören. Im Folgenden finden Sie eine ausführlichere Liste der körperlichen Symptome von Ängsten:

- Engegefühl in der Brust
- Engegefühl in der Kehle
- Atembeschwerden
- Schluckbeschwerden
- Flaues Gefühl in der Magengegend
- Appetitlosigkeit
- Schlaflosigkeit
- Zuckungen des Körpers, Zittern und Kältegefühl
- Brennende oder juckende Haut
- Schmerzen in der Brust
- Erschöpfung
- Kältegefühl oder Frieren
- Übelkeit
- Sich komisch, merkwürdig oder seltsam fühlen
- Häufiges Wasserlassen
- Herzklopfen
- Herzrasen
- Reisekrankheit
- Muskelzuckungen
- Übelkeit
- Kopfschmerzen

- Spannungsgefühl hinter der Stirn
- Schwierigkeiten beim Sprechen
- Kurzatmigkeit, als ob man nicht voll durchatmen könnte
- Gefühl von Realitätsverlust
- Magenschmerzen
- Verdauungsstörungen
- Durchfall
- Engegefühl hinter dem Rippenbogen

Viele dieser Symptome können *sowohl* Ausdruck emotionaler Bedürfnisse sein *als auch* durch bestimmte Gesundheitsprobleme verursacht werden, welche Aufmerksamkeit erfordern. Die häufigsten körperlichen Faktoren, die mir bei meiner Arbeit begegnen und die Ängste auslösen oder verschlimmern können, betreffen Blutzucker, Ernährung, Alkoholkonsum, Bewegung, Schlaf und Hormone. Für viele Menschen können Ängste ein Weckruf sein, sich um diese problematischen Belange der eigenen Gesundheit zu kümmern. Einige elementare Ratschläge diesbezüglich mögen Ihnen helfen, vor allem dann, wenn Ihre liebenden inneren Eltern auf den Plan treten und für Sie entscheiden, welche neuen, gesunden Gewohnheiten zu weniger Ängsten und mehr Wohlbefinden, geistiger Klarheit, Energie und Gelassenheit führen könnten.

Niedriger Blutzucker und Angstzustände

Um uns einer optimalen Gesundheit zu erfreuen, müssen wir Proteine, Kohlenhydrate, Ballaststoffe und Mineralstoffe in einem ausgewogenen Verhältnis zu uns nehmen. Insbesondere hochsensible Menschen sollten außerdem den Konsum von Stimulanzien einschränken. Darunter verstehe ich Zucker, Koffein, Alkohol und Medikamente. Im Alltag könnte das in etwa wie folgt aussehen:

- Essen Sie innerhalb einer Stunde nach dem Aufwachen eine proteinreiche, zuckerarme oder -freie Mahlzeit mit einigen Kohlenhydraten.

- Nehmen Sie alle zwei Stunden einen proteinhaltigen Snack zu sich.
- Essen Sie zwischendurch so viel Gemüse, wie Sie möchten, und auch etwas Obst.
- Nehmen Sie dreimal täglich eine proteinreiche, zuckerfreie oder zuckerarme Mahlzeit mit einigen Kohlenhydraten zu sich.
- Wenn Sie Probleme haben, Ihren Blutzuckerspiegel stabil zu halten, sollten Sie vor dem Schlafengehen eine Kleinigkeit essen.

Sobald der Blutzuckerspiegel sinkt, dauert es bis zum nächsten Morgen, bis Ihr Körper sich wieder stabilisiert. Deshalb ist es so wichtig, den Blutzuckerspiegel über den Tag hinweg stabil zu halten, indem man kurz nach dem Aufwachen isst und über den Tag verteilt regelmäßig etwas zu sich nimmt. Anzeichen für einen niedrigen Blutzuckerspiegel sind*:

1. **Ängste:** Wenn der Blutzuckerspiegel zu niedrig ist, weist Ihr Körper die Nebennieren an, das Hormon Epinephrin (auch Adrenalin genannt) auszuschütten. Dieses signalisiert der Leber, mehr Zucker zu produzieren. Das überschüssige Adrenalin erzeugt einen „Adrenalinrausch“, der Angstgefühle auslösen kann.

2. **Unruhige Nächte:** Eine nächtliche Unterzuckerung (Hypoglykämie), die sehr häufig auftritt, kann alle möglichen Schlafstörungen verursachen. Zu den Symptomen gehören unter anderem nächtliche Schweißausbrüche, Albträume, plötzliches Aufwachen und Aufschreien sowie ein Gefühl der inneren Unruhe und Verwirrung beim Aufwachen. Vor dem Schlafengehen eine Kleinigkeit zu essen, kann die Häufigkeit und Schwere der Schlafstörungen verringern.

3. **Emotionale Instabilität:** Stimmungsschwankungen und plötzliche emotionale Ausbrüche, die für Ihr normales Verhalten untypisch sind, gehören zu den neurologischen Symptomen einer Unter-

* Quelle: everydayhealth.com

zuckerung, zum Beispiel irrationale Ausbrüche, willkürliches oder hysterisches Weinen, unkontrollierbare Wut und ein starkes Verlangen, in Ruhe gelassen zu werden. Leichte Stimmungsschwankungen, die vielleicht nicht so heftig sind wie allgemeine oder schnelle Reizbarkeit, können ebenfalls ein Zeichen dafür sein, dass Ihr Blutzuckerspiegel sinkt. Möglicherweise bemerken Sie auch, dass unbekannte Ängste und aufdringliche Gedanken bei Ihnen ausgeprägter auftreten, wenn Ihr Blutzuckerspiegel abfällt.

Angesichts dieses unmittelbaren Einflusses der Blutzuckerwerte auf Ihren Körper werden Sie verstehen, warum ich empfehle, sich zuerst mit den körperlichen Aspekten zu befassen, wenn Sie Ihre Ängste angehen wollen. Zu versuchen, bei niedrigem Blutzucker Tagebuch zu führen oder zu meditieren, ist ungefähr so, als würde man versuchen, ein Auto zum Laufen zu bringen, indem man zunächst den Motor repariert, anstatt zu überprüfen, ob genug Sprit im Tank ist. Ihr Blutzucker ist der Kraftstoff in Ihrem Tank, und falls Sie unter Ängsten leiden, wäre es gut, wenn Sie dafür sorgen, dass der Tank immer ausreichend gefüllt ist.

Ernährung und Angstzustände

Viele Menschen bemerken einen starken Zusammenhang zwischen dem, was sie zu sich nehmen, und ihrem Angstpegel. Genauso wie Eltern verantwortungsbewusst entscheiden müssen, was in den Körper ihrer Kinder gelangt, müssen auch Sie als Verantwortlicher für Ihren Körper entscheiden, was dafür sorgt, dass Sie sich gut, klar, verbunden, lebendig und geliebt fühlen, und was umgekehrt zur Folge hat, dass Sie Ängste verspüren. Darauf zu achten, was man zu sich nimmt, bedeutet, sich zu fragen: „Was sorgt langfristig dafür, dass ich mich gut fühle? Was hilft mir, mich klar und lebendig zu fühlen, und was macht mich reizbar, ängstlich und verschlossen?"

Achten Sie darauf, wie Sie sich fühlen, wenn Sie die folgenden Dinge essen, trinken oder zu sich nehmen:

- Zucker
- Koffein
- Alkohol
- Nikotin
- Marihuana
- Chips
- Softdrinks
- Milchprodukte
- Getreideprodukte

Anregende Substanzen verstärken Ängste noch, weil sie das Nervensystem ankurbeln. Koffein und Zucker entfalten zwar nicht bei jedem eine negative Wirkung, doch habe ich bei der großen Mehrheit meiner Patienten festgestellt, dass ihre Ängste nachlassen, wenn sie diese Substanzen weglassen oder reduzieren. Sie sind dadurch besser in der Lage, sich mit sich selbst und mit ihren Mitmenschen zu verbinden.

Es erfordert natürlich Disziplin, bestimmte Lebensmittel von seinem Speiseplan zu streichen, aber dies ist ein Teil des Lernprozesses, liebevoll mit seinem Körper umzugehen und sich zum Beispiel zu sagen: „Ich weiß, dass du am liebsten jeden Tag Kekse essen würdest, aber ich sehe, dass ihr Verzehr dich ängstlich oder reizbar macht. Also müssen wir damit aufhören." Jeder Mensch hat seine eigene Toleranzschwelle im Hinblick auf Giftstoffe oder Allergene. Deshalb ist es wichtig, dass Sie mit Ihrem Körper in Verbindung bleiben und wahrnehmen, wie sich die Aufnahme verschiedener Lebensmittel auf Ihre emotionale Verfassung auswirkt. Beim Thema Ernährung gibt es keine allgemeingültigen Regeln – nur Ihre eigene ganz persönliche Beziehung zu Nahrungs- und Genussmitteln und zu Ihrem Körper.

Übrigens ist es für mich es ein Leichtes zu sagen: „Hören wir damit auf." Wenn aber bestimmte Nahrungsmittel, Drogen oder Substanzen zu einem Ersatz für echte Nahrung (innere Verbundenheit) geworden sind oder zu einem Mittel, um unangenehmen Gefühlen zu entfliehen, ist es nicht mehr so, dass man einfach nur beschließen muss, damit aufzuhören. In dem Fall handelt es sich schon eher um eine Art von Sucht. Dann ist die Mühe, eine solche Gewohnheit abzulegen, sehr viel größer, tiefer gehend und langwieriger. Es erfordert eine konstante Bereitschaft, sich nach innen zu wenden, für sich selbst zu sorgen und zu lernen, was es bedeutet, sich selbst auf allen Ebenen zu lieben. Das geht nicht von heute auf morgen. Aber vielleicht wird dadurch ein weiterer Samen gesät, der Sie dazu inspiriert, mehr liebevolle Entscheidungen in Ihrem eigenen Interesse zu treffen.

Alkohol und Ängste

„Ich habe an diesem Wochenende sehr unter meinen Ängsten gelitten", erzählt mir eine Patientin bei einer Sitzung am Montag. „Ich habe mich in den vergangenen zwei Wochen so gut gefühlt, aber an diesem Wochenende scheine ich fünf riesige Schritte rückwärts gemacht zu haben."

„Erzählen Sie mir von Ihrem Wochenende", fordere ich sie auf.

„Mein Freund und ich sind am Freitagabend mit Freunden ausgegangen, und ich habe mir ein paar Drinks genehmigt. Dann waren wir am Samstag auf einer Hochzeit und haben ein bisschen zu viel getrunken. Als ich am Sonntagmorgen aufwachte, habe ich mich ziemlich mies gefühlt. Den Rest des Sonntags verbrachte ich mit dem vertrauten flauen Gefühl in der Magengegend. Alle altbekannten Obsessionen und Grübeleien schossen mir durch den Kopf, zum Beispiel: Was, wenn ich meinen Freund nicht genug liebe? Sie kennen das ja."

„Genau. Haben Sie eine Ahnung, was der Auslöser gewesen sein könnte?", frage ich, obwohl ich die Antwort bereits kenne.

„Wahrscheinlich war der Alkohol schuld."

„Ja, so sieht es wohl aus."

Ich finde es erstaunlich, wie oft ich ein solches Gespräch schon mit unzähligen Patienten geführt habe. Und die Lösung scheint einfach: Wenn wissenschaftlich erwiesen ist, dass Alkohol Ängste auslöst, sollte ein Verzicht oder eine deutliche Reduzierung des Alkoholkonsums Ängste verringern. Doch sobald ich diesen Vorschlag mache, stoße ich oft auf Widerstand. Es ist ja nicht so, als würde ich vorschlagen, Zucker, Gluten oder Getreideprodukte zu reduzieren oder wegzulassen. Nahrungsmittel, die Zucker, Gluten oder Getreide enthalten, lassen sich nicht so einfach eliminieren, aber sie haben in unserer Kultur nicht den gleichen gesellschaftlichen Stellenwert wie Alkohol.

Wir leben in einer alkoholabhängigen Kultur. Alkohol wird als soziales Bindemittel genutzt und hat sich für die meisten Menschen zu einer solchen Stütze für ihr soziales Wohlbefinden entwickelt, dass sie sich ohne ihn verloren fühlen. Das Paradoxe daran ist, dass Alkohol zwar verbindend wirkt und Ängste kurzfristig vertreibt, die Folge des Alkoholkonsums jedoch, insbesondere bei hochsensiblen Menschen, ein oftmals mehrere Tage andauernder „Angst-Kater" ist. Aber lohnt es sich wirklich, sein psychisches Wohlbefinden für ein paar Drinks zu opfern?

Viele meiner Patienten berichten, dass sie sich besser fühlen, wenn sie den Alkohol gänzlich aus ihrem Leben verbannen. „Ich sollte wirklich keinen einzigen Tropfen mehr zu mir nehmen", sagen die meisten. Andere fühlen sich gut, wenn sie Alkohol in Maßen konsumieren, zum Beispiel alle paar Wochen ein kleines Glas Wein. Aber um diese Veränderungen zu vollziehen, müssen sie zunächst ihren Widerstand überwinden.

Ein Teil dieses Widerstands hat seine Wurzeln in der Tatsache, dass sie schon immer Probleme im Umgang mit Menschen hatten und sich selbst als Menschen mit sozialen Ängsten diagnostiziert haben.

Wenn ich eine solche Eigendiagnose höre, führe ich mit meinen Patienten oft einen Dialog wie diesen: „Haben Sie Probleme, wenn Sie sich in einer kleinen Gruppe von Menschen aufhalten oder nur bei größeren Zusammenkünften?" – „Nur bei großen Zusammenkünften." – „Fällt es Ihnen schwer, wenn Sie sich in einer Gruppe aufhalten, die ein gemeinsames Interesse hat und in der das Feiern nicht im Mittelpunkt steht?" – „Nein." – „Welche Art des Umgangs mit anderen Menschen ist Ihnen am liebsten? Zusammenkünfte in einer kleinen Gruppe oder Treffen zu zweit?" – „Treffen zu zweit." – „Dann stelle ich Ihnen mal meine neue ‚Diagnose' vor: Sie leiden nicht unter sozialen Ängsten, Sie sind introvertiert."

Wenn man sich selbst kennt und weiß, wo und wie man sich wohlfühlt, kann man aufhören zu versuchen, sich in das kulturell vorgegebene Schema zu zwängen, das darauf abzielt, sich „cool" zu geben und „Spaß zu haben". Patienten erzählen mir oft, dass ihre Freunde oder Mitbewohner sich über sie lustig machen, weil sie angeblich langweilig sind, wenn sie an den Wochenenden nicht mehr trinken und feiern gehen. „Na und?", antworten sie dann. „So, wie ich lebe, fühle ich mich nicht gelangweilt. Ich bin glücklich und ich lebe ohne Ängste."

Es erfordert Mut, aus dem üblichen Rahmen zu fallen. Es steht außer Frage, dass wir in einer extrovertierten, trinkfreudigen Kultur leben. Bricht man aus diesem Muster aus, bewegt man sich außerhalb des Mainstreams. Aber wenn Sie sich entscheiden, weniger oder gar nicht zu feiern – was im Hinblick auf Ihren Entschluss, Ihren Alkoholkonsum einzuschränken, sehr hilfreich ist –, treffen Sie eine sehr positive Entscheidung für sich selbst. Sie werden damit nicht nur ihrer Veranlagung gerecht, sondern stellen Ihren Wunsch nach einem angstfreien Leben auch über den, sich anzupassen.

Bewegung

Wenn es um Ängste geht, ist Bewegung sowohl eine vorbeugende als auch eine therapeutische Maßnahme. Wenn wir regelmäßig Sport treiben, erzeugen wir ein Umfeld, das für Ängste weniger attraktiv ist, und sie nisten sich weniger gerne bei uns ein. Und wenn sich Ängste bemerkbar machen, sorgt Bewegung dafür, dass sie weniger stark auftreten. Bewegung ist im wahrsten Sinne des Wortes Medizin, denn sie hat die Ausschüttung von Endorphinen und des Neurotransmitters Noradrenalin zur Folge, die beide dazu beitragen, die geistige Klarheit, die Fähigkeit zur Stressbewältigung, das Selbstwertgefühl und den Schlaf zu verbessern. Laut der *Anxiety and Depression Association of America* kann ein flotter Spaziergang oder eine andere einfache sportliche Aktivität bei Ängsten über mehrere Stunden hinweg Linderung verschaffen, ähnlich wie die Einnahme von Aspirin bei Kopfschmerzen. Und eine Studie des *Harvard Medical School Special Health Report* hat ergeben, dass körperliche Betätigung genauso wirksam sein kann wie die Einnahme von Antidepressiva, dass die Wirkung jedoch länger anhält.

Der menschliche Körper ist dafür geschaffen, sich den ganzen Tag lang zu bewegen, doch unsere Gesellschaft ist faul und statisch geworden. Tatsächlich waren die Menschen während des größten Teils unserer Geschichte in ihrem ganz normalen Alltag ständig in Bewegung. Wie bei wilden Tieren waren Bewegung und körperliche Aktivität bei den Menschen genauso wenig vom Lebensrhythmus abgekoppelt wie die Nahrungsaufnahme. Mit anderen Worten: Die Menschen bewegten sich nicht bewusst und absichtlich, sondern hielten ihren Körper durch die Art und Weise, wie sie ihr Leben führten, fit und gesund: beim Jagen, Kochen, Waschen oder dem Gang zur Wasserquelle. Da wir heutzutage überwiegend Tätigkeiten im Sitzen verrichten, müssen wir bewusst darauf achten, unseren Körper täglich zu bewegen. Was wir an modernen Annehmlichkeiten gewonnen haben, haben wir im Hinblick auf einen mühelosen Umgang mit unserer körperlichen Gesundheit verloren. Wenn Sie viel sitzen, lautet eine wichtige Botschaft Ihrer Ängste: Stehen Sie auf und bewegen Sie sich.

Viele Menschen tun sich schwer damit, eine sportliche Aktivität zu finden, die sie dauerhaft und regelmäßig betreiben. Zudem sind sie dem Glauben verhaftet, dass sportliche Aktivitäten in einem bestimmten Paket angeboten werden oder auf eine bestimmte Art und Weise ausgeführt werden müssen.

Es ist wichtig, dass wir uns bewegen. Das bedeutet aber nicht, dass wir ins Fitnessstudio gehen und fünfmal pro Woche einen Aerobic-Kurs über uns ergehen lassen müssen (es sei denn, das ist Ihr Ding). Laut der *Anxiety and Depression Association of America* legen Psychologen, die untersucht haben, wie Bewegung Angstzustände und Depressionen lindert, nahe, dass ein 10-minütiger Spaziergang genauso effektiv sein kann wie ein 45-minütiger Workout.

Zweifellos müssen die meisten von uns sich einen Ruck geben, sich regelmäßig zu bewegen. Aber Sie werden nicht dauerhaft Sport treiben, wenn es Ihnen keinen Spaß macht. Kommt Ihnen die sportliche Betätigung nur wie eine lästige Plackerei vor, wird sie auf Ihrer Prioritätenliste nach unten rutschen und der Widerstand wird jedes Mal gewinnen, wenn Sport auf Ihrer Agenda steht. Um Widerstände zu umgehen ist es wichtig, mit kleinen Aktivitäten zu beginnen, die Ihnen wirklich Freude bereiten. Normalerweise sind das Dinge, die einen zusätzlichen Reiz bieten, zum Beispiel spazieren zu gehen und sich dabei mit einem Freund zu unterhalten oder im Garten zu arbeiten und die friedliche Stimmung im Freien zu genießen. Wenn Sie solchen Aktivitäten nicht ohnehin schon nachgehen, versuchen Sie, eine Form der körperlichen Betätigung zu finden, die sich für Sie erfüllend anfühlt und Ihnen Spaß macht.

Schlaf

Wenn es um Ängste geht, ist Schlaf ein heikles Thema. Sie wissen sicher, dass ausreichender Schlaf in vielerlei Hinsicht gesund ist und Ängste verringern kann. Doch falls Sie sowieso schon Probleme haben, genug Schlaf zu bekommen, löst das bei Ihnen nun vielleicht nur noch mehr Ängste aus. Und da Ängste und Schlaflosigkeit Hand in Hand gehen – in den USA werden jedes Jahr bei sechzig Millionen Menschen Schlafstörungen diagnostiziert –, ist es sehr wahrscheinlich, dass Sie, wenn Sie dieses Buch lesen, unter Schlaflosigkeit gelitten haben oder gerade darunter leiden.

Es gibt aber einen großen Unterschied: Wenn Sie nicht genügend Schlaf bekommen und *dies auf Entscheidungen zurückzuführen ist, die Sie selbst treffen* – Sie bleiben zum Beispiel zu lange auf, um Videospiele zu spielen oder YouTube-Videos anzuschauen –, sollten Sie erwägen, diesbezüglich etwas zu ändern. Genauso wie liebevolle Eltern dafür sorgen, dass ihr Kind gesunde Schlafgewohnheiten entwickelt und es zu einer vernünftigen Zeit ins Bett schicken, besteht eine der Aufgaben unserer inneren Eltern darin zu sagen: „Ich weiß, du willst noch eine Folge schauen, aber es ist jetzt an der Zeit, ins Bett zu gehen." Wenn man zum Beispiel gerade von einer Serie gefesselt ist, kann man sich nur mit Mühe dem Sog des Bildschirms entziehen. Halten Sie sich jedoch vor Augen, dass es sich nicht lohnt, weil Sie am nächsten Tag müde sein werden und Ihre Ängste sich dadurch verstärken. So fällt es Ihnen leichter, eine bessere Entscheidung zu treffen.

Wenn Sie jedoch unter Schlafstörungen leiden, obwohl Sie rechtzeitig ins Bett gehen, lesen Sie weiter. Schlaflosigkeit hat viele Ursachen und vermittelt uns Botschaften über einen oder mehrere Bereiche unseres Selbst, welche Aufmerksamkeit benötigen: unseren Körper, unser Herz, unseren Geist oder unsere Seele. Schlaflosigkeit könnte darauf hindeuten, dass Sie mehr Sport treiben sollten oder lernen müssen, Ihren Blutzuckerspiegel zu regulieren. Vielleicht signalisiert sie Ihnen auch, dass Sie sich tagsüber nicht genug Zeit nehmen, um Ihre Seele zu stärken. Sie wachen auf, damit Sie die Stille der Nacht in sich aufnehmen können. Schlaflosigkeit ist einer der mächtigsten Boten der Angst, denn es ist einfach, dem Lockruf der Angst während der Hektik und Geräuschkulisse des Tages auszuweichen. Doch es ist viel schwieriger, Ängste in der Stille und der Dunkelheit der

Nacht zu ignorieren. Je besser Sie Ihre Ängste an der Wurzel angehen und auf die Signale hören, die um 3 Uhr morgens an die Tür Ihrer Psyche klopfen, desto mehr Wohlbefinden werden Sie durch den Schlaf finden.

Hormone

In Hormonen steckt ebenso viel Weisheit wie in Ängsten. Sie sind nämlich Boten, die uns nicht nur auf körperliche Ungleichgewichte aufmerksam machen, sondern auch auf Bereiche unseres emotionalen und seelischen Lebens, die Aufmerksamkeit benötigen. In unserer Kultur ist es üblich, Frauen zu verunglimpfen und ihre Erfahrungen in den Phasen des Monats und ihres Lebens, in denen Hormone sich besonders stark bemerkbar machen, zu bagatellisieren. Dies ist vor allem während der Periode und der Menopause der Fall. Wir haben die Woche, die der Periode einer Frau vorausgeht, sogar als Syndrom benannt: PMS, das prämenstruelle Syndrom. Alle Gefühle und Bedürfnisse, die eine Frau in Zeiten erhöhter Hormonausschüttung äußert, werden sowohl von ihr selbst als auch von ihrem Umfeld oft mit der abschätzigen Bemerkung abgetan: „Das sind nur die Hormone." Dementsprechend herrscht die Auffassung, dass Hormone Frauen verrückt und irrational machen. In Wahrheit sind dies jedoch Phasen, in denen Frauen bestimmte Hormone fehlen, die normalerweise einen Puffer bilden, sodass wir dann in der Lage sind, Denkweisen und Verhaltensmuster, die uns nicht zuträglich sind, klarer zu erkennen. Wir sind nicht irrational oder verrückt. Wir erkennen einfach nur, was im Laufe der anderen Wochen des Monats oder in den Jahrzehnten vor der Menopause verschleiert worden ist. Die Herausforderung besteht darin zu lernen, unsere Bedürfnisse klar und offen auszusprechen. Aber das, was wir wahrnehmen, sollte nicht durch die pauschale Aussage „Das sind nur die Hormone" bagatellisiert werden.

Wenn der letzte Absatz übrigens bei Ihnen Ängste ausgelöst hat, weil Ihre angstbasierten Gedanken in diesen Phasen intensiver sind, und Sie sich jetzt fragen, ob Sie sie als Wahrheit ansehen sollen, rufen Sie Ihre liebevollen inneren Eltern herbei. Diese erinnern Sie daran, dass die Angstgefühle nicht Ihre Wahrheit sind, sondern ein Hinweis darauf, dass in

Ihrem Inneren etwas nicht stimmt und Sie sich darum kümmern müssen. Wenn Sie die Gedanken für bare Münze nehmen, geraten Sie leicht in eine Angstfalle. Betrachten Sie sie aber als lautere Boten während dieser hormonellen Phasen Ihres Lebens, werden Sie beginnen, die tieferen Botschaften zu verstehen. (Mehr zum Umgang mit diesen Gedanken im nächsten Kapitel.)

Es steht außer Frage, dass ein hormonelles Ungleichgewicht das Wohlbefinden beeinträchtigen kann. Hormone sind in der Lage, Ängste auszulösen, und Ängste wiederum können die Hormonausschüttung ankurbeln. Mit anderen Worten: Manchmal signalisieren Ängste, dass ein hormonelles Ungleichgewicht besteht, das Beachtung erfordert; in anderen Fällen balancieren sich die Hormone hingegen wieder aus, wenn man sich den vier Reichen des Selbst widmet und sich um sie kümmert. Falls Sie sich bemühen, Ihre Hormone ins Gleichgewicht zu bringen, empfehle ich Ihnen, sorgfältig darauf zu achten, wie Sie vorgehen. In der Schulmedizin werden die unangenehmen Symptome, die als prämenstruelles Syndrom (PMS) bekannt sind, meist zu beseitigen versucht, indem Medikamente verschrieben werden, in der Regel die Antibabypille. Was dabei nicht berücksichtigt wird, ist, dass die Pille nicht nur die Ursachen des hormonellen Ungleichgewichts nicht beseitigt, sondern dass auch das Medikament selbst große Ängste auslösen kann. Wenn Ihre Ängste erstmals auftraten oder sich verstärkten, als Sie mit der Einnahme der Pille begannen, wie es bei vielen meiner Patientinnen der Fall war, empfehle ich Ihnen, andere Methoden zur Behandlung Ihres hormonellen Ungleichgewichts in Betracht zu ziehen. Am effektivsten funktioniert das mit einem erfahrenen Naturheilkundler. Sollte das für Sie nicht infrage kommen, gibt es viele Bücher über alternative Heilmethoden, die Ihnen helfen können, ein besseres hormonelles Gleichgewicht zu erreichen.

Genau wie bei Ängsten werden Sie die Botschaften entschlüsseln können, wenn Sie nicht mehr versuchen, die hormonbedingten Unannehmlichkeiten loszuwerden, sondern lernen, mit ihnen umzugehen. Eine der häufigsten Botschaften, die während der Hormonumstellung zutage tritt, ist das Bedürfnis, sich aus dem Trubel des Lebens zurückzuziehen und sich nach innen zu wenden; dort kann man auf sich selbst hören und mit sich selbst alleine sein. Wenn Sie ein Mann sind und diese Zeilen lesen, bedenken Sie, dass auch Männer hormonelle Veränderungen erleben. Man hört immer wieder lustige Ausdrücke wie „He-MS“ (statt PMS) und „Manopause“, aber an diesen Scherzen ist etwas dran. Zweifellos gibt es im Leben von Männern Zeiten, in denen physiologische Veränderungen emotionale und psychologische Veränderungen hervorrufen. Sowohl bei Männern als auch bei Frauen verstärken sich die Angstgefühle, wenn wir nicht auf die Botschaften hören, die mit hormonellen Veränderungen einhergehen. Ändern wir jedoch unsere Denkweise und betrachten die hormonelle Kommunikation als ein weiteres Signal des Körpers, das uns einlädt, bewusster zu werden, beginnen wir, die Botschaften zu hören, und die Ängste lassen nach.

ÜBUNG

Die 30-Tage-Challenge

Wenn Sie Ihren Konsum von Zucker, Koffein oder Alkohol nicht reduziert oder diese Stimulanzien sogar ganz aus Ihrer Kost gestrichen haben, sollten Sie beobachten, ob es einen Zusammenhang zwischen diesen Genussmitteln und Ihren Ängsten gibt. Haben Sie dies bereits getan, möchte ich Sie dazu ermutigen, dreißig Tage lang im Reich des Körpers eine Veränderung vorzunehmen, von der Sie intuitiv spüren, dass sie Ihnen helfen würde, ruhiger und klarer zu werden. Diese Veränderung könnte so aussehen, dass Sie jeden Tag ein gesundes, zuckerarmes, proteinreiches Frühstück zu sich nehmen. Es könnte heißen, dass Sie um 22:00 Uhr im Bett sind, ohne jede äußere Ablenkung. Sie könnten jeden Tag einen kurzen, flotten Spaziergang machen. Entscheiden Sie sich für eine einfache und gut durchführbare Veränderung und achten Sie aufmerksam darauf, welche positiven Auswirkungen sie im Hinblick auf Ihre Ängste hat.

9
DAS REICH DER GEDANKEN

Der Verstand ist der Ort,
an dem sich die Seele vor dem Herzen versteckt.

MICHAEL A. SINGER

Auf unserem Weg durch die vier Reiche des Selbst begeben wir uns nun vom Körper zum Geist. Wir lernen, wie wir unseren Gedanken begegnen, den Unterschied zwischen Wahrheit und Unwahrheit erkennen, kognitive Verzerrungen korrigieren und auf unsere Gedanken mit Klarheit und Weisheit reagieren können. Wenn wir aufwachsen, werden wir zwar in Mathematik, Lesen, Geschichte und Geografie unterrichtet, aber niemand vermittelt uns etwas über die Logik des Geistes und wie wir uns in unserer inneren mentalen Landschaft zurechtfinden. Ängste entstehen vor allem dann, wenn wir nicht wissen, wie wir mit den ganz normalen und notwendigen Gedanken umgehen sollen, die uns in jeder Minute des Tages durch den Kopf gehen. Die schmerzhaftesten und am meisten beunruhigenden dieser Gedanken, die sich zu Ängsten und Panik auftürmen und unsägliches seelisches Leid verursachen können, sind die sogenannten intrusiven beziehungsweise aufdringlichen Gedanken.

Intrusive Gedanken und die kognitiven Manifestationen von Ängsten

So wie sich Ängste im Körper manifestieren können, können sie sich auch mental in Form von Gedanken und Zwangsvorstellungen äußern. Ich habe noch nie einen Menschen mit Ängsten kennengelernt, der nicht irgendwann in seinem Leben unter aufdringlichen Gedanken gelitten hat. Diese treten in der Regel in der Kindheit oder in der Jugend zum ersten Mal auf. Unsere Kultur wird zum Beispiel von dem Grundsatz „Wenn du zweifelst, tu es nicht“ geprägt. Werden wir also von aufdringlichen Gedanken wie „Bin ich mit dem falschen Partner zusammen?“ oder „Habe ich den falschen Beruf?“ geplagt, denken wir, dass es stimmen muss. Es gibt keinen schnelleren Weg, einen für Ängste anfälligen Geist in einen obsessiven Zustand des Selbsthasses zu versetzen, als sich selbst zu bestätigen, dass ein aufdringlicher Gedanke kategorisch wahr ist.

Ein intrusiver beziehungsweise aufdringlicher Gedanke ist ein sich wiederholender, unerwünschter und hartnäckiger Gedanke, der Leiden verursacht und Sie daran hindert, Ihr Leben im gegenwärtigen Moment leben und aktiv gestalten zu können.

Uns allen gehen den ganzen Tag über Tausende von Gedanken durch den Kopf. Doch im Gegensatz zu den meisten davon dringt ein aufdringlicher Gedanke mit seinen Klauen in unser Bewusstsein ein und lässt uns nicht mehr los. Er überzeugt Sie davon, dass es sich um etwas handelt, das wahr ist, und er verursacht innere Qualen. Sehen wir uns die am häufigsten auftretenden aufdringlichen Gedanken einmal an, mit denen ich in meinem Behandlungsalltag zu tun habe. Selbst wenn das spezielle Thema, das Ihnen zu schaffen macht, hier nicht aufgeführt ist, können Sie mir glauben, dass es keinen aufdringlichen Gedanken auf der Welt gibt, der mich überraschen würde.

- Was, wenn ich mit dem falschen Partner zusammen bin?
- Was, wenn ich meinen Partner nicht genug liebe?
- Was, wenn ich mein Kind nicht liebe?
- Was, wenn ich heterosexuell bin?
- Was, wenn ich homosexuell bin?
- Was, wenn ich in der falschen Stadt wohne?
- Was, wenn ich in einem schöneren Haus wohnen könnte?
- Was, wenn ich den falschen Job / Beruf habe?
- Was, wenn ich meine Berufung verfehlt habe?
- Was, wenn ich sexuell belästigt wurde und mich nicht daran erinnere?

- Was, wenn ich untreu war?
- Was, wenn ich nicht genug Freunde habe?
- Was, wenn ich jemanden verletzt habe?
- Was, wenn ich einem Kind versehentlich wehgetan habe?
- Was, wenn es einen Terroranschlag gibt?
- Was, wenn die Welt untergeht?
- Was, wenn ich jemanden umbringe?
- Was, wenn das Flugzeug abstürzt?
- Was, wenn mein Kind auf irgendeine Weise verletzt (entführt, missbraucht, getötet) wird?
- Was, wenn ich eine Geschlechtskrankheit habe?
- Was, wenn ich eine unheilbare Krankheit habe?
- Was, wenn ich nie schwanger werde?
- Was, wenn mit meinem ungeborenen Kind etwas nicht stimmt?
- Was, wenn ich in der Öffentlichkeit etwas Peinliches tue?
- Was, wenn ich einsam und obdachlos auf der Straße ende?
- Was, wenn ich mein ganzes Geld verliere?
- Was, wenn ich im Schlaf sterbe?
- Bei kleinen Kindern ist der am häufigsten auftretende verstörende und aufdringliche Gedanke: Was, wenn meine Eltern sterben? Bei jüngeren bis mittelalten Teenagern drehen sich die häufigsten intrusiven Gedanken um ihre Sexualität.

Ihr Ego will jede Theorie unterminieren, die seine sich dem Reifen widersetzenden Taktiken untergräbt. Lassen Sie sich daher von ihm nicht davon überzeugen, dass Ihre Gedanken nicht aufdringlich, sondern authentisch sind, nur weil sie nicht mit den Worten „was, wenn“ beginnen, sondern in der Form von Behauptungen oder Fakten daherkommen. Dieser Trick ist der älteste, den der Ego-Verstand kennt. Nachfolgend führe ich einige weitere Wahrheiten über intrusive Gedanken auf:

- Unter intrusiven Gedanken zu leiden, gleicht einer psychischen Sucht. Es handelt sich um keine Sucht nach Substanzen (Drogen, Alkohol, Kaffee, bestimmten Nahrungsmitteln) und auch keine Verhaltenssucht (Pornokonsum, Computerspiele, Medienkon-

sum, Shoppen). Sie funktioniert aber auf ähnliche Weise, indem sie emotionales Leiden betäubt und Sie davon abhält, voll und ganz im Hier und Jetzt zu leben.
- Aufdringliche Gedanken sind brillante Abwehrmechanismen, da sie uns davon abhalten, verletzlichere Gefühle zuzulassen.
- Aufdringliche Gedanken sind oft auf Perfektion ausgerichtet. Sie flüstern Ihnen eine Geschichte ins Ohr, die Ihnen suggeriert, dass Sie dem mit dem menschlichen Dasein einhergehenden Leiden entrinnen könnten, wenn Sie nur den perfekten Partner, den perfekten Job, das perfekte Haus oder das perfekte Kind hätten.

Wie bereits erwähnt, ist es eine der charakteristischen Eigenschaften eines aufdringlichen Gedankens, dass er uns als etwas Wahres erscheint. Für den ungeschulten Verstand kann es schwierig sein, zwischen diesen Gedanken und der Wahrheit zu unterscheiden. Dies ist oft ein Auslöser für Ängste: Wenn Sie glauben, dass ein solcher Gedanke wahr ist, verfallen Sie ihm und geraten in einen Teufelskreis. Eine der wichtigsten Voraussetzungen, um Ängste zu überwinden, ist, einen untrainierten Verstand in einen trainierten Verstand umzuwandeln. Zwei bedeutende Eigenschaften eines trainierten Verstandes sind 1. die Fähigkeit zu entscheiden, welche Gedanken Aufmerksamkeit erfordern, und 2. zwischen Wahrheit und Irreführung unterscheiden zu können. Um dies zu erreichen, müssen Sie zunächst lernen, den Entscheidungspunkt zu bemerken und dann darauf zu reagieren: der Moment zwischen Stimulus (dem Gedanken) und der Reaktion (wie Sie auf den Gedanken reagieren).

Zugang zum Entscheidungspunkt finden

Einige der häufigsten Sätze, die ich meinen Patienten und Kursteilnehmern über Gedanken sage, sind:

- Nur weil Sie etwas denken, muss es noch lange nicht wahr sein.
- Wir alle haben dunkle, seltsame, ungewöhnliche, alberne und verrückte Gedanken, aber nur wenige Menschen sprechen da-

rüber. Dunkle Gedanken zu haben macht Sie nicht zu einem schlechten Menschen.
- Zwischen unseren Gedanken und unserem Handeln gibt es einen riesigen Unterschied.

Irgendwann haben wir gelernt, jedem Gedanken und jedem Gefühl, das in unser Bewusstsein dringt, nachzugeben. Oder vielleicht ist es zutreffender zu sagen, dass wir nie gelernt haben, den Muskel unserer Urteilskraft zu trainieren, der es uns erlaubt zu entscheiden, welche Gedanken wahr sind und welche unzutreffend. Außerdem, und das ist vielleicht noch nachteiliger, leben wir in einer zugeknöpften Gesellschaft und zeigen jedem immer unser glücklichstes Gesicht, sodass wir gar nicht auf die Idee kommen, dass jeder von uns von Zeit zu Zeit dunkle Gedanken hat. Wenn diese aber nicht zur „Normalität" gehören, wächst und gedeiht die Scham – und wir wissen bereits, dass es von Scham zu Ängsten nicht weit ist. Scham und Neugier schließen sich gegenseitig aus: Wenn Sie Ihre Scham überwinden und sich bewusst machen, dass all Ihre Gedanken normal und alltäglich sind, werden Sie in der Lage sein, diese effektiver und mit größerer Neugierde anzugehen.

Sobald das für uns normal geworden ist, ist der Zugang zum Entscheidungspunkt von äußerster Wichtigkeit. Andernfalls werden Sie zum Opfer Ihrer Gedanken. Wenn Ihnen ein Gedanke in den Sinn kommt wie „Ich lebe in der falschen Stadt" oder „Vielleicht habe ich ja Krebs", nehmen Sie ihn sofort als wahr und gegeben hin. Und im nächsten Moment geraten Sie in einen Strudel aus Ängsten, denn die magnetische Energie des Gedankens, den Sie für wahr halten, zieht Sie in den Bann. Oder Sie weichen zurück, wenn Ihre Frau sich Ihnen nähert, um Sie zu umarmen und Ihnen einen Kuss zu geben. Sie fallen der Macht der Ängste / des Widerstands zum Opfer, die Ihrer Reaktion eine Bedeutung zuweist. Diese veranlasst Sie dazu, sich zu verkrampfen und sich von Ihrer Frau abzuwenden, wenn auch nur auf subtile Weise.

Deshalb ist es so wichtig, eine starke, weise innere Instanz in sich zu entwickeln („innerer Elternteil / weises Selbst"), die in der Lage ist, Entscheidungen zu treffen, die auf einem klaren Verstand und auf Werten beruhen, nicht auf flüchtigen Gedanken und Gefühlen. Ohne diese Stärke des inneren Selbst werden Sie von den Gedanken und Gefühlen, die wie Hormone in Ihrem Kopf und Körper schwanken, mitgezogen. Wenn Ihnen beim Navigieren durch Ihr Leben nur Ihre Gedanken und Gefühle als Kompass dienen, leben Sie in der Tat auf stürmischer See. Es wäre so, als würden Sie Ihrem Dreijährigen erlauben, Ihren Haushalt zu führen.

Was sind die Alternativen? Finden Sie Zugang zum Entscheidungspunkt – also dem Moment zwischen einem Gedanken oder einem Gefühl und dem Glauben, dass es sich um einen wahren Gedanken oder ein wahres Gefühl handelt, der oder das einer entsprechenden Reaktion bedarf. Dann gewinnen Sie Ihre ganze Macht zurück. Von Viktor Frankl stammt das Zitat: „Zwischen Reiz und Reaktion gibt es einen Raum. In diesem Raum haben wir die Freiheit und die Macht, unsere Reaktion zu wählen. In unserer Reaktion liegen unser Wachstum und unsere Freiheit." Es ist dieser kurze, aber entscheidende Moment zwischen dem Aufkommen eines Gedankens und einer darauffolgenden Reaktion oder Handlung, in dem Sie sagen können: „Will ich an diesem Gedanken festhalten?" Stellen Sie sich vor, was passieren würde, wenn Sie das Leben auf Mikrosekunden verlangsamen könnten. Wenn Sie die Zeit wie in einem Film verändern könnten, indem Sie sie etwa in Zeitlupe ablaufen lassen und den entscheidenden Moment verlängern, in dem Ihr Verstand wie eine unkontrollierte Lokomotive entgleist, und ihn stattdessen auf die glatte Schiene eines klaren Denkens umlenken könnten – dann würde sich alles ändern. So schwierig es auch klingt, aber das ist genau das, was Sie tun müssen: Programmieren Sie Ihr Gehirn so um, dass es auf den Stimulus anders reagiert und Sie den ängstlichen Geist nicht dazu animieren, auf Hochtouren zu laufen.

Nehmen wir das Beispiel des Mannes, der sich für den Widerstand entscheidet und seine Frau wegschiebt. Der Mann könnte denken: „Diese Empfindung in meinem Körper bedeutet, dass ich sie nicht wirklich liebe." Damit hält er jenes Gefühl aufrecht, das höchstwahrscheinlich von einem angstbasierten Ort in seinem Inneren herrührt. Wenn er diese von seinen Gedanken ausgelöste Geschichte glaubt, wird seine Angstmauer gestärkt. Betrachtet er den Gedanken hingegen als eine Geschichte und beschließt, ihn zu hinterfragen oder beiseitezuschieben, hat er einen wichtigen Schritt getan, um sich aus der Angstspirale zu befreien. Er kann sich dann für seine nächste Reaktion entscheiden, die, ohne dass ihm die Lüge im Weg steht, hoffentlich dazu führen wird, dass er seiner Frau gegenüber etwas mehr Freundlichkeit zeigt.

Es ist die Geschichte, die er sich selbst in diesem einen bestimmten Moment einredet; sie bestimmt, was weiter und weiter und weiter passiert. Seine Entscheidungsfreiheit liegt in diesem Moment zwischen dem Reiz und der Reaktion. Das gilt immer dann, wenn sich eine mit Ängsten behaftete Geschichte in einem festsetzt: Je eher Sie sie als aufdringliche oder angstbasierte Gedanken identifizieren können, desto schneller sind Sie in der Lage, die Kontrolle zurückzugewinnen und zu vermeiden, in die Spirale der Angst zu rutschen.

Die Urteilskraft trainieren: Was auch immer Sie gießen, wird wachsen

Sobald man Zugang zum Entscheidungspunkt gefunden hat, kann der liebevolle innere Elternteil, der klare Entscheidungen trifft und Grenzen setzt, entscheiden, welche Gedanken zu erkunden sind, wie sie zu erkunden sind und welche ignoriert werden können. Mit anderen Worten: Sie sollten den Gedanken zulassen, anstatt ihn unter einem Netz aus Scham zu verbergen, aber Sie sollten ihm nicht zu viel Aufmerksamkeit schenken. Bis man gelernt hat, effektiv mit Gedanken umzugehen, neigen die meisten Menschen dazu, zwischen zwei Extremen hin- und herzuschwanken: Auf der einen Seite weichen sie dem Gedanken aus und versuchen, ihn aus Scham zu verdrängen. Auf der anderen Seite geben sie dem Gedanken nach, indem sie eine Bestätigung suchen, googeln und darüber reden, bis sie schließlich feststellen, dass sich Gedanken durch Aufmerksamkeit nähren. Je stärker man einen negativen Gedanken zulässt und nährt, desto größere Ausmaße nimmt er an, bis er den Verstand schließlich vollständig beherrscht.

Was auch immer wir gießen, wird wachsen.

Die Gültigkeit dieses Prinzips wurde mir in einem Sommer vor vielen Jahren bewusst, als ich entschlossen war, einen schönen, blühenden Garten gedeihen zu lassen. Im Frühjahr warf ich meine Ausreden über Bord – „nicht genug Zeit, und mit einem Kleinkind im Schlepptau ist das sowieso unmöglich" – und begann unter der Anleitung einer lieben Freundin damit, meine Setzlinge in Gewächshäusern unter selbstgebauten Pflanzenlampen zu ziehen. Mein älterer Sohn und ich kümmerten uns jeden Tag um die Pflanzen und freuten uns, wenn die kleinen grünen Sprösslinge ihre Köpfe aus der Erde streckten. Wir gossen sie, pflanzten sie um und kümmerten uns liebevoll um sie. Everest bestand sogar darauf, dass wir in ihrer Nähe zu Mittag aßen, um sicherzustellen, dass sie sich geliebt fühlten. Und als es schließlich an der Zeit war, sie ins Freie zu verpflanzen, taten wir das mit größter Behutsamkeit. In diesem Jahr würden wir Erbsen und Grünkohl direkt aus unserem eigenen Garten ernten!

Einige Wochen lang ging alles gut. Ich fand jeden Tag Zeit zum Gießen und Unkrautjäten, und die Erbsen begannen zu gedeihen. Mein Herz schlug höher, als mein Sohn und ich jeden Tag Zuckererbsen ernteten und sie naschten, während mein Baby schlief. Inmitten meines vollgepackten Tagesablaufs wurden die fünfzehn Minuten am Tag, die ich dem Garten widmete, für mich zu einem Ritual, das mich mit purer Freude erfüllte. Nichts machte mich glücklicher als zum Bach hinunterzugehen, dort zwei Gießkannen zu füllen und dann jede einzelne Pflanze langsam und gründlich zu gießen.

Und dann kam der Regen. Es regnete wochenlang jeden Tag in Strömen, und als ich nach ein paar Tagen, an denen ich nicht da war, in meinen Garten zurückkehrte, bot sich mir ein Anblick, mit dem ich nicht gerechnet hatte: Unkraut ohne Ende. Unkraut, das sich um die Erbsen schlängelte. Unkraut, das den Grünkohl und die Gurken zu ersticken drohte. Unkraut, das zwischen den Bohnen wucherte. Unkraut, das im Kürbisbeet gedieh. Meine präzise Bewässerung von Hand war für ein paar Tage von dem willkürlichen Bewässerungssystem der Natur übernommen worden.

Sie fragen sich vielleicht, was das mit Gedanken und dem Heilungsprozess zu tun hat. Ich werde es Ihnen verraten: Wenn Ihnen ein negativer Gedanke durch den Kopf schießt, haben Sie die Wahl, wie Sie auf ihn reagieren wollen. Wenn Sie ihn gießen, wird er wachsen, genau wie das unerwünschte Unkraut in meinem Garten. Je länger Sie den Gedanken gießen und dadurch nähren, desto stärker wuchert er. Und sobald der negative Gedanke zum wüsten Gestrüpp herangewachsen ist, muss man sich schon sehr anstrengen, um ihn mitsamt seinen Wurzeln herauszubekommen. Man muss auf Hände und Knie gehen und daran ziehen und zerren. Wenn das nicht funktioniert, greift man zu einem Spaten oder einer Mistgabel und gräbt, bis die Wurzel bricht. Es ist sehr viel einfacher, den Gedanken bereits im Keim zu ersticken, indem man lernt, effektiv damit umzugehen. In vielen Fällen bedeutet das, ihn nicht zu gießen und somit nicht zu nähren.

Jeder Gedanke ist ein Samen. Wir können nicht kontrollieren, welche Samen in unserem mentalen Garten landen; sie gelangen ohne Erlaubnis oder Vorwarnung mit den Winden des Lebens zu uns. Sie können zum Beispiel gerade glücklich den Morgen mit Ihrem neugeborenen Baby verbringen und dann schießt Ihnen auf einmal der Gedanke durch den Kopf: „Und wenn ich ihm plötzlich aus Versehen wehtue?" In diesem Moment haben Sie die Wahl. Sie können den Gedanken mit mehr angstbasierten Gedanken nähren, etwa: „Um Gottes willen. Jetzt kam mir doch tatsächlich der Gedanke, dass ich meinem Baby wehtun könnte. Das muss bedeuten, dass ich es tief in meinem Inneren nicht wirklich liebe. Was ist, wenn etwas von mir Besitz ergreift und ich ihm schade? Was ist, wenn ich mich nicht beherrschen kann?" Und schon landen Sie in einem Ängste-Strudel, der typisch für junge Mütter ist. Aber Sie können die gewohnheitsmäßige Angstreaktion auch in den Griff bekommen, indem Sie den rationalen Teil Ihres Verstandes einschalten und sich sagen: „Den meisten frischgebackenen Müttern kommt dieser Gedanke irgendwann einmal. Ich bin erschöpft und überfordert, und ich weiß, dass ich mein Baby liebe. Ich werde diesem Gedanken jetzt keine weitere Aufmerksamkeit schenken, aber wenn ich mehr Zeit habe, werde ich in mich gehen und mich fragen, worauf in meinem Inneren der Gedanke wohl hinweisen mag, das Aufmerksamkeit benötigt."

In ähnlicher Weise hatte ich mit vielen Müttern mit Neugeborenen zu tun, die, obwohl sie ihr Baby über alles liebten, von Gedanken wie „Ich hasse dich" heimgesucht wurden. Doch wenn wir den Gedanken näher analysieren, kommt dabei jedes Mal heraus, dass „Ich hasse dich" ein Platzhalter für „Ich hasse *dies*" ist. „Ich hasse es, so erschöpft und überfordert zu sein, nicht zu wissen, was ich tue, und fühle mich alleine." Ziemlich oft sind Gedanken nicht das, was sie zu sein scheinen. Wenn wir Zugang zum Entscheidungspunkt haben, können wir bestimmen, welche Gedanken wir beiseiteschieben und welche wie Signalpfeile und metaphorische Zeichen auf andere Botschaften oder tiefere Bedürfnisse hinweisen.

ÜBUNG

Erkennen Sie, wie Sie Ihre Gedanken nähren

Nehmen Sie sich ein paar Minuten Zeit, um herauszufinden, auf welche der folgenden Weisen Sie Ihre Gedanken nähren:

- Ich spreche über die Gedanken oder suche Bestätigung.
- Ich mache mir Notizen über die Gedanken (sich Notizen zu machen, kann ein wirksames Mittel sein, wenn man es richtig einsetzt; aber wenn man sich Notizen zu den Gedanken selbst macht oder zu irgendwelchen subtilen Teilaspekten der Hauptgedanken, bleibt man in seinen Gedanken gefangen).
- Ich google im Internet.
- Ich denke nach, grüble, befasse mich ständig mit dem Gedanken.
- Ich recherchiere.

Denken Sie nun darüber nach, wie Sie sich fühlen, wenn Sie sich diesen Bestätigungsmethoden hingeben. Lassen Ihre Ängste vorübergehend nach? Werden Ihre Ängste dadurch schlimmer? Halten Sie nun inne und stellen Sie sich vor, dass Sie diese Methoden *nicht* anwenden und stattdessen einfach den Gedanken betrachten und sich fragen, wie Sie reagieren möchten.

Symbole, Metaphern und Träume

Eine weitere wichtige Methode, um mit Gedanken umzugehen und sich einen Zugang zum kritischen Entscheidungspunkt zu verschaffen, besteht darin zu lernen, nicht jeden Gedanken wörtlich zu nehmen. Eines der vielen Probleme, die damit einhergehen, in einer bildbasierten, oberflächlichen Kultur zu leben, ist, dass man lernt, *alles* für bare Münze zu nehmen. In einem Traum haben Sie Sex mit jemand anderem als mit Ihrem Ehepartner und greifen gleich zur naheliegendsten Interpretation: Insgeheim wollen Sie Sex mit einer anderen Person haben. Daraufhin beginnen Sie, sich Sorgen um Ihre Ehe zu machen. Sie ertappen sich dabei, dass Sie immer wieder an Ihre / n Ex denken und vermuten, dass

Sie immer noch mit ihm oder ihr zusammen sein wollen, was zu Beziehungsangst führt. Sie wachen mitten in der Nacht aus einem Albtraum auf, in dem Sie Krebs haben, und glauben, dass Sie tatsächlich an Krebs erkrankt sind (obwohl bei Ihrer letzten ärztlichen Untersuchung alles in Ordnung war). Sie sind auf dem Weg, eine Gesundheitsangst zu entwickeln. Ihr Kind schreit Sie an und Sie denken, dass es versucht, Sie zu kontrollieren oder dass es eine Lektion im Hinblick auf gute Manieren und Respekt benötigt. Diese Interpretationen klingen vernünftig und entsprechen ganz bestimmt dem gesellschaftlichen Mainstream, aber es sind noch andere Aspekte im Spiel.

Im Gegensatz dazu steht die Tatsache, dass die Menschen auf meine Arbeit mit einem erleichterten Aufatmen reagieren, unter anderem dadurch begründet, dass ich sehr wenig für bare Münze nehme. Getreu der Jung'schen Perspektive, nach der ich meine psychotherapeutische Ausbildung absolviert habe, verstehe ich Sexträume als Symbole dafür, dass Sie sich danach sehnen, sich mit einem unterentwickelten Teil von Ihnen zu vereinen, den die Traumfigur repräsentiert. Ich verstehe aufdringliche Gedanken an einen oder eine Ex als Indikator dafür, dass Sie mit dieser Person abschließen wollen oder dass ein Teil von Ihnen durch diese Person repräsentiert wird. Ich verstehe Todesträume, insbesondere in Form von Albträumen, als eine Art Sinnbild dafür, dass ein Teil von uns bereit ist zu „sterben" und ein neuer Teil bereit ist, geboren zu werden. Und ich verstehe das unablässige Schreien eines Fünfjährigen als ein Symptom dessen, dass eines seiner Grundbedürfnisse nicht befriedigt wird und er uns dies auf die einzige Weise mitteilt, die er kennt. Dies sind lediglich einige denkbare Interpretationen von Träumen, aufdringlichen Gedanken, Zweifeln und schwierigem Verhalten von Kindern. Ich möchte damit sagen, dass wir das Leben nicht nach dem beurteilen sollten, was wir an der Oberfläche sehen. Tatsächlich hat die Neurowissenschaft inzwischen belegt, was Tiefenpsychologen und Mystiker schon seit Jahrhunderten vermutet haben: Der bewusste Verstand steuert das Leben bestenfalls in etwa fünf Prozent der Zeit (um Bruce Lipton zu zitieren).

Das Geschenk, das Sigmund Freud und Carl Gustav Jung der modernen Psychologie gemacht haben, ist das Bewusstsein für das Unbewusste, also für alles, was unterhalb des bewussten Bewusstseins existiert. Gefühle sind nicht immer das, wofür wir sie halten. Sehnsüchte weisen auf unzählige Schichten von inneren Bedürfnissen hin. Wenn wir lernen, Symptome als Metaphern zu deuten, die für tiefere Bedürfnisse und Sehnsüchte stehen, öffnet sich uns die kaleidoskopartige, multidimensionale, zeitlose Welt des Unbewussten. Wir werden immer besser darin, in die Tiefe zu gehen und schließlich die volle Verantwortung für unsere inneren Reiche zu übernehmen. Das Leben wird dadurch weniger einfach, aber viel interessanter und – vielleicht paradoxerweise – weniger beängstigend. Denn wenn wir den unterirdischen Fluss des Unbewussten anzapfen, anstatt an der Oberfläche zu leben, leben wir unser Leben von einem Ort aus, an dem es um die Essenz und nicht um ein Image oder um eine Vorstellung geht. Wir sind mit dem verbunden, was wahr und dauerhaft ist, und nicht mit dem Flüchtigen und Vergänglichen. Wir sind im kollektiven Unbewussten vergangener Generationen und in dem unsichtbaren Netz, das die Menschheit verbindet, verankert. Diese Abläufe, die uns mit der Essenz, der vergänglichen Welt und den unsichtbaren Verbindungssträngen vereinen, gehören zu den stärksten Gegenmitteln gegen Ängste. Aus diesem Grund ist die Veränderung von einer wortwörtlichen hin zu einer metaphorischen Denkweise eine weitere entscheidende Voraussetzung für eine Transformation.

Da wir von Geburt an darauf konditioniert wurden, alles wörtlich zu nehmen und Gedanken und körperliche Symptome so hinzunehmen, dauert es eine Weile, unser Gehirn daran zu gewöhnen, in metaphorischen Kategorien zu denken. Aber wenn wir uns in Erinnerung rufen, dass der Körper in Metaphern zu uns spricht und das Unterbewusstsein es liebt, mit Worten, Träumen und Symptomen zu spielen, erwacht unser Verstand und die Ängste verschwinden. Da ich mein ganzes Leben lang in die Welt des Unbewussten eingetaucht bin, ist diese Art des Denkens für mich selbstverständlich geworden. Wenn ein Patient zu mir sagt: „Egal wie viel ich vor dem Schlafengehen esse, ich bin immer hungrig“, dann denke ich: „Wonach hungern Sie wohl – nach Geborgenheit, Trost, Vergebung?“ Wenn eine Patientin berichtet: „Ich hatte in den vergangenen zwei Wochen Sodbrennen“, dann frage ich mich: „Und was brennt womöglich in Ihrem Herzen?“ Ein Patient erzählt mir: „Ich habe geträumt, dass ich gestorben bin.“ Ich denke: „Welcher Teil von Ihnen ist gestorben, und welcher neue Teil ist bereit, geboren zu werden?“

Es ist nicht immer angebracht, solche Überlegungen meinen Patienten gegenüber auszusprechen, aber wenn ich es tue und sie einen Nerv treffen, wird das Gesicht meines Gegenübers fast immer sofort von einem Lächeln erhellt. Es deutet auf ein Aha-Erlebnis hin, also einen Moment von der Sorte, in dem der Verstand umgangen und eine unmittelbare körperliche Reaktion ausgelöst wird. Solche Momente signalisieren, dass wir auf die Wahrheit gestoßen sind und auf dem Weg zur Heilung voranschreiten. Die Ängste haben ihre Arbeit getan, das Unbewusste wurde ins Bewusstsein geholt und der Heilungsprozess ist in Gang gekommen.

ÜBUNG

Metaphern erkennen

Schreiben Sie Ihre fünf wichtigsten mit Ängsten einhergehenden Gedanken, Gefühle und körperlichen Symptome auf. Spekulieren Sie ganz frei darüber, welche Art von Metapher sich dahinter verbergen könnte. Achten Sie darauf, wie es sich anfühlt, wenn Sie in Metaphern denken, anstatt die Gedanken wörtlich zu nehmen.

Die Metaphern, die sich hinter aufdringlichen Gedanken verbergen

Gedanken verlangen je nachdem, wie häufig sie auftreten und welche Botschaft sie vermitteln, unterschiedlich viel Aufmerksamkeit. Manchmal kommt Ihnen ein dunkler oder seltsamer Gedanke in den Sinn und Sie können ihn mit einer schnellen, beruhigenden Bemerkung vertreiben (wie in dem vorher genannten Beispiel von der Mutter und ihrem Baby). Wenn Sie dies oft genug tun *und der aufdringliche Gedanke kein Bote der Ängste ist, der dazu dient, mittels der Metapher eine Botschaft zu übermitteln,* wird der Gedanke verblassen und vergehen.

Oft sind aufdringliche Gedanken jedoch tatsächlich Boten, die große Geschenke überbringen. Die Aufgabe besteht darin, den Gedanken als eine

Metapher zu sehen, die man enthüllen muss – so, wie man ein wertvolles Geschenk auspackt. In meinen Kursen zeige ich, wie ein Gedankenrad funktioniert: Man zeichnet einen Kreis in die Mitte eines Blattes Papier, schreibt den Gedanken in die Mitte und zieht dann mehrere Linien, die von diesem Kreis abgehen, wie die Strahlen einer gemalten Sonne. Am Ende jeder Linie notieren Sie die eigentliche Verletzung, das Gefühl oder die Überzeugung, die Aufmerksamkeit erfordert – also das, worauf der aufdringliche Gedanke hindeutet.

Einer der häufigsten aufdringlichen Gedanken, der Patienten zu mir führt, lautet: „Ich fühle mich nicht stark genug zu meinem Partner hingezogen." Wörtlich verstanden (vor allem in unserer von Klischees geprägten Kultur, in der unwiderstehliche körperliche Attraktivität ganz oben auf der Liste der nicht verhandelbaren Qualitäten steht, über die ein Partner verfügen muss), würde die Antwort der meisten Menschen auf diesen Gedanken lauten: „Dann solltest du ihn verlassen." Ich habe jedoch mit Tausenden von Menschen gearbeitet, die in der Lage waren, die gewohnte Reaktion, nämlich den Gedanken für bare Münze zu nehmen, zu überwinden. Sie brachten den Mut auf, ihn als eine Botschaft zu verstehen, und sind in ihren intakten, liebevollen Beziehungen geblieben. Daher weiß ich, dass dieser Gedanke eine Metapher ist. Das Gedankenrad „Ich fühle mich nicht genug zu meinem Partner hingezogen" in Abbildung 2 stammt von einer Patientin, die während ihres dritten Schwangerschaftsdrittels mit voller Wucht davon getroffen wurde, sich nicht stark genug zu ihrem Partner hingezogen zu fühlen. Die Abbildung zeigt, wie es aussieht, wenn man diesen Gedanken aufbricht und die Botschaften entschlüsselt.

Denken Sie daran, dass diese Gedankenräder bei jedem anders aussehen werden. Für viele Menschen ist die Botschaft „Ich fühle mich nicht zu dir hingezogen" eine Metapher für „Ich fühle mich nicht zu *mir* hingezogen" oder „Ich fühle mich nicht zum *Leben* hingezogen". Beides könnte auf frühere oder aktuelle Verletzungen im Hinblick auf die eigene Kompetenz und das Selbstwertgefühl hinweisen oder auf Bereiche im Leben, in denen sozusagen die Luft raus ist. Wenn Sie sich darin üben, aufdringliche Gedanken als Metaphern zu sehen und sie mit Neugier zu betrachten, werden die Bereiche Ihrer inneren Welt sichtbar, die Aufmerksamkeit benötigen.

Spirituelles und kreatives Selbst/Quelle des Selbst

- Es ist Frühlingsanfang: Anerkennen, dass ich als hochsensibler Mensch immer auf die jahreszeitlichen Veränderungen reagiere.
- Allgemein weniger Kreativität; die Erkenntnis, dass ich als Kind immer Dinge geschaffen habe und das jetzt nicht mehr tue.
- Die Erkenntnis, dass es etwas Größeres für mich in meinem Leben gibt und ich mich nicht darauf zubewege.

„Ich fühle mich nicht genug zu meinem Partner hingezogen."

Kognitiv

- Gewohnheit, Gedanken als Wahrheit zu betrachten
- Schnelles Ablöschen mit „Wahrheitswasser"
- Ich fühle mich nicht zu meinem Partner hingezogen = Ich mache meinen Partner für meine Lebendigkeit verantwortlich.

Physisch

- 30 Wochen schwanger
- Schlafe nicht gut
- Fühle mich unwohl
- Hormone
- Rückenschmerzen

Emotional

- Welche Gefühle vermeide ich?
- Wir sind kürzlich umgezogen – ich möchte den Ortswechsel verarbeiten, hatte aber noch keine Zeit für mich allein.
- Bei der Familie bleiben: meine Familie mit offenen Augen betrachten – ihre Neigung zum Leugnen
- Ich bin die „Seherin".
- Sucht und psychische Krankheiten in der Familie
- Angst davor, Mutter zu werden

Abbildung 2: Gedankenrad „Anziehung zum Partner"

Die Ursachen aufdringlicher Gedanken

Untrainierter Geist

- Wenn Sie sich in jeden Gedanken verbeißen und ihn für die Wahrheit halten, werden Sie in einen Strudel von Ängsten geraten.

Bedürfnis nach Sicherheit

- Im Mittelpunkt der aufdringlichen Gedanken steht das Bedürfnis nach Gewissheit, das sich oft aus dem ausgeprägten Bewusstsein einer sensiblen Person für Veränderungen und den Tod ergibt.
- Wenn wir darauf hinarbeiten, unsere „grundlegende menschliche Ambiguität" zu akzeptieren, wie Pema Chödrön es ausdrückt, lernen wir, Ungewissheit zu akzeptieren. Das Ego fügt sich der Tatsache, dass wir nur über sehr wenig selbst die Kontrolle haben.

Leere Quelle des Selbst

- Der aufdringliche Gedanke ist ein Signal des inneren Selbst, das Sie auffordert, einen Gang zurückzuschalten, sich nach innen zu wenden und sich Zeit und Aufmerksamkeit zu gönnen, um über sich selbst nachzudenken und Ihr Inneres zu erkunden.
- C. G. Jung: „Solange wir uns das Unbewusste nicht bewusst machen, wird es unser Leben lenken, und wir werden es Schicksal nennen."
- Wenn Sie einen zuverlässigen inneren Erwachsenen am Steuer haben, können Sie Ihre eigene Zuversicht beisteuern.

Bedürfnis nach exakten Informationen

- Dies ist das kognitive Element der aufdringlichen Gedanken. Viele Menschen kennen nicht die Wahrheit über Sexualität, Wut, große Sensibilität und den Tod.
- Die aufflammenden Gedanken müssen vielleicht mit „Wahrheitswasser" gelöscht werden. Nach diesem ersten Ablöschen geht es darum, dem Gedanken keine weitere Aufmerksamkeit zu schenken, indem man ihn wiederkäut, nach Bestätigung sucht oder nachforscht (also nicht googeln!).

Gefühlsüberflutung

- Viele Kinder lernen, sich in die Geborgenheit ihrer Gedanken und ihres Kopfes zurückzuziehen, um die gewaltigen Gefühle zu bewältigen, die sie zu erdrücken drohen, weil niemand ihnen hilft, mit ihnen umzugehen. Daniel Siegel nennt das „sich der linken Hirnhälfte zuneigen".
- Wenn wir uns nicht um unser Inneres kümmern und schwierige Gefühle ein Leben lang verdrängt haben, können diese nicht anders, als überzukochen und in Form von aufdringlichen Gedanken hervorzutreten.

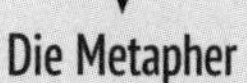

Die Metapher

- C. G. Jung: „Wir pathologisieren, weil wir vergessen haben, wie man mythologisiert."
- Wir nehmen alles für bare Münze, was Jeremy Taylor als „falsche Wörtlichkeit" bezeichnet.
- Solche Gedanken sind metaphorisch zu verstehen und weisen den Weg, wie wir sie integrieren können.

Abbildung 3: Die Ursachen aufdringlicher Gedanken verstehen

Ich nenne Ihnen ein weiteres Beispiel einer Patientin, die viele Jahre mit aufdringlichen Gedanken in Bezug auf ihre Arbeit kämpfte. Die Patientin hatte fünfzehn Jahre lang in einem amerikanischen Unternehmen gearbeitet, in dem sie hervorragende Leistungen erbrachte und einen gewissen Wohlstand und finanzielle Unabhängigkeit erlangte. Nach der Geburt ihrer Kinder sehnte sie sich jedoch nach einer Veränderung, um über mehr Unabhängigkeit und Flexibilität zu verfügen. Sie kündigte ihre Stelle und machte sich kurzerhand selbstständig. Zunächst ging es ihr gut, doch schon bald merkte sie, wie sie von Zweifeln beschlichen wurde: „Ist das wirklich meine Lebensaufgabe? Ist dieser neue Job meine Berufung? Sollte ich nicht etwas Sinnvolleres tun? Ich bin wohl einfach bequem geworden." Diese Gedanken machten ihr monatelang zu schaffen, denn sie war zu 100 Prozent davon überzeugt, dass diese Gedanken der „Wahrheit" entsprangen. Und solange sie glaubte, dass diese Gedanken wahr waren, konnte sie sie nicht infrage stellen. Doch diese Überzeugung ließ sie immer stärker leiden. Es war an der Zeit, sich davon zu befreien.

Während der entscheidenden Sitzung sagte ich zu ihr: „Sind Ihnen in den fünfzehn Jahren, in denen Sie in dem Unternehmen gearbeitet haben, jemals diese Gedanken gekommen?"

„Nein, nicht ein einziges Mal."

„Sie haben also in einem Job gearbeitet, von dem Sie wussten, dass er nicht Ihrer Berufung entspricht; aber dieser aufdringliche Gedanke, dass Sie bequem geworden sind, ist Ihnen nicht ein einziges Mal gekommen."

„So ist es."

„Was sagt Ihnen das?"

„Dass es nicht um meine berufliche Laufbahn geht. Dass da etwas ist, das ich in meinem Inneren mit mir herumtrage und das mir zu schaffen machen würde, ganz egal, was ich beruflich mache."

„Genau."

„Aber warum kamen mir diese Gedanken nie in meinem früheren Job?"

„Weil Sie sich damals auf Ihre Beziehungen konzentriert haben. Und weil Ihr Job Ihnen genug Stabilität bot, um Ihr Ego zu unterdrücken, das sich von Illusionen von Stabilität nährt. Zum Beispiel durch die Illusion von Stabilität durch ein regelmäßiges Gehalt, das Erreichen von extern festgelegten Zielen, Lob von Vorgesetzten usw. – all die Dinge eben, die einem das Angestelltendasein in einer Firma bietet."

„Aha. Dann habe ich also im Grunde nur einen aufdringlichen Gedanken gegen einen anderen ausgetauscht. Ich habe mich nicht mehr auf meine Beziehungen in der Firma konzentriert, sondern auf die Arbeit selbst."

„Genauso ist es. Und jetzt ist es an der Zeit, sich um das zu kümmern, was in den aufdringlichen Gedanken verborgen ist. Was benötigen Sie? Welchen Schmerz umgehen Sie, indem Sie sich auf diesen Gedanken konzentrieren?"

„Mein Problem ist, dass ich mich unzulänglich und wertlos fühle. Ich habe das Bedürfnis nach einer eindeutigen, klaren Identität."

„Ja, das ist richtig. Und außerdem, so vermute ich, spüren Sie den Wunsch nach einem Halt, einer soliden Basis."

Aufdringliche Gedanken überlagern viele Grundbedürfnisse und Gefühle, aber im Kern geht es darum, das Bedürfnis nach Gewissheit zu befriedigen. Da unsere Gesellschaft uns nicht beibringt, die veränderliche Realität, die unsere Existenz bestimmt, zu akzeptieren, fällt es uns sehr schwer, Ungewissheit zu akzeptieren. Das bedeutet mit anderen Worten, dass es uns schwerfällt, den Tod in seinen verschiedenen Formen zu akzeptieren. Wir weigern uns, die emotionale Trauer zu bewältigen, die sich einstellt, wenn wir neue Lebensabschnitte betreten. Wir lernen nicht, wie wir den Schmerz und den Verlust betrauern können, mit dem wir jeden Tag zu tun haben. Wir lernen auch nicht, unser Leben in vollem Umfang zu leben, was bedeutet, all unsere Gefühle wahrzunehmen. Und wenn wir unser Leben nicht in vollem Umfang leben, entwickeln wir tatsächlich Ängste gegenüber dem Leben, was wiederum eine Angst vor dem Tod auslöst.

Leben mit Unsicherheit: Der Ruf aufdringlicher Gedanken

Die meisten Mainstream-Methoden, um Ängste und aufdringliche Gedanken anzugehen, führen zu dem Hau-den-Maulwurf-Spiel, auf das ich an anderer Stelle schon eingegangen bin: Sobald Sie eine durch einen aufdringlichen Gedanken aufgeworfene Frage beantwortet und genügend Gewissheit gefunden haben, gehen Sie wieder dazu über, Ihr Leben weiterzuleben. Wenn Sie die Ursachen der aufdringlichen Gedanken nicht angehen, wird wie im Spiel schnell ein neuer Maulwurf auftauchen, den Sie wiederum zurückschlagen müssen. Es tritt also eine andere Obsession in Erscheinung, mit der Sie versuchen fertig zu werden. Und wieder sind Sie dabei, in den Strudel der Ängste gerissen zu werden, wild entschlossen, die definitive Antwort auf die nächste Frage zu finden, die Ihre Seele in Aufruhr versetzt.

Es geht nicht darum, sich auf den Gedanken selbst zu konzentrieren und zu versuchen, die durch ihn aufgeworfene Frage zu beantworten. Tatsächlich können Sie dieses Problem gar nicht lösen, weil es auf solche Fragen grundsätzlich keine Antworten gibt. Es gibt keinen Bluttest, mit dem man feststellen kann, ob man zu 100 Prozent hetero- oder homosexuell ist, ob man seinen Partner „genug" liebt oder ob man in der „richtigen" Stadt lebt. Entweder nutzt man sein Selbstvertrauen und seine Selbsterkenntnis, um diese Fragen zufriedenstellend zu beantworten, und / oder man beginnt, sich auf die Unsicherheit einzulassen. Genau dann entdecken Sie das Geschenk, das im Zentrum der aufdringlichen Gedanken schlummert.

Mit der Ungewissheit leben? Das mögen wir einfach nicht. Wir wollen klare Antworten. Wir wollen definierbare Ziele. Wir sind von Natur aus so gestrickt, dass wir nach Kontrolle streben und anschließend versuchen, uns vorzumachen, wir hätten die Kontrolle. Unsere vorherrschenden Erziehungs- und Bildungsmodelle verstärken dieses grundlegende Ego-Bedürfnis. Wenn wir den natürlichen Rhythmus eines Kindes nicht respektieren und es dazu zwingen, sich einem von außen vorgegebenen Modell anzupassen und dadurch Anerkennung zu erhalten, wird sein angeborenes Selbstvertrauen geschwächt. Erwachsene verstärken ungewollt das Kontrollbedürfnis des Egos, anstatt Kinder darin zu unterstützen, ihre Verbindung zu ihrem Selbst zu pflegen. Das würde ihnen helfen, sich mit dem vergänglichen Fluss des Lebens zu verbinden.

Das angstbasierte Selbst glaubt, dass Sie, wenn Sie die durch die aufdringlichen Gedanken des Tages aufgeworfenen Fragen beantworten könnten, auf Nummer sicher gehen und *ohne jeden Zweifel wissen würden,* dass es Ihnen gut geht. Da das angstbasierte Selbst Risiken in extremem Maße scheut und sich vor allem fürchtet, was auch nur ansatzweise mit Verletzlichkeit zu tun hat, erfindet es ausgeklügelte und überzeugende Gründe, warum Sie Ihr Leben ändern oder auf irgendeine Weise Gewissheit erlangen müssen. Dadurch entsteht eine Illusion von Kontrolle. So unangenehm es auch ist, den Kopf voller Ängste oder Zweifel zu haben, so ist dies doch oft ein Zustand, der dem unklaren, verletzlichen Zustand vorzuziehen ist, in dem wir uns befinden, wenn wir aus dem Herzen heraus leben. Mit anderen Worten lautet die Frage, die Sie sich stellen sollten: „Ist es für mich wichtiger, an der Illusion der Kontrolle festzuhalten oder zu lernen, was es bedeutet, liebevoll zu sein?" Wenn Sie lernen wollen, was es heißt, sich selbst und anderen gegenüber liebevoll zu sein, müssen Sie bereit sein, auf Kontrolle zu verzichten.

Dies geschieht natürlich nicht in einem hollywoodreifen Moment therapeutischer Erleuchtung. Sich dafür zu entscheiden, lieber dazuzulernen als in der sicheren Festung der Kontrolle gefangen zu bleiben, ist eine tägliche, manchmal stündliche Entscheidung. Zweifellos ist es auch eine angsteinflößende Entscheidung. Es ist eine Entscheidung, die gegen jede Illusion von Sicherheit verstößt, die Sie sich ein Leben lang aufgebaut haben. Sie ist so beängstigend, als stünde man auf der Klippe der Ewigkeit und würde in den Abgrund springen. Erlauben Sie sich, diesen Schrecken zu spüren. Lassen Sie zu, dass Sie sich mit dem Geheimnis des Lebens anfreunden, statt sich an das zu klammern, was Sie glauben, kontrollieren zu können. In Wahrheit gibt es so wenig, über das wir tatsächlich die Kontrolle haben. Wir machen Pläne, weil wir wissen wollen, was in der nächsten Stunde passieren wird. Doch die unbekannte und geheimnisvolle Kraft des Lebens kann unsere Pläne im Handumdrehen zunichtemachen. Die Freiheit liegt einzig und allein darin, sich mit dem Ungewissen anzufreunden. Wenn Sie das tun und die Geschenke entdecken, die sich in Ihren Gedanken verbergen, werden Ihre aufdringlichen Gedanken langsam verschwinden.

ÜBUNG

Vier Schritte, um aufdringliche Gedanken aufzulösen

Sich von aufdringlichen Gedanken zu befreien, ist ein vielschichtiger Prozess. Die folgenden einfachen Schritte helfen Ihnen, sich aus ihrem Bann zu lösen:

1. **Benennen Sie den Gedanken.** Für viele Menschen ist es schon die halbe Miete auf dem Weg zur Genesung, wenn sie das, was in ihrem Kopf vorgeht, benennen und somit normalisieren – wenn sie wissen, dass die Gedanken nicht bedeuten, dass etwas mit ihnen nicht stimmt, sondern dass sie tatsächlich der Gesundheit und Heilung dienen. Sobald Sie den Gedanken benennen, lösen Sie sich bereits von ihm. Ihn zu benennen setzt nämlich voraus, dass Sie ihn wahrnehmen. Mit dieser einen kleinen Maßnahme beginnen Sie, den Abstand zwischen Stimulus und Reaktion zu vergrößern.

2. **Entlarven Sie die Lüge.** Wenn Sie glauben, dass ein Gedanke auf der Wahrheit fußt, landen Sie im Abwärtsstrudel von Ängsten und Depressionen. Wenn Sie aber sagen können: „Dieser aufdringliche Gedanke ist mir vertraut. Selbst, wenn ich *glaube*, dass er wahr ist, weiß ich, dass das nicht stimmt", dann sind Sie einen Schritt weiter, sich von ihm zu lösen.

3. **Verweilen Sie bei dem Gefühl, das hinter dem aufdringlichen Gedanken steckt.** Sobald Sie den aufdringlichen Gedanken beim Namen nennen und ihn als Lüge entlarven, bleibt das übrig, was der Gedanke verdeckt: ein Gefühl der Unzulänglichkeit, der Unsicherheit, der Verletzlichkeit, der Traurigkeit, der Haltlosigkeit. Atmen Sie in diese Gefühle hinein und erinnern Sie sich daran, dass das Menschsein – mit all seiner Verletzlichkeit – nichts ist, was man überwinden kann. Es kann nicht repariert werden. Das Beste, was wir tun können, ist, uns selbst mit Liebe und Mitgefühl zu begegnen. Und in der Liebe finden wir die Freiheit.

4. **Stellen Sie bei aufdringlichen Gedanken die Schlüsselfrage:** „Vor welchen Gefühlen schützt mich dieser Gedanke?" Seien Sie dann bereit, still zu verharren, bis Ihr Atem Sie zu dem führt, was Sie wirklich benötigen. Das ist nicht immer eine komplette Antwort, sondern eher eine Richtung, ein Weg-

> weiser, eine kurze Lockerung des Würgegriffs der Angst. Lassen Sie sich bei Ihren Erkundungen vom Licht der Neugierde leiten und von Mitgefühl tragen. Stellen Sie sich eine Kriegerin vor, die ihre Rüstung anlegt: ein Schild, ein Stirnband mit einem Edelstein in der Mitte, ein Speer. Als liebevolle Kriegerinnen und Krieger, die sich aufmachen, um die unsicheren Reiche unseres Inneren zu erkunden, lassen wir uns von unseren liebenden inneren Eltern begleiten und widmen uns den Bereichen, die nach Aufmerksamkeit schreien. (Im nächsten Kapitel erfahren Sie mehr darüber, wie Sie den in den aufdringlichen Gedanken enthaltenen Gefühlen Aufmerksamkeit schenken können.)

Sobald Sie ein Gefühl dafür entwickelt haben, was Ihre Aufmerksamkeit erfordert, erstellen Sie ein Gedankenrad. Über eine visuelle Darstellung der wesentlichen Bedürfnisse, Gefühle und Überzeugungen zu verfügen, die in einen Gedanken eingebettet sind, wird Ihnen helfen, den Gedanken nicht mehr sofort automatisch als Wahrheit anzuerkennen. Es lässt einen neuen neuronalen Pfad in Ihrem Gehirn entstehen, der es Ihnen ermöglicht, die Gedanken als Boten zu betrachten, welche in Form einer Metapher auftreten. Verwenden Sie Abbildungen 2 und 3 aus diesem Kapitel als Muster.

10

DAS REICH DER GEFÜHLE

Wenn wir die Wahrnehmung von Gefühlen
unterdrücken, beeinflussen sie uns trotzdem weiter.
Untersuchungen haben wiederholt ergeben,
dass der neuronale Input aus dem Inneren
unseres Körpers und unserer Emotionen unser
Denken und unsere Entscheidungsfindung auch ohne
eine bewusste Wahrnehmung beeinflusst.
Mit anderen Worten: Sie können weglaufen,
aber Sie können sich nicht verstecken.

DANIEL J. SIEGEL

Frei nach *Mindsight: The New Science of Personal Transformation/Mindsight - Die neue Wissenschaft der persönlichen Transformation*

Im Zentrum unseres Wesens, also genau in der Mitte unseres Körpers und unserer Seele, lebt unser Herz. Es bleibt offen und voll und ganz lebendig, wenn wir uns erlauben, im Fluss unserer Gefühle zu bleiben – also die Traurigkeit zu spüren, wenn sie wie ein Kind im Dunkeln die Hand nach uns ausstreckt, die Eifersucht wahrzunehmen, wenn sie uns wie ein plötzlicher Lichtblitz in die Augen sticht, die Wut zu spüren, wenn sie wie Lava kocht, oder die Freude zu empfinden, wenn sie summt und lacht. So wird die Angst an den Rand gedrängt.

Meistens verschließen wir unser Herz jedoch wie eine Flasche mit einem Korken. Wir tun dies, weil wir schon früh in unserem Leben gelernt haben, uns zu verschließen. Grund dafür ist eine Kultur, in der kaum jemand eine Ahnung davon hat oder uns gar vermittelt, wie man mit starken und schwierigen Gefühlen umgeht. Wenn wir aber dicht machen und unser Herz verschließen, wird der Energiestrom der Gefühle oft gezwungen, in Form von Gedanken nach oben in den Kopf zu steigen. Das ist der Moment, in dem Menschen oft den Weg zur Heilung finden: Wenn die Gewohnheit, sich von aufdringlichen Gedanken plagen zu lassen, so weit fortgeschritten ist, dass der Betroffene sich in seinem eigenen Geist gefangen fühlt.

Anstatt den aufgestauten Schmerz in seinem rohen, verletzlichen Zustand zu fühlen, flüchten wir uns in die sichere und vertraute Geborgenheit unserer Gedankenmuster. Anstatt in den Körper hinabzutauchen, verfangen wir uns in der Illusion, dass wir Gewissheit finden, wenn wir nur diese eine Frage beantworten können. Auf diese Weise behalten wir das Muster bei, das uns anfangs als Verteidigung und Schutz gedient hat – wir ziehen uns in den einigermaßen sicheren Hafen des Geistes und der Gedanken zurück und meiden weiterhin unsere Gefühle.

Warum aber meiden wir etwas, das so natürlich und wichtig ist, um ein gesundes Leben führen zu können? Weil wir die Stimmen unserer Kultur und unserer Umgebung verinnerlicht haben. Sie haben uns von Anfang an eingeredet, dass unsere Gefühle etwas sind, über das wir hinwegkommen, das wir meiden oder ignorieren müssen, und dass es an der Tafel unserer Psyche keinen Platz für sie gibt.

Achten Sie beim Lesen der folgenden Abschnitte darauf, welche Gefühle sich in Ihrem Herzen Platz verschaffen. Spannen Sie Ihren Brustkorb an, versuchen Sie, sich durch Ihre Kehle und Ihren Mund Entspannung zu verschaffen und die Gefühle loszulassen. Wenn Sie können, lassen Sie den Schmerz heraus: Weinen Sie, schreiben Sie, tanzen Sie, atmen Sie. Der Schmerz will nur eines: gesehen, gehört und wahrgenommen werden. Wenn Sie sich auf ihn einlassen, anstatt ihn zu verdrängen, werden Ihre Ängste sich verwandeln. Sie erleben dabei die volle Dimension des Menschseins, die wir nur erfahren können, wenn wir zulassen, dass wir das gesamte Spektrum unserer Gefühle fühlen. Denn wie gesagt: Ängste sind das Tor, durch das wir eingeladen werden, stärker wir selbst zu sein, und ein Tor zu unseren verletzlicheren Gefühlen. Ängste verlangen nach unserer Aufmerksamkeit, schlagen Alarm und veranlassen uns zu fragen: „Vor welchen Gefühlen schützen mich die Ängste?“ Wenn wir anfangen aufzutauen und unser Leben wahrzunehmen, verschwinden die Ängste, da sie ihre Aufgabe erfüllt haben.

Ängste sind ein Platzhalter für Gefühle

Einer der seltsamen und faszinierenden Aspekte von Ängsten ist, dass es sich bei ihnen eigentlich nicht wirklich um ein Gefühl handelt. Wir spüren die Anzeichen von Ängsten zwar in Form von physischen Symptomen und aufdringlichen Gedanken in unserem Körper und unserem Geist, aber die Ängste selbst sind kein echtes Gefühl. Sie sind ein Platzhalter für die verletzlichen Gefühle, vor denen wir zu viel Angst haben, um sie zu spüren. Ich werde das anhand einer Geschichte erläutern.

Vor vielen Jahren war ich mit meinen beiden Jungs in unserem Lieblings-Secondhandladen. Mein älterer Sohn sagte: „Mami, lass uns ein paar Gummistiefel für Asher kaufen."

„Gute Idee", antwortete ich und hielt Ashers Hand, während wir zu dem Regal mit den Kinderschuhen gingen. Asher schnappte sich sofort ein Paar Gummistiefel mit Marienkäfermotiv, das fast genauso aussah wie das Paar seines großen Bruders, das so kaputt war, dass es bald ersetzt werden musste. Asher probierte die Stiefel an, sie passten perfekt und wir wollten schon zur Kasse gehen, als Everest grummelte: „Es ist unfair, dass Asher vor mir neue Gummistiefel bekommt."

„Aber du hast doch gerade selber vorgeschlagen, dass wir neue Gummistiefel für ihn aussuchen sollen! Ich verstehe nicht, warum du jetzt sauer bist", sagte ich verärgert.

„Weil ich nicht will, dass er neue Stiefel hat, wenn ich nicht auch neue bekomme." Auf dem Weg zur Kasse murrte er die ganze Zeit vor sich hin.

Das war ein klassisches Beispiel für Geschwisterneid, aber es dauerte eine Weile, bis ich es erkannte.

Ein paar Minuten später, als wir zu unserem nächsten Ziel fuhren, beschwerte sich Everest: „Es ist nicht in Ordnung, wenn Asher seine Stiefel zum Spielen im Bach anzieht, bevor ich auch neue habe."

„Das ist nicht in Ordnung" war ein Satz, den Everest in dieser Phase seines Lebens oft sagte, wenn er die äußeren Umstände kontrollieren wollte. Damals versuchte ich oft, ihn davon zu überzeugen, warum etwas, das er für nicht in Ordnung hielt, in Ordnung sei, bis ich erkannte, dass es sinnlos war, mit seinem von Ängsten und dem Wunsch nach Kontrolle getriebenen Ego zu argumentieren. Mit der Zeit wurde ich immer besser darin, das zu benennen, was er gerade erlebte, und ihn so auf seine Gefühle zu lenken.

„Es hört sich an, als würdest du versuchen, die Kontrolle über die Situation zu gewinnen und mich zu steuern, statt deine Neidgefühle zuzulassen", sagte ich.

„Was sind Neidgefühle?", fragte Everest.

„Etwas Ähnliches wie Eifersucht. Eifersüchtig ist man, wenn man sich ausgeschlossen fühlt, zum Beispiel wenn Daddy mit Asher spielt und ihn zum Lachen bringt. Neidisch ist man, wenn man etwas haben will, das jemand anderes hat. Das sind beides sehr schwierige Gefühle, und es ist schwer sie zuzulassen, sie zu fühlen", erklärte ich.

„Meinst du wie bei dem grünäugigen Ungeheuer?", meldete sich Asher. „Humphrey war eifersüchtig auf Og, den Frosch." Er bezog sich damit auf eines ihrer Lieblingsbücher, in dem es um Humphrey ging, den Hamster im Klassenzimmer, und darum, dass er eifersüchtig war, als die Lehrerin ein neues Haustier, nämlich einen Frosch, mitbrachte und alle Kinder auf einmal ganz verrückt nach dem Frosch waren.

„Genau, das ist Eifersucht. Sie fühlt sich manchmal so stark an, als könnte sie einen einfach so verschlingen, wie ein Monster. Die meisten Menschen versuchen zu leugnen, wenn sie Eifersucht oder Neid verspüren. Sie glauben nämlich, dass sie so etwas nicht empfinden sollten, aber jeder hat diese Gefühle hin und wieder. Sie gehören zum Menschsein dazu. Doch es sind wirklich sehr schwierige Gefühle, und sie bewusst zuzulassen ist nicht einfach. Ein Teil von dir (das Ego – auch wenn ich diesen Begriff gegenüber meinen Kindern noch nicht verwendet habe) glaubt nicht, dass du mit so einem großen Gefühl umgehen kannst. Es sagt dir, dass du andere Menschen so steuern sollst, dass du das Gefühl nicht spüren musst. Aber das funktioniert nicht! Man kann weder andere Menschen noch die Umstände kontrollieren, und es kostet viel Energie, es zu versuchen. Letztendlich ist es viel einfacher zuzulassen, den Neid zu empfinden. Er ist nur ein Gefühl und es ist sehr unangenehm, aber es fließt durch dich hindurch. Wenn du versuchst, das Gefühl zu bändigen, verkrampfst du dich innerlich und das Gefühl kann nicht nach draußen entweichen. Dann ist es in dir gefangen und verstärkt sich sogar. Wenn du aber zulässt, dich neidisch zu fühlen, fließt das Gefühl durch dich hindurch und du wirst es irgendwann akzeptieren können."

Everest schien mich zu verstehen, denn sein Gemecker wurde leiser und sein Kontrollgehabe ließ nach. Ich sah, wie er sichtlich ausatmete. Die Anspannung aufgrund seines Kontrollbedürfnisses löste sich in Akzeptanz auf.

Ich habe meinen Kindern eine einfache Gleichung vermittelt, eine Gleichung, die ich meine Patienten jeden Tag lehre:

Gefühle spüren =
das akzeptieren, was ist =
mit dem Lebensfluss fließen

versus

Gefühle unterdrücken =
Kontrolle über das ausüben, was ist =
gegen den Fluss des Lebens ankämpfen
und sich innerlich festgefahren fühlen

Nachdem ich erkannt hatte, welches Gefühl sich dahinter verbarg, wenn Everest sein Kontrollgehabe an den Tag legte, löste sich die Spannung für uns alle. Ich hörte auf zu versuchen, Everest davon zu überzeugen, sich auf etwas anderes zu konzentrieren, und Everest hörte auf zu versuchen, mich und Asher zu kontrollieren.

Wir Menschen scheinen darauf programmiert zu sein, die äußeren Umstände kontrollieren zu wollen, um schmerzhafte und unangenehme Gefühle zu vermeiden. Doch eine der goldenen Regeln, eine der Möglichkeiten, das Loslassen zu lernen und uns im Fluss des Lebens treiben zu lassen, besteht darin zuzulassen, dass wir unsere Gefühle empfinden. Es ist ein befriedigender Moment, wenn ein Patient während einer Sitzung zu mir sagt: „Endlich verstehe ich, was Sie meinen. Ich habe heute bemerkt, wie sich in meinem Kopf alles drehte und sich die Ängste aufbauten. Dann habe ich ein paar Mal tief eingeatmet, mich nach innen gewendet und mich gefragt: ‚Was fühle ich gerade?' Meistens empfinde ich Trauer oder Neid oder vielleicht Angst vor etwas Unbekanntem, und als ich diese Gefühle zuließ, verschwanden die Ängste."

Gefühle kann man handhaben und kontrollieren, Ängste nicht. Man ist oft wie ein Äffchen, das sich an den Lianen der Angst hochzieht, welche das Gehirn umschlingen. Je mehr Sie sich jedoch darin üben, diese Gewohnheit zu durchbrechen, und sich stattdessen wieder hinunter in Ihr Herz zurückfallen lassen, wo Ihre Gefühle zu Hause sind, desto weniger ängstlich und desto gelassener werden Sie sich fühlen.

Die Gewohnheit, Schmerzen ein Leben lang zu vermeiden

Einerseits wird uns gesagt: „Lassen Sie Ihre Gefühle doch einfach zu" – als ob das so einfach wäre! Doch wenn man ein Leben lang Schmerzen vermieden hat, erfordert es Zeit, Übung und Geduld, um neue neuronale Bahnen entstehen zu lassen, die diese Gewohnheit umprogrammieren. Dazu ist es hilfreich zu verstehen, warum es so beängstigend ist, Schmerz zu empfinden. Sobald Sie die Überzeugungen und Glaubenssätze identifizieren können, die vor Ihrem Herzen Wache halten, sind Sie in der Lage, sie zu benennen und sie infrage zu stellen. Langsam können Sie Fortschritte machen, indem Sie sich von der neuen Botschaft leiten lassen, dass es nicht nur sicher ist, Ihren Schmerz zu empfinden, sondern dass dies auch für Ihre Heilung sehr wichtig ist.

Es besteht kein Zweifel daran, dass die meisten Menschen alles tun, um die elementaren Lebensgefühle zu vermeiden. Das ist zum Teil biologisch bedingt, denn alle Wesen sind darauf programmiert, vor Schmerzen zurückzuschrecken, sowohl körperlichen als auch emotionalen. Einiges davon ist kulturell bedingt, da die westliche Kultur besonders stark darauf ausgerichtet ist, immer positiv und gut drauf zu sein. Das wiederum bedeutet, dass Schmerz und Abweichungen vom Normalen in besonderer Weise geleugnet werden (siehe Kapitel 2). Und das liegt zum großen Teil daran, dass viele Menschen immer noch eine ganze Menge Regeln mit sich herumtragen, wie sie sich verhalten „sollten". Dazu kommen frühe Erinnerungen an ihr Gefühlsleben, ihre Überzeugungen und Verhaltensweisen, die sie verinnerlicht haben, bevor sie überhaupt lernten zu sprechen.

Wenn Sie als Kleinkind längere Zeit geweint haben und nicht auf den Arm genommen wurden, hat sich etwas in Ihnen verschlossen. Wenn diese unerwünschten Emotionen sich bei Ihnen als Kind Luft verschafften und Sie im übertragenen oder im wahrsten Sinne des Wortes eine Ohrfeige bekamen, wurden Sie zum Schweigen gebracht. Wenn Sie für sich allein weinten, was viele Kinder tun, weil sie ihre Gefühle nicht unterdrücken können, war der einzige Trost eine dicke Schicht der Scham. Manchmal rollten die Tränen so heftig, dass es sich anfühlte, als würde man sterben. Infolge solcher Erfahrungen haben Sie im Hinblick auf das Weinen möglicherweise die folgenden Glaubenssätze entwickelt:

- Ich sollte nicht traurig sein.
- Gefühle gelten als Schwäche.
- Weinen ist beschämend.
- Wenn ich übermäßig emotional bin, mache ich etwas falsch und / oder es stimmt etwas nicht mit mir.
- Gefühle sind Zeitverschwendung.
- Wenn ich zulasse, aus vollem Herzen zu weinen, wird etwas Schlimmes passieren.
- Ich fühle mich außer Kontrolle und zu verletzlich, wenn ich weine.
- Gefühle zu zeigen, zeugt von Schwäche.
- Weinen ist etwas für Weicheier.
- Ich bin zu überdreht, zu emotional, zu sensibel.
- Weinen macht alles nur noch schlimmer, was soll das also bringen?

Es ist wichtig, dass Sie herausfinden, welche Glaubenssätze über den Schmerz Sie mit sich herumtragen, damit Sie in der Lage sind zu beurteilen, ob sie wahr oder falsch sind. Dann können Sie mit Ihrem inneren Elternteil am Steuer entscheiden, wie Sie vorgehen, wenn Sie das nächste Mal Schmerzen wahrnehmen.

Ich erzähle meinen Kursteilnehmern oft die Geschichte, wie ich meinen Söhnen beigebracht habe, Tonglen (siehe Kapitel 1) zu praktizieren, wenn wir am Straßenrand tote Tiere entdeckt haben. Zur Gedächtnisauffrischung: Die Übung besteht darin, Unerwünschtes einzuatmen – in diesem Fall Kummer, Hilflosigkeit, Herzschmerz – und Erwünschtes auszuatmen: Frieden für alle Geschöpfe. Die Methode lehrt uns, uns auf unseren Schmerz einzulassen, anstatt der gängigen Neigung nachzugeben, Schmerz zu verdrängen. Denn auch wenn mein Mann und ich unsere emotionalen Reaktionen nicht verdrängen – und schon gar nicht den wahren Schmerz, wenn wir in irgendeiner Form mit dem Tod konfrontiert werden –, fallen unsere Kinder der natürlichen Reaktion zum Opfer, sich dem Schmerz zu entziehen. In dem Fall sorgt unsere Ermutigung, diese Übung zu praktizieren, bei unseren Kindern dafür, dass sie lernen, dass jedes Gefühl Aufmerksamkeit verdient. Ich sage also etwas wie: „Ich sehe, wie traurig du warst, als wir an dem toten Fuchs vorbeigefahren sind. Legen wir unsere Hände auf unser Herz und atmen in den Schmerz hinein, dann atmen wir Trost und Liebe für den Fuchs und seine Familie aus."

Sobald ich diese Geschichte erzähle, sagen meine Patienten oft etwas wie: „Ich hätte mich geschämt, wenn ich meine Betroffenheit wegen eines überfahrenen Tieres geäußert hätte. Selbst wenn es keine explizite Scham gewesen wäre, lautete die versteckte Botschaft, dass ich darüber hinwegkommen muss und etwas mit mir nicht stimmt, wenn mich das so mitnimmt. Ich kann beobachten, wie ich mir immer noch dieselbe Botschaft vermittle: Dass mein Schmerz zu groß oder zu intensiv ist, was dazu führt, dass ich mich schäme und mir dann keine Zeit nehme, dem Schmerz Gehör zu schenken und ihn zu fühlen."

Ich erzähle dann, wie wir unsere Kinder anleiten, mit Trauer und Kummer fertigzuwerden, worauf meine Patienten oft antworten: „Ich hatte niemanden, der mich angeleitet hat, mit meinem Kummer und meiner Trauer umzugehen." Die meisten Menschen hatten nie jemanden, der ihm dabei geholfen hat. Wir leben in einer Kultur emotionaler Analphabeten. Wir konzentrieren uns auf Fakten und Informationen der linken Gehirnhälfte, auf Leistung und Ergebnisse. Dabei ignorieren wir komplett, wie wertvoll es ist, unsere Gefühle zu fühlen. Jemanden anzuleiten, mit Kummer und Trauer umzugehen, ist nicht schwer; aber dafür hätte es Eltern bedurft, die keine Angst vor ihrem eigenen Schmerz gehabt hätten, und in der Generation vor ihnen Eltern, die ihrerseits keine Angst vor ihrem Schmerz hatten. Und so weiter, über Generationen der Ahnenreihe wohlmeinender Menschen hinweg, denen beigebracht wurde, ihr weiches, am stärksten verletzliches Selbst zu verleugnen. In der heutigen Generation erleben wir eine Zunahme emotionalen Bewusstwerdens, was es uns ermöglicht, emotional intelligentere Kinder großzuziehen. Dieser Wandel muss mit Ihnen und Ihrer Bereitschaft beginnen, sich auf Ihren Kummer und Ihre Trauer einzulassen, damit Sie Ihrem Schmerz mit Liebe begegnen können.

Früher und alter Schmerz

Es gibt einen Raum in Ihrem Herzen, in dem die Traurigkeit wohnt. Jede einzelne traurige Geschichte lebt dort wie ein bewegungsloses, erstarrtes Lichtteilchen, das darauf wartet, dass Sie es sehen, umarmen, in eine Decke hüllen und ihm eine Tasse Tee reichen. Wenn Sie diesen Ort, an dem Ihre Traurigkeit zu Hause ist, mit Liebe besuchen, fangen die Lichtpartikel an zu schimmern und sich zu bewegen, ja sogar zu tanzen. Denn alles, auch unser Schmerz – insbesondere unser Schmerz! – will gesehen und geliebt werden.

Dieser Schmerz begleitet Sie schon sehr lange. Er mag aus einer Zeit stammen, als Sie noch nicht sprechen konnten oder an die Sie keine klaren Erinnerungen haben: der Schmerz des Neugeborenen, das aus dem Mutterleib gerissen wird; der Schmerz eines Babys, das versucht, sich an der Mutterbrust festzusaugen, die ihm zu früh weggenommen wird; der Schmerz eines Dreijährigen, der allein gelassen wurde, bevor er dazu bereit war, alleine gelassen zu werden; der Schmerz darüber, nicht gehalten worden zu sein, als man es gebraucht hätte, oder darüber, zu viel oder auf die falsche Weise gehalten worden zu sein; der Schmerz darüber, gehänselt, verspottet und gemobbt worden zu sein; der Schmerz über die verflossene erste Liebe; der Schmerz eines gebrochenen Herzens.

Wahrscheinlich findet sich an dem Platz in Ihrem Herzen, an dem Ihre Traurigkeit zu Hause ist, eine Traurigkeit, die zwar die Ihre, aber dennoch nicht Ihre eigene ist: der generationenübergreifende, nicht ausgelebte Schmerz derer, die vor Ihnen da waren und die ihre Traurigkeit nicht in warme Decken gehüllt und mit einer Tasse Tee bedacht haben. C. G. Jung schrieb, dass wir das ungelebte Leben unserer Eltern und Großeltern leben, dass ihr Schmerz und ihre Ängste und ihre Sorgen, die keine Beachtung fanden, über Generationen hinweg weitergegeben werden und im Herzen des sensibelsten Kindes landen. Dieses Kind sind wahrscheinlich Sie. Sie können dies als Last empfinden oder als ein Geschenk, das darin besteht, in der Lage zu sein, sich des Schmerzes bewusst zu werden und die Wunder und die Möglichkeiten zu erleben, die sich daraus ergeben, dem Schmerz mit liebevoller Aufmerksamkeit zu begegnen. Jeder tanzende Schmerzpartikel, der in Poesie, Kunst, Tränen oder ein wachsendes Quäntchen Mitgefühl für andere verwandelt werden kann, ist ein Geschenk.

Wie sehr wir Schmerz und Kummer fürchten! Aber das müssen wir gar nicht. Wenn meine Söhne so heftig weinen, dass sie keine Luft mehr bekommen, und ich merke, wie sie versuchen, ihren Kummer zu verdrängen, nehme ich sie fest in den Arm und flüstere ihnen ins Ohr: „Es ist in Ordnung, traurig zu sein. Das ist nur Energie. Sie fließt durch dich hindurch. Ich bin bei dir. Ich bin für dich da."

Wenn wir die Nervenbahnen dahingehend neu vernetzen wollen, dass wir den Schmerz nicht mehr verdrängen, sondern uns auf ihn einlassen, bitte ich meine Patienten oft, eine Hand auf ihr Herz zu legen und laut zu sagen: „Ich möchte meine Gefühle fühlen. Ich bin bereit, meine Gefühle zu fühlen. Es ist unbedenklich und sicher, meine Gefühle zu fühlen." Dies sendet die Botschaft, dass Sie bereit sind, Ihre lebenslange Gewohnheit aufzugeben, Schmerzen zu verdrängen. Sie können dann zu sich selbst auf die gleiche Weise sprechen, wie Sie mit einem Kind reden würden: „Ich bin bei dir. Ich bin für dich da. Alles ist gut."

Wenn Sie innehalten und sich die Zeit nehmen, sich einem anderen Rhythmus zu öffnen, können Sie den Ort aufsuchen, an dem Ihr Kummer und Ihre Trauer zu Hause sind. Dort werden Partikel aufgetaut und schimmern im Licht. Wenn wir dann einen kleinen Fluss wortloser Tränen geweint haben, am nächsten Morgen aufwachen und nach dem Sturm einen Sonnenstrahl in der Seele spüren und unser Schritt von einer gewissen Leichtigkeit beflügelt wird, erkennen wir, dass der Ort, an dem der Kummer und die Trauer zu Hause sind, auch der Ort ist, an dem die Freude wohnt. Dann wissen wir, dass Trauer und Freude in derselben Kammer unseres Herzens leben. Wir erkennen, dass Trauer und Kummer nichts sind, wovor man sich fürchten muss, sondern dass sie der Weg zum Frieden sind, den wir alle suchen.

ÜBUNG

Erinnerungen und Glaubenssätze im Hinblick auf Schmerzen

Der erste und wichtigste Schritt, um die schwierigen Gefühle, die in unserem Herzen leben, zu spüren, besteht darin, sich Zeit für sie zu nehmen. Die Trauer ist wie ein eingeschüchtertes Tier, das durch den Menschen beherrscht wird: verletzlich, scheu, verängstigt durch das Tempo und den Lärm unseres schnellen und lauten Lebens. Um Kontakt aufzunehmen, müssen wir uns langsam und behutsam nähern – und mit dem echten Wunsch, zuzuhören und zu lernen.

Sobald Sie erwägen, Ihr Tempo zu drosseln und zu entschleunigen, könnte sich eine ganze Litanei von Gründen auftun, warum das leider unmöglich ist. Dann ist der innere Widerstand am Werk. Diesen müssen Sie unbedingt beim Namen nennen und angehen, wenn Sie mit Ihrer Heilung vorankommen wollen. Fragen Sie sich, ob Ihnen einer der folgenden Gründe bekannt vorkommt, aus denen Sie glauben, Ihr Tempo nicht drosseln zu können:

- Ich habe keine Zeit.
- Ich sollte vor allem für andere da sein.
- Gefühle sind nicht wichtig genug. (Oder: Ich bin nicht wichtig genug.)
- Es ist egoistisch, sich Zeit für sich selbst und für seine innere Arbeit zu nehmen.
- Ich sollte in der Lage sein, mit allem fertig zu werden. Es sollte nicht nötig sein, dass ich mir Auszeiten oder Zeit für mich selbst nehme.

Denken Sie daran: Wenn Sie sich keine Zeit dafür nehmen, Ihr tiefstes inneres Selbst zum Vorschein zu bringen, macht es sich auf andere Weise bemerkbar. Dann werden Sie von aufdringlichen Gedanken, Ängsten oder Burn-out heimgesucht. Sie machen weiter wie gehabt, funktionieren und lassen die Kerze an beiden

Enden herunterbrennen, bis Sie schließlich zusammenbrechen. So ein Verhalten ist nicht nachhaltig. Und dann nützen Sie auch niemandem mehr.

Wenn Sie bereit sind, einen Gang herunterzuschalten, sollten Sie sich einen ruhigen Ort suchen, über ausreichend Zeit verfügen und über Ihre erste Erinnerung daran nachdenken, als Sie Ihren Schmerz unterdrückt haben. Das könnte gewesen sein, als jemand dafür gesorgt hat, dass Sie sich geschämt haben, weil Sie zum Beispiel geweint haben. Es fielen Worte wie: „Finde dich damit ab." Es könnte gewesen sein, als Sie geweint haben und mit Ihren Tränen allein gelassen wurden. Vielleicht war es auch, als sich Ihre Eltern scheiden ließen und sich niemand Zeit genommen hat, um Ihnen zu helfen, mit Ihrem Kummer fertigzuwerden. Erlauben Sie sich eine gemeinsame Zeitreise mit Ihren liebevollen inneren Eltern zurück zu diesem Erlebnis. Beschreiben Sie die Erfahrung detailliert in Ihrem Tagebuch. Benennen Sie die Botschaften, die Sie dabei über Ihren Schmerz erhalten haben. Stellen Sie sich nun vor, wie Ihre liebevollen inneren Eltern Ihr junges Ich in die Arme nehmen. Hören Sie zu, was sie sagen. Was hätten Sie sich gewünscht? Was hätte ein Erwachsener in diesem Moment Ihres tiefen Schmerzes sagen oder tun sollen? Was auch immer es ist, stellen Sie sich jetzt vor, wie Ihre liebevollen inneren Eltern genau das tun und sagen. Auf diese Weise können wir unser verängstigtes, trauriges Selbst noch einmal in die Arme schließen. So heilen wir unsere Ängste von Grund auf und an der Wurzel.

Wie sich unverarbeitete Trauer in Ängste verwandelt

Jahrelang träumte ich jeden Frühling, dass ich bei meinen Großeltern war oder um deren Tod trauerte. Ich wachte mit dem Schweregefühl meiner unverarbeiteten und unausgesprochenen Trauer auf, die mir in den Knochen steckte. Wenn ich morgens nicht viel Zeit hatte, konnte ich mich nicht auf den Traum einlassen, sondern stürzte mich in die Bewältigung meiner täglichen Aufgaben: Ich kuschelte mit meinen Kindern, spülte den Katzennapf und füllte ihn mit frischem Futter, betrachtete den Schnee oder die Sonne in unserem Garten und bereitete das Frühstück vor. Die Geräusche des Tages setzten ein, die alltäglichen Aktivitäten nahmen mich in Beschlag und der Traum verlor sich im Äther jenes anderen Reiches.

Doch der Traum war keineswegs verschwunden. Er existierte unter der Oberfläche, schwamm im Strom der Psyche, die keine Worte hatte, in einer langsamen, stillen Welt der Trauer, des Herzschmerzes, des Verlustes und der Sehnsucht. Der Traum verschwand nicht einfach, nur weil ich mir keine Zeit für ihn nahm. Vielmehr schuf er eine Art gläserne Scheibe zwischen mir und meinen Lieben und verschloss die Blütenblätter meines Herzens. Er verharrte, wartete wie ein Kind, das Aufmerksamkeit benötigt. Und wenn ich mich nicht um meinen Traum kümmerte, machte er sich auf andere Weise bemerkbar, zum Beispiel indem er sich in Ängste verwandelte.

An einem solchen Morgen vor einigen Jahren ertappte ich mich dabei, wie ich der Angewohnheit von Asher, damals fünf Jahre alt, ständig an seinem Ohr zu zupfen, übermäßig viel Bedeutung beimaß. Wir wussten, dass er zu einer erhöhten Produktion von Ohrenschmalz neigte, aber mein mit Kummer beschwertes Herz ersann an diesem Morgen die Vorstellung, dass er einen geschwollenen Lymphknoten hatte, der als Vorbote für Kinderleukämie gilt. Ich war geistesgegenwärtig genug, um nicht sofort die gefürchtete Google-Recherche zu starten, aber ich machte mich mit dem bangen Gedanken auf den Weg zu meiner Yogastunde, dass etwas ganz und gar nicht stimmte. Bevor ich aus der Tür ging, vertraute ich meine Sorgen noch flüsternd meinem Mann an, der mich ansah, als wäre ich völlig durchgeknallt. Wir waren gerade erst mit Asher bei der routinemäßigen Vorsorgeuntersuchung gewesen und wussten, dass alles in Ordnung war. Aber mein ängstlicher Geist widersprach dem.

Beim Yoga angekommen, stellte ich mich auf meine Matte und atmete. Ich horchte in meinen Körper hinein und wurde mir der Ängste bewusst, meines verschlossenen Herzens, meiner fehlenden gedanklichen Klarheit und meiner nicht vorhandenen Freude, die normalerweise meine Seele erfüllten, wenn meine inneren Kanäle nicht von unverarbeiteten Gefühlen verstopft wurden. „Läuft bei der Arbeit irgendetwas schief? In meiner Ehe? Bei meinen Kindern? Empfinde ich Ashers häufige Gefühlsausbrüche als Belastung? Das muss es sein. Nein. Passt irgendwie nicht. Es kommt aus meinem Kopf.“ Ich atmete weiter, bewegte mich weiter, schwitzte weiter.

Und dann sah ich sie: Meine Großmutter, die ihre geliebten Rosen beschneidet. Sie steht auf dem Erdhügel im Garten ihres Hauses in Santa Monica, das mein Großvater gebaut hat. Der überwiegende Teil des Gartens ist sein Reich und beherbergt das ganze Jahr über Dutzende von Obst- und Gemüsesorten, aber für die Rosen ist sie zuständig. Ich bin einundzwanzig. Ich habe gerade das College abgeschlossen. Sie bringt mir alles Mögliche über die Rosen bei und zeigt mir, wo man sie zurückschneiden muss: „Direkt unterhalb des dritten Dorns." Sie schneidet eine gelbe und zwei rosafarbene Rosen ab. Eine gibt sie mir. Wir sind glücklich.

Zehn Jahre später stehe ich an demselben Rosenbeet, aber sie ist nicht mehr unter uns. Ich bin bei ihrer Trauerfeier. Im Garten drängen sich Freunde und Angehörige. Ich habe das Gefühl, als wäre mir ein Teil von mir weggenommen worden, den ich nie wieder zurückbekommen werde: ein Blütenblatt meines Herzens, in dem unsere Liebe aufbewahrt war.

Ich spüre den Schmerz in meinen Hüften, in den Zwischenräumen meiner Wirbelsäule, in meinem Atem. Er kommt zum Vorschein, wenn ich mein Tempo so weit entschleunige, dass ich die Erinnerungen aus meinem Körper herauslassen kann und sie dann wie Geister aufsteigen, die darauf warten, gesehen zu werden. Meine Großmutter wurde im März 2003 operiert, ein Eingriff, von dem wir dachten, er würde ihr Leben um einige Jahre verlängern. Meine ersten Worte an sie, als sie aus der Narkose aufwachte, lauteten: „Du wirst dein erstes Urenkelkind kennenlernen", denn nichts hätte ihr mehr Freude bereitet. Am Abend vor dem Pessach-Fest musste sie wieder ins Krankenhaus und wir aßen ohne sie. Es war ein ruhiges Festmahl. Mein Großvater, der bei Familienzusammenkünften normalerweise gesprächig und fröhlich war, saß zusammengesunken auf seinem Stuhl und sagte kein Wort. Drei Wochen später, am 22. April, wurden mein Mann und ich von einem Anruf geweckt, in dem uns mitgeteilt wurde, dass sie gestorben war. Ich schrie in mein Kissen und weinte angesichts eines Schmerzes, den ich bis dahin nicht gekannt hatte.

Der Körper merkt sich alles, deshalb tauchen meine Erinnerungen in jedem Frühjahr in meinen Träumen wieder auf. Es dauert immer ein paar Tage, bis ich mir dessen bewusst werde, was gerade geschieht. Wenn ich mir meine Trauer nicht vergegenwärtige und zulasse, dass ich nochmals über den Verlust meiner Großmutter weine, verwandelt sich die Trauer in

Ängste oder Reizbarkeit. Aber sobald sich die Schleusen öffnen und ich erlaube, dass meine Tränen meine Seele reinwaschen und mich mit der großen Liebe verbinden, die ich für meine Großmutter empfinde, verschwinden meine Ängste und meine Reizbarkeit.

Als ich an diesem Tag vom Yoga nach Hause kam, umarmte ich meine Kinder liebevoll. Und mir war völlig klar, dass Asher gesund war.

Stellen Sie sich Ihren Ängsten

Trauer und Traurigkeit sind nicht die einzigen Gefühle, denen wir aus dem Weg gehen. Wir versuchen, jedem unangenehmen Gefühl zu entkommen, auch der Furcht vor bestimmten Dingen, die sich ebenfalls in Ängste verwandeln kann. Es kann sogar passieren, dass wir unser ganzes Leben lang vor der Furcht weglaufen. Wir flüchten vor dem Bären, der uns im Traum verfolgt. Wir versuchen, dem vagen Gefühl des Unbehagens zu entkommen, das uns zu begleiten scheint, wenn wir allein sind, ganz in Stille, fernab von den Ablenkungen durch Menschenmengen und Lärm. Wir meiden die Dinge, die uns am meisten Furcht einflößen, sei es das Fliegen, das Reden vor anderen in der Öffentlichkeit oder eine intime Beziehung.

Es ist ganz natürlich, vor dem, was einem Angst macht, zu fliehen. Reiner Instinkt veranlasst uns, vor wilden Tieren und bedrohlichen Orten, die im Verborgenen des Bewusstseins lauern, davonzulaufen. Man könnte sagen, dass es der ureigenste Instinkt aller Spezies ist, sich im Angesicht von etwas, das Angst macht, zu verstecken oder das Weite zu suchen. Aber interessanterweise besteht einer der Wege zur emotionalen Freiheit darin, sich den inneren Dingen, die einem am meisten Furcht einflößen, zu stellen.

Als ich vor einigen Jahren an einem Traum-Workshop mit dem Traumtherapeuten Jeremy Taylor teilnahm, war einer der faszinierendsten Aspekte, mit denen wir uns befassten, wie uns unser Unbewusstes – durch das Geschenk, das unsere Träume darstellen – dazu auffordert, uns unseren Ängsten zu stellen. Eine Frau erzählte von einem archetypischen Traum, in dem sie von einem Bären verfolgt wurde. Die Teilnehmer des Workshops, von denen die meisten sich gut mit Traumdeutung auskannten, ermutigten sie, mit dem Bären in einen aktiven imaginären Dialog zu treten und ihn zu fragen, was er wolle. „Was möchtest du mir mitteilen?" oder „Was kann ich für dich tun?" sind wichtige Fragen, die wir den „Furcht einflößenden" Figuren in unseren Träumen stellen können. Auch wenn es für das Ego paradox klingen mag, besagt die Theorie, dass wir, wenn wir aufhören, vor den Gestalten wegzulaufen, erkennen, dass sie in Wahrheit da sind, um uns zu helfen.

Jeremy Taylor schildert in seinem Buch *The Wisdom of Your Dreams* einen faszinierenden wiederkehrenden Traum, der dies recht treffend veranschaulicht. Darin wird ein Mann von einem Feuer speienden Drachen verfolgt. In einem Moment der Klarheit dreht er sich um und fragt den Drachen, warum er ihn immer wieder so in Angst und Schrecken versetzt. Der Drache antwortet daraufhin telepathisch: „Ich bin deine Nikotinsucht!"

Das ist die große Erkenntnis. Daraufhin verändert sich der Drache und wirkt plötzlich freundlicher. Fast wie ein großes, vertrautes Haustier, das schon immer da war. Jedenfalls ist er ganz sicher keine Bedrohung mehr.

Mit der neu gewonnenen Klarheit kann der Mann das Ungeheuer (das keins mehr ist) noch genauer betrachten. Es ist komplett mit einem klebrigen, braunen Schleim überzogen, und aus allen Körperöffnungen und zwischen den Schuppen quillt giftiger, stinkender Rauch hervor. Er ekelt sich, tritt ihm entgegen und sagt entschlossen: „Hau ab! Ich will dich nicht mehr in meinem Leben!"

Nach dem Aufwachen ist das Bedürfnis des Mannes, eine Zigarette zu rauchen, komplett verschwunden. Aber nicht nur das: Auch das Bedürfnis nach „Gesellschaft", das ihm das Rauchen in gewisser Weise immer erfüllt hatte wie ein treuer Begleiter, ist nicht mehr da. Seitdem ist der Mann tatsächlich Nichtraucher.

Diese Geschichte bringt uns zur Frage: Sind unsere Ängste in Wahrheit verkappte Gehilfen? Wenn Sie sich je Ihrer Angst gestellt haben, wissen Sie, dass wir oft am meisten reifen, wenn wir uns direkt ins Zentrum des Angststurms begeben; dass wir, wenn wir durch die Angst hindurchschreiten, tatsächlich oft unmittelbar ein Gefühl des Göttlichen empfinden. Da wir auf der Suche nach einer Vision nicht mehr allein in den Wald geschickt werden, stelle ich mir vor, dass Angst und vor allem Panik das Trainingsgelände des modernen spirituellen Kriegers sind. Das bedeutet, dass jeder Angstmoment – insbesondere die Momente, in denen wir mit unseren schlimmsten Ängsten konfrontiert sind – eine Gelegenheit bietet, unsere Fähigkeit zu lieben zu stärken. Daraus folgt, dass wir jedes Mal, wenn wir das Tor der Angst oder Panik durchschreiten können, auf der anderen Seite unser wahres Selbst entdecken.

Elementare menschliche Gefühle: Langeweile und Einsamkeit

Langeweile

Meine Kinder sagen mehrmals in der Woche zu mir: „Mir ist langweilig."

Meine Antwort lautet immer gleich: „Gut."

„Warum ist das gut?", fragen sie dann.

„Weil Langeweile zum Leben dazugehört. Genauso wie Einsamkeit, Traurigkeit, Glück, Aufregung, Frustration und Enttäuschung. Wenn man zulässt, dass man sich langweilt, wird daraus etwas Neues hervorgehen."

Durch die zunehmende Nutzung von Technologien, die jeden inaktiven oder langweiligen Moment mit Reizen füllen, ist unsere Fähigkeit, Langeweile zu ertragen, am Aussterben. Doch genau wie das Briefeschreiben und das Lesen echter Bücher (im Gegensatz zu digitalen Büchern) ist dies eine Fähigkeit, die ich meinen Kindern vermitteln möchte, damit sie ohne das Bedürfnis aufwachsen können, ihre Langeweile mit technischen Geräten zu überbrücken (oder mit den verschiedenen Stimulanzien, die ihnen als Erwachsene zur Verfügung stehen werden: Essen, Alkohol, Drogen, Geld ausgeben, Sex).

Wenn ich nicht überstürzt versuche, ihre Langeweile zu vertreiben, sondern sie stattdessen eine Weile darin ausharren lasse, fällt ihnen ausnahmslos immer etwas Kreatives ein, mit dem sie sich beschäftigen können. Ich erinnere mich an ein bestimmtes Mal, als mein jüngerer Sohn auf seinem Bett lag und sich ein Feenhaus ansah, das er sich einige Monate zuvor von seinem Geburtstagsgeld gekauft hatte. Er sagte, es sei ja so langweilig. Es war ein nett anzusehendes Keramikhäuschen, das mit schönen Farben und interessanten Mustern verziert war, aber es „machte" nichts Spektakuläres.

Doch dafür war es auch nicht bestimmt. Das Feenhaus war dazu da, Kinder zu animieren, sich auf ein Kunstobjekt einzulassen und es vielleicht dafür zu verwenden, etwas Imaginäres zu spielen. Ich habe auf seine Bemerkung nicht viel erwidert. Stattdessen beschäftigte ich mich still mit meinen eigenen Dingen, blickte hin und wieder auf und beobachtete, wie sich seine Langeweile im Hinblick auf das Feenhaus in Neugierde verwandelte. Er tippte es an und drehte es zu allen Seiten. Er hielt es in der Hand und berührte einzelne Stellen. Ich hatte keine Ahnung, was im Kopf meines achtjährigen Sohnes vor sich ging, aber das war auch nicht wichtig. Wichtig war nur, dass er von sich aus die Brücke von der Langeweile zur Beschäftigung mit etwas fand. Die Erkenntnis, dass er Langeweile ertragen konnte, fügte sich in das Puzzle seiner Psyche ein. Innerhalb von zwanzig Minuten hatte sich sein Fokus geändert und er erzählte mir, was ihm durch den Kopf ging, während er mit dem Feenhaus spielte: „Mami, das Haus ist hohl, da hätte man doch die Tür aufmachen können. Dann hätte es mehr Spaß gemacht. Warum sind die Fenster getönt? Es macht mir Spaß, mich hinzulegen, das Häuschen auf meine Brust zu stellen und so zu tun, als wäre ich winzig klein und das wäre mein Feenhaus. Ding-dong. Ist jemand zu Hause? Hallo!“

Das war der Gedankenstrom eines Geistes, der frei genug war, um durch die Weiten einer imaginären Welt zu streifen. Es war ein Geist, der nicht von Technologien eingeengt wurde, und eine Seele, die genug Raum zum Träumen hatte. Dieses Herz war noch nicht durch den Ansturm von Beleidigungen und Gemeinheiten verhärtet, die in den meisten gängigen Medien zu finden sind. Seine Worte zeigten, wer wir alle hinter unseren Abwehrmechanismen, den aufdringlichen Gedanken, den Sorgen und dem Grübeln sind: unser eigenes inneres Kind, das darauf wartet, befreit zu werden.

Weil wir, wie im vorigen Kapitel erwähnt, nicht gelernt haben, mit diesen unangenehmen Gefühlszuständen umzugehen, haben wir stattdessen gelernt, unseren Geist damit zu beschäftigen. Im Folgenden ein Beispiel von einem Patienten, das zeigt, wie das unangenehme Gefühl der Langeweile zu einem aufdringlichen Gedanken mutiert: „Mindestens ein Dutzend Mal am Tag kommt mir der Gedanke: Ich will ein anderes Leben. Mit anders meine ich ein Leben ohne meinen Mann, dafür aber mit einem Fantasietypen, bei dem ich mich lebendig und wertgeschätzt fühle.“

„Wie reagieren Sie auf diesen Gedanken?“

„Normalerweise versuche ich, das Ganze mit einem Schuss Wahrheitswasser zu löschen, und sage mir zum Beispiel: ‚Ja, ja, das ist dein altes Single-Ich, das möchte, dass ich ihm nachtrauere. Und es ist in Ordnung, neidisch zu sein und sich ein anderes Leben zu wünschen.'“

„Wie funktioniert diese Reaktion?“

„Gar nicht.“

An diesem Punkt erinnere ich meine Patientin daran, dass sie ihrem Singleleben schon oft genug nachgetrauert hat. Wenn dies das erste Mal wäre, dass ich mit ihr darüber spreche, würde ich sagen: „Erledigen Sie Ihre Trauerarbeit. Schreiben Sie Ihrem Single-Ich Briefe und zelebrieren Sie damit irgendein Ritual (verbrennen, zerreißen, vernichten).“ Aber diese Patientin hat das alles schon hundertmal durchgemacht. Jetzt ist es an der Zeit, tiefer zu gehen, was bedeutet, dass sie den Gedanken nicht auf der Geistesebene begegnen darf. Nachdem wir den Gedanken mit kühlender kognitiver Wahrheit eingesprüht haben, kann das Problem, dass unsere Gedanken die Oberhand gewinnen, nicht mehr mit weiteren Gedanken bekämpft werden. Wir müssen tiefer gehen.

Ich führte diese Patientin durch die einzelnen Schritte, um sich von ihren aufdringlichen Gedanken zu befreien (siehe „Übung: Vier Schritte, um aufdringliche Gedanken aufzulösen“ in Kapitel 9):

„Der erste Schritt besteht darin, diesen Gedanken als aufdringlich zu benennen. Sobald Sie ihn benannt haben, haben Sie einen Abstand zwischen sich und ihm geschaffen. Sagen Sie sich etwas wie: ‚Das ist meine Fluchtfantasie. Sie entspricht nicht der Realität, auch wenn sie sich in diesem Moment so anfühlt. Ich stehe im Bann dieser Fluchtfantasie, weil ich das Chaos, das damit einhergeht, Mensch zu sein, nicht spüren will.‘ Und erinnern Sie sich immer wieder daran, dass wir dem Chaos, das damit einhergeht, Mensch zu sein, nicht entkommen können.“

„Wovor versuche ich denn zu fliehen?“, fragte meine Patientin.

„Vor Ihren Gefühlen. Nicht vor den Gefühlen, die mit Ihren aufdringlichen Gedanken verbunden sind und die Sie auf Ihren Mann projizieren, sondern vor Ihren eigentlichen, grundlegenden Gefühlen, die mit dem Menschsein einhergehen: Einsamkeit, Langeweile, Leere.“ (Wir hatten zuvor darüber gesprochen, dass sie ihr Leben in letzter Zeit als langweilig und leer empfand.)

„Also rührt diese ganze mentale Qual daher, dass ich nicht zulassen will, diesen einen Moment der Langeweile zu spüren?“, fragte sie mit mehr als nur ein wenig Skepsis in der Stimme.

„Erstaunlicherweise, ja. Zuzulassen, diesen Moment der Langeweile oder der Leere zu spüren, ohne ihm entfliehen zu wollen, ist schwieriger als wir denken. Wenn wir dieses Gefühl wirklich zulassen, erleben wir so etwas wie einen Todesmoment. Er dauert natürlich nicht an, und je mehr wir uns darin üben, in unsere schmerzhaften Momente hineinzuatmen, desto leichter fällt es uns, mit ihnen umzugehen. Aber wir müssen uns das wirklich antrainieren, denn es ist eine menschliche Gewohnheit und das Ergebnis kultureller Konditionierung, vor solchen Momenten zu fliehen. Und heutzutage gibt es unzählige Fluchtmöglichkeiten. Die Frage lautet also: Bin ich bereit, das mit dem Menschsein einhergehende Chaos zu akzeptieren?“

Die Übung besteht darin, die Ängste auslösenden Gedanken immer wieder zu benennen, dann einen Gang herunterzuschalten und sozusagen innerlich „zurückzuspulen“, bis man zu dem ursprünglichen Gefühl gelangt, vor dem man versucht hat zu fliehen. Es ist, wie meine Patientin sagte, nur schwer zu glauben, dass ein kurzer Moment der Langeweile dazu führen kann, dass man im Hamsterrad aufdringlicher Gedanken gefangen ist. Aber wenn Sie sich in Erinnerung rufen, wie sehr wir darauf konditioniert sind, emotionalem Schmerz aus dem Weg zu gehen, ergibt das Ganze Sinn. Die Wunde der Ängste führt uns in das Reich des Herzens, in dem wir die Möglichkeit haben, unser emotionales Bewusstsein weiterzuentwickeln, und zwar nicht nur für uns selbst, sondern für uns alle. Jeder Moment, in dem Sie Ihren schwierigen Gefühlen mit Wohlwollen und Freundlichkeit begegnen können, ist ein Moment des Friedens.

Einsamkeit

Einsamkeit ist ein weiteres grundlegendes menschliches Gefühl, das durch unsere verschiedenen Abhängigkeiten (einschließlich psychischer Abhängigkeit wie aufdringliche Gedanken) in den Hintergrund gedrängt wird. Da wir nicht lernen, die Einsamkeit zu tolerieren, bilden wir in unserem neuronalen System Gewohnheiten aus, die das Unbehagen, das mit dem Gefühl von Einsamkeit einhergeht, in dem Moment, in dem es auftritt, unterdrücken. Tatsächlich verabscheuen wir das Gefühl der Einsamkeit so sehr, dass die meisten Menschen sich nicht einmal dessen bewusst sind, wenn sie sich einsam fühlen, oder dass es normal ist, sich einsam zu fühlen. Eine Blogleserin kommentierte einen meiner Beiträge über Einsamkeit einmal folgendermaßen: „Das ist für mich gewissermaßen ein Aha-Erlebnis. Ich habe Einsamkeit, Langeweile und Leere immer als etwas Krankhaftes betrachtet. Vielleicht, weil ich diese Gefühle häufiger als die meisten Menschen empfunden habe. Mir wird immer das Herz schwer, wenn andere sagen: ‚So einsam wie jetzt habe ich mich noch nie gefühlt.' Dann denke ich: Geht es denn wirklich nur mir so?"

Nein, es geht nicht nur Ihnen so. Tatsächlich ist es in unserer Gesellschaft gar nicht möglich, sich nie einsam zu fühlen. Doch aufgrund unserer kulturellen Besessenheit, immer eine fröhliche Maske zu tragen, ist dies ein weiteres Tabuthema, über das niemand spricht. Befassen wir uns also jetzt mit dem Problem.

Es existiert eine fundamentale Einsamkeit, die Teil des menschlichen Wesens ist. Sie erscheint in den dunklen Winkeln der Nacht, wenn die Falten der Vorhänge und die Stuhllehnen Schatten werfen. Sie sickert kurz vor der Dämmerung ein, wenn der Nachmittag verebbt und der Abend noch nicht eingezogen ist. In bestimmten Situationen tritt die Einsamkeit besonders stark zutage: Feiertage, Übergangstiefs im Tages- oder Wochenablauf, Geburtstage. Häufig kommen dann Schamgefühle hinzu, die die Einsamkeit verstärken und Dinge sagen wie: „Alle anderen amüsieren sich gerade. Alle anderen haben eine Familie und erleben etwas Schönes, und ich bin allein." Oder: „Ich bin nicht allein – ich bin mit meiner Familie oder meinem Partner zusammen – und fühle mich trotzdem einsam." Einsamkeit ist die Zwillingsschwester der Trauer und des Kummers, und die beiden erscheinen oft Hand in Hand auf unserer Türschwelle. Wenn Sie tief genug in die Einsamkeit hineinatmen, bricht der Damm, der Ihre Trauer zurückgehalten hat, und die Ströme der Erinnerung brechen sich Bahn. Der erste Liebeskummer. Die Scheidung der Eltern vor langer Zeit. Eine Freundschaft, die zu Ende gegangen ist.

Aber die Einsamkeit kommt oft zuerst, sie steht mit einem Strauß verwelkter Blumen da und bittet nur um eines: hereingebeten zu werden. Die

Einsamkeit taucht auf wie eine hohle Stelle im Körper, im leeren Raum, wo Zwerchfell und Magen aufeinandertreffen. Einsamkeit ist der Raum ohne Atem. Einsamkeit ist die Zeit, in der Sie allein auf Ihrem Bett geweint haben und niemand kam, um Sie zu trösten.

Es gab eine Zeit, in der Sie dem Einssein mit einem anderen Menschen so nahe waren wie nur irgend möglich, nämlich als Sie im Bauch Ihrer Mutter heranwuchsen, aßen, was sie aß, rochen, was sie roch, und sich bewegten, wenn sie sich bewegte. Aber selbst damals gab es eine Fruchtblase, die eine definierbare Grenze zwischen Baby und Mutter bildete. Es existiert noch immer eine Blase. Wir können sie nicht mehr sehen, aber diese weiße, glitschige Blase der Abgrenzung umgibt uns nach wie vor. Wir sind dazu bestimmt, uns einsam zu fühlen. Das gehört zum Menschsein dazu.

Es ist wichtig, dies zu wissen, damit wir nicht dem Irrtum erliegen zu denken, es sollte anders sein. Die uns prägende Kultur vermittelt uns sowohl offen als auch verdeckt, dass es anders sein sollte; dass man, wenn man abnimmt oder in diesem oder jenem Haus lebt oder dieses oder jenes Baby mit diesem oder jenem Partner bekommt, gegen Einsamkeit gewappnet ist. Aber so ist es nicht.

Es gibt keinen Partner auf der Welt, der einen vor Einsamkeit schützen kann. Das ist nicht die Funktion von Liebe.

Es gibt keinen Freund auf der Welt, der einen vor Einsamkeit schützen kann. Das ist nicht der Grund, aus dem man eine Freundschaft eingeht.

Es gibt kein Kind auf der Welt, das einen vor Einsamkeit bewahren kann. Das ist nicht Sinn und Zweck des Elternseins.

Es gibt nur ein Mittel gegen Einsamkeit: sich mit ihr anzufreunden. Wenn wir uns mit der Einsamkeit anfreunden – indem wir den Glauben ablegen, dass wir sie nicht fühlen sollten, und uns von der Vorstellung verabschieden, dass andere Menschen mit ihren Familien und Freunden gegen Einsamkeit immun sind –, heißen wir sie willkommen. Wir begegnen der Einsamkeit wie jedem anderen Gefühlszustand und werden neugierig auf ihre Geschichten. „Einsamkeit", sagen wir vielleicht, „erzähl mir von dir. Was für eine Farbe hast du? Wie bist du geformt? Welche Geschichten aus meiner Vergangenheit stecken in den Fäden, aus denen du gewebt bist?"

Sobald man die Einsamkeit in sein Inneres einlädt, ändert sie ihren Grundtenor. Das Paradoxe daran ist: Wenn wir uns ihr zuwenden, ändert sie ihre Form. Sie ist immer noch da, in der Hülle unseres Körpers, aber sie verliert ihren Stachel. Sobald man die Einsamkeit über die Schwelle lässt, wird sie sanftmütiger – so wie ein wütendes Kind, das sich beruhigt, sobald es von seiner Mutter in die Arme genommen wird. Neugier ist der Zaubertrank, der sie verwandelt, und Kreativität ist die Medizin, die sie ans Licht bringt.

Auf der anderen Seite der Einsamkeit steht das Alleinsein. Wenn Sie sich auf die Einsamkeit einlassen, ohne gegen sie anzukämpfen, wird sie Ihnen die Hand reichen und Sie zu endlosen Gesprächen einladen. Sie wird Sie die grasbewachsenen Pfade und die schwach beleuchteten Kopfsteinpflasterstraßen entlangführen, die das Labyrinth Ihrer Seele bilden. An diesem Ort gibt es keine Einsamkeit mehr. Sie sehnen sich nicht mehr nach jemandem, der neben Ihnen auf der Bank sitzt, denn Sie befinden sich an jenem zeitlosen Ort, an dem Kreativität und Fantasie Sie auf ihre eigene Weise verzaubern. Wenn Sie sich einmal fallen gelassen haben, werden Sie feststellen, dass Sie sehr lange an diesem Ort verweilen könnten. Und wenn Sie Ihren Bedürfnissen Rechnung tragen, werden Sie entdecken, dass Sie Ihr Leben, Ihren Partner, Ihr Kind und Ihre Freunde durch eine ganz andere Brille sehen. Sie sind nicht mehr da, um Ihnen Erfüllung zu verschaffen, sondern sie dienen als Gefäße, in die Sie Ihr Licht gießen können. Die Erfülltheit des Selbst führt zur Erfülltheit der Liebe. Wir durchschreiten die Türen, die uns Angst einflößen, und finden uns auf der anderen Seite wieder – mit einem Strauß leuchtender Blumen.

11
SEHNSUCHT

Wenn die Lippen schweigen,
hat das Herz hundert Zungen.

RUMI
The Book of Love: Poems of Ecstasy and Longing

Genauso wie die Angst ist auch die Sehnsucht ein Bote, und weil sie so oft missverstanden und für bare Münze genommen wird, gebührt ihr ein eigenes Kapitel. Normalerweise empfinden wir Sehnsucht als ein Verlangen nach mehr – mehr Geld, mehr Kinder, mehr Spannung, mehr Verbundenheit. Wenn wir dieses „Mehr" nur oberflächlich interpretieren, entgeht uns die Weisheit, die hinter der Sehnsucht steckt. Sehnsucht ist ein Signal, das auf unerfüllte Bedürfnisse, unverarbeiteten Kummer und unerfüllte Träume hinweist. Sie stellt somit eine Einladung dar, unsere Beziehung zu jedem der vier Reiche des Selbst zu vertiefen. Genau wie unsere Ängste führt uns die Sehnsucht in Richtung Ganzheit. Sobald wir sie auf unserem Radar haben und aufhören, sie beim Wort nehmen, können wir beginnen, ihre Botschaften zu entschlüsseln. Dafür müssen wir lernen, zwischen Ur-Sehnsucht und sekundärer Sehnsucht zu unterscheiden.

Ur-Sehnsucht versus sekundäre Sehnsucht

Über Sehnsucht wird genauso wie über Ängste nur selten gesprochen, und sie wird zutiefst missverstanden. Sehnsucht wird fast ausschließlich im Zusammenhang mit Sex und unerwiderter Liebe erwähnt. Aufgrund der in unserer Kultur verankerten Obsession für die romantische Liebe (siehe

Kapitel 15) gehen wir davon aus, dass Sehnsucht, sobald sie sich im Herzen bemerkbar macht, etwas mit Liebe zu tun hat. Doch die Sehnsüchte, von denen mir meine Patienten berichten, gehen in eine ganz andere, viel interessantere Richtung. Sie sagen:

- Ich sehne mich nach einem Baby.
- Ich sehne mich nach einem Partner.
- Ich sehne mich nach meiner Mutter.
- Ich sehne mich nach meinem Vater.
- Ich sehne mich nach den Eltern, die ich nie hatte.
- Ich sehne mich nach meiner Kindheit zurück.
- Ich sehne mich nach einem Haus.
- Ich sehne mich nach Gemeinschaft.
- Ich sehne mich nach einer besten Freundin.
- Ich sehne mich nach Gott (oder nach Spiritualität, einer Verbindung zu etwas Höherem, was auch immer für Sie passt).
- Ich sehne mich nach einem anderen Klima.
- Ich sehne mich nach einer anderen Stadt.
- Ich sehne mich danach, Single zu sein.
- Ich sehne mich danach, mich lebendig zu fühlen.
- Ich sehne mich danach, verliebt zu sein.
- Ich sehne mich danach, Verlangen zu spüren.

Woraus setzt sich das Lied der Sehnsucht zusammen? Aus welchen Noten besteht die Melodie, die unsere Seele berührt wie ein grandioses Musikstück, das aus den Tiefen unseres Selbst aufsteigt und unsere Aufmerksamkeit auf sich zieht, bis wir gebannt zuhören?

Solange wir ihren Code nicht entschlüsselt und ihre Sprache nicht gelernt haben, bleibt es uns ein Rätsel, wie wir unseren Sehnsüchten begegnen können. Oft verwechseln wir die Ur-Sehnsucht mit der sekundären Sehnsucht. Die Ur-Sehnsucht lenkt unsere Aufmerksamkeit auf ein echtes inneres Bedürfnis, das uns, sobald es gestillt ist, eine neue Richtung weisen oder eine neue Erfahrung im Leben ermöglichen kann. Die sekundäre Sehnsucht birgt Spuren der Ur-Sehnsucht, die entschlüsselt werden müssen, damit wir nicht irgendwelchen Signalen folgen, die uns in eine falsche Richtung führen.

Zum Beispiel ist die Sehnsucht nach Spiritualität eine Ur-Sehnsucht. Wenn wir diese Sehnsucht spüren, gibt es nichts zu entziffern oder zu entschlüsseln. Wir müssen einfach nur zuhören und lernen, wie wir eine stärkere Verbindung zum Spirituellen in unser Leben bringen können. Wenn meine Patienten in einer Kirche sitzen und die Sehnsucht beschreiben, die in ihnen aufsteigt, wenn sie der Musik lauschen und sich in der Gemeinschaft zusammenfinden, ist das eine gesunde Ur-Sehnsucht, die ausdrückt: „Das nährt meine Seele. Ich brauche mehr davon. Hör zu."

Die Sehnsucht nach dem Vater hingegen ist in erster Linie eine sekundäre Sehnsucht. Wenn man nicht mit einer gesunden, liebevollen Vaterfigur aufgewachsen ist, entsteht die Sehnsucht danach oft erst im Erwachsenenalter. Sie kann, wenn sie nicht verarbeitet wird, bei einer Frau dazu führen, dass sie Beziehungen mit älteren Männern eingeht, um ihre Sehnsucht nach dem eigenen abwesenden Vater zu befriedigen. Das funktioniert nie und verstärkt die Sehnsucht nur noch mehr. Entschlüsselt man diese sekundäre Sehnsucht, gelangt man zum Kern der eigentlichen Sehnsucht, die sowohl die Sehnsucht nach Spiritualität als auch die Sehnsucht nach einem eigenen klaren, männlichen, inneren Vater umfassen kann – also nach dem Teil von Ihnen, der in der Welt Entscheidungen treffen, Grenzen setzen und Pläne ausführen kann.

Das Gleiche gilt für die Sehnsucht nach der Mutter. Viele Menschen, die von einer narzisstischen Mutter großgezogen wurden, leiden an einem Muttertrauma, das sie dazu veranlasst, nach Ersatzmutterfiguren zu suchen oder ihre unverarbeiteten Gefühle hinsichtlich dieser Urbeziehung auf ihren Partner zu projizieren. Wenn wir die Sehnsucht aufschlüsseln und die erlittene Verletzung an ihrem Kern untersuchen, stoßen wir in ihrem Zentrum auf Trauer: die Trauer darüber, keine Mutter gehabt zu haben, die unsere Bedürfnisse an erste Stelle gesetzt hat. Diese Trauer erfordert Aufmerksamkeit. Darüber hinaus gilt es, eine nachhaltige, tägliche Beziehung sowohl zur „Großen Mutter" – durch die Natur und durch aktive Vorstellungskraft – aufzubauen als auch zur eigenen inneren Mutter. Das ist der Teil von Ihnen, der sich mitfühlend und sanft um Sie kümmert. Wenn Sie nur der Ur-Sehnsucht folgen, entgeht Ihnen die tiefere Ebene, die Sie zu Heilung und Reifung führen kann.

Wir können die zu Beginn dieses Kapitels aufgeführte Liste der Sehnsüchte auf dieselbe Weise aufschlüsseln. Einige der Sehnsüchte – zum Beispiel die Sehnsucht nach einem Baby – umfassen sowohl eine Ur-Sehnsucht als auch eine sekundäre Sehnsucht. Wenn eine Frau sich nach einem Baby sehnt, müssen wir dies wörtlich nehmen, denn Mutter zu werden, ist für viele Frauen eines der elementarsten Bedürfnisse. Aber falls es nicht zu einer schnellen Empfängnis kommt, sollte sie diese intensive Sehnsucht in ihre einzelnen Komponenten zerlegen. Dabei entdeckt sie oft eine Sehnsucht nach eigener Ganzheit und ein Bedürfnis, sich mit einer Fruchtbarkeit zu verbinden, die darin besteht, eine rundum kreative Frau zu sein – eine Fruchtbarkeit, die über den Kinderwunsch hinausgeht.

Wenn wir uns mit ganzer Kraft für die Liebe einsetzen wollen, müssen wir den Mut aufbringen, all unseren Gefühlen mit Zärtlichkeit und Neugier zu begegnen. Dabei sollten wir verstehen, dass unsere Gefühle ihren Ursprung in unserem Inneren haben und daher auch alle mit ihnen zusammenhängenden Probleme in unserem Inneren gelöst werden können. Eine kulturell bedingte Gewohnheit ist, das sinkende Schiff zu verlassen, wenn Sehnsucht aufkommt, und dem Glauben zu verfallen, dass die Antworten „da draußen“ zu finden sind. Wir bleiben jedoch auf Kurs und wenden uns nach innen, um die wahre Quelle unserer Sehnsucht zu entdecken.

Die Sehnsucht birgt Weisheit in sich, eine Botschaft aus der Unterwelt der Psyche, die gehört werden möchte. Wenn wir das, was unsere Sehnsucht uns sagt, wörtlich nehmen, begeben wir uns oft auf eine aussichtslose Suche, die von zunehmenden Ängsten begleitet wird und in Verzweiflung gipfelt. Wir sollten jedoch lernen, die Impulse der Psyche als Botschaften aus der Unterwelt zu lesen. Dabei nutzen wir das Urbild der Persephone, der Göttin, die zwischen den Welten des Sichtbaren und des Unsichtbaren wandelt. Wir werden selbst zur weisen Frau oder zum weisen Mann, wir werden unser eigenes Orakel, das uns den Weg weist, ohne dass wir Antworten bei anderen sogenannten Experten suchen müssen. Denn in den Botschaften der Sehnsucht, die zum Beispiel die Form von Ängsten oder aufdringlichen Gedanken annehmen können, sind Perlen der Weisheit enthalten. Diese können uns, wenn wir sie entschlüsseln, auf unseren eigenen Weg der Selbstermächtigung führen, auf dem wir tief in uns wissen, was wir wissen müssen. Auf ihm entdecken wir, was unsere Aufmerksamkeit benötigt: den unbewältigten Verlust und die ungelebten Leben.

Die Leben, die wir nie leben werden

Wir leben nur einmal, und auf dem Weg durch dieses Leben treffen wir Entscheidungen, die allein schon per Definition durch diese Festlegung andere Entscheidungen ausschließen und unmöglich machen. Die nicht eingeschlagenen Wege und die nicht gelebten Leben bedürfen unserer Aufmerksamkeit, denn andernfalls legt sich in der Lagerhalle unserer Psyche eine Staubschicht nach der anderen auf sie, und sie machen sich in Form von großen Angstausbrüchen und den damit einhergehenden Symptomen bemerkbar.

Mir wurde das vor einigen Jahren plötzlich vor Augen geführt, als ich meinen Sohn von seinem Töpferkurs abholte und ein Gespräch mit einer der anderen Mütter anfing. Sie hatte zwei Töchter, die ebenfalls an dem Kurs teilnahmen, und ich stellte ihr die üblichen Fragen: „Wie alt sind die beiden denn? Wo wohnt ihr?“ Die Mädchen holten ihre Mäntel aus der Garderobe und irgendetwas an der Art, wie sie miteinander scherzten, löste in mir einen kleinen, fast unmerklichen Anflug von Sehnsucht aus. Ich hätte den Impuls ganz einfach verdrängen können, doch ich tat es nicht. Als wir in die eisige Luft traten und unsere Stiefel im Schnee knirschten, stieg der folgende Gedanke in mir auf: „Ich werde niemals Töchter großziehen.“

Es war nicht das erste Mal, dass diese Sehnsucht in mir aufkam. Als wir wussten, dass unser zweites Kind ebenfalls ein Junge werden würde, habe ich gleichzeitig gefeiert und getrauert. Ich hatte mir immer eine Tochter gewünscht, und nachdem unser erster Sohn geboren war, hatte ich immer noch die Hoffnung, dass unser zweites Kind ein Mädchen werden würde. Aber dem war nicht so, und als ich an jenem Tag im Bett lag, nachdem ich das Geschlecht unseres ungeborenen Babys erfahren hatte, wurde mir auch bewusst, dass ich niemals eine Tochter haben würde. Ich kann mich nicht erinnern, ob ich geweint habe. Ich erinnere mich aber sehr wohl daran, dass mir im Kopf die Worte „Ich bin die Mutter von zwei Söhnen“ herumspukten und ich versuchte, mich darauf einzustellen. Aber seitdem habe ich meine Tränen nicht mehr unterdrückt, denn ich weiß, dass man erst durch Trauern in der Lage ist, etwas zu akzeptieren.

Da ich mich nach dem Töpferkurs um meine Kinder kümmern musste, legte ich die Sehnsucht unter „S“ in meiner Seelen-Kartei ab und vertraute darauf, dass sie in einem ruhigeren Moment wieder hochkommen würde. Dann würde sie die nötige Aufmerksamkeit erhalten.

Später an diesem Abend spürte ich, wie die Sehnsucht erneut in mir hochstieg, und mein Ego-Geist kreiste eine Weile in einer flüchtigen und sinnlosen Gedankenschleife, um dem nackten Gefühl der Sehnsucht zu entfliehen: „Was, wenn ich an dieser oder jener Stelle eine andere Entscheidung getroffen hätte?“ Dies war der offensichtlich vergebliche Versuch meines beschränkten Geistes, die Vergangenheit zu kontrollieren. Er wollte das verletzliche und unvorhersehbare Reich der Gefühle meiden, indem er mich in jenem Gedankengeflecht gefangen hielt, das als Sackgasse in einem Maschendrahtzaun endete. Ich verharrte dort jedoch nicht einmal eine Sekunde lang, bevor ich den Zaun öffnete und das Reich der Gefühle betrat, mich fallen ließ, hineinging, das Reich meines Kopfes verließ und in mein Herz atmete.

Dann überkam mich die Trauer. Mir war sofort klar, dass es nicht nur die Trauer darüber war, nicht erleben zu können, wie es ist, ein Mädchen oder Schwestern großzuziehen. Es war auch die Trauer darüber, kein drittes Kind bekommen zu haben. Wir hatten uns entschlossen, es bei zwei Kindern zu belassen, und obwohl diese Entscheidung für unsere Familie goldrichtig war, war da immer noch ein Schmerz, der mir von Zeit zu Zeit einen Stich versetzte. Und so bahnte er sich seinen Weg durch die Flüsse der süßen Trauer, die sich vom Herzen über die Seele bis hin zu den Augen schlängelten. Die Kapitulation vor dem reinen Schmerz ist immer süß. Wir bekämpfen ihn. Die tief verwurzelten Gewohnheiten einer anderen Ära oder eines anderen Lebensabschnitts leisten Widerstand gegen den Schmerz, aber sobald die Festung fällt, ist da ein Lächeln, das mit den Tränen verbunden ist. Süßes Loslassen, ein süßes Sich-Öffnen im Inneren, süße Tränen, die den Schmerz vertreiben und die Sehnsucht in Dankbarkeit verwandeln.

Es ist einfach, dem Irrglaube zu erliegen, dass auf Sehnsucht eine Handlung folgen muss: Wenn ich mich gelegentlich nach einem dritten Kind sehne, bedeutet das jedoch nicht, dass ich ein drittes Kind bekommen *muss*.

Und wenn ich mich nach einer Tochter sehne, bedeutet das nicht, dass ich eine Tochter bekommen *muss*. Es gehört zum Reifungsprozess, ein Gefühl auszuhalten, ohne sofort eine Lösung herbeizuführen. Wir sollten darauf vertrauen können, dass die Lösung erfolgt, ohne dass man etwas anderes tut, als Gefühle bewusst auszuhalten und ihnen Beachtung zu schenken. Wir ziehen auch fälschlicherweise den Schluss, dass jedes Gefühl, das wir empfinden, unumstößlich und umfassend wahr ist. Wir verstehen nicht, dass wir Sehnsucht empfinden können, ohne dass dieses Gefühl der endgültigen Wahrheit entspricht. Mit anderen Worten: Ich kann mich sporadisch nach einer Tochter sehnen, aber die tiefere Wahrheit ist die, dass zwei Kinder – nämlich unsere *beiden* Jungen – unsere Familie komplett machen.

Die Herausforderung ist also immer dieselbe: Raum für den Schmerz zu schaffen, sich auf ihn einzulassen, ihn willkommen zu heißen, ihn zu lieben *und* sich auf das Schöne und die Dankbarkeit auszurichten. Das ging mir bereits vor Jahren auf, während ich neben meinem unglaublich liebenswerten Jungen (damals fast fünf Jahre alt) lag: dem Jungen, der jeden Tag dafür sorgt, dass ich das Gefühl habe, mein Herz würde vor Liebe explodieren, der meine Seele zum Singen bringt, der mich mit unvorstellbarer Freude erfüllt. Ich höre meine Patienten oft Dinge sagen wie: „Aber wenn ich es zulasse, dass ich mich nach [etwas anderem] sehne – bedeutet das nicht, dass ich [das, was ich habe, meinen Partner, mein Kind, meinen Elternteil] nicht mehr liebe oder schätze?“ Nein, das bedeutet es überhaupt nicht. Ein gereifter Geist kann mit den Polaritäten fertigwerden.

Tatsächlich ist die Fähigkeit, im Sinne des „Sowohl-als-auch“ zu handeln, ein Zeichen von Reife und ein wirksames Mittel gegen Ängste. Die Welt ist nicht schwarz-weiß. Der Ego-Geist glaubt, dass wir die Dinge besser unter Kontrolle haben, wenn wir jede Erfahrung in Kategorien einteilen. Wir können unsere Gewürze sortieren und unsere Kleidung ordnen, aber das Reich des Herz-Geists ist oft ein chaotischer Ort, der sich jeder Art von Kategorisierung entzieht. Das Beste, was wir tun können, ist, Raum für die scheinbaren Gegensätze zu schaffen, sie beide als wahr anzusehen und zugleich zu wissen, dass das eine das andere nicht ausschließt. Ich kann mich einen Moment lang nach einer Tochter sehnen und mich gleichzeitig voller Dankbarkeit über meine beiden Söhne freuen. Ich kann es mir erlauben, mich nach der Erfahrung zu sehnen, Töchter großzuziehen und gleichzeitig das Abenteuer genießen, die komplexen Strukturen der Beziehung meiner Söhne zueinander mitzuerleben (und Sie können mir glauben, dass ich darauf zähle, einmal Enkeltöchter zu haben). Ich kann trauern und mich freuen, verlieren und lieben, mich sehnen und dankbar sein. Es gibt Raum für alles.

Die Weisheit der Sehnsucht

Ich möchte noch eine Geschichte mit Ihnen teilen, wie es sich anfühlt, in den präsenten Schmerz der Sehnsucht hineinzuatmen und sich in ihre Weisheit zu versenken.

Vor einigen Jahren verspürte ich über mehrere Wochen hinweg jedes Mal, wenn ein teures Luxusauto an mir vorbeifuhr, eine subtile Sehnsucht. Die offensichtlich auf der Hand liegende Interpretation lautete, dass ich mich wohl nach einem besseren Auto sehnte, aber ich wusste sofort, dass das nicht der Fall war. Ich mache mir nichts aus Autos und bin mit dem praktischen, verkehrssicheren Auto, das ich fahre, rundum zufrieden.

Atme. Geh tiefer.

Meine zweite Interpretation lautete, dass ich mich vielleicht nach mehr Geld sehnte, eine Sehnsucht, die durch die Luxuslimousine repräsentiert wurde.

Nein, das ist es nicht. In finanzieller Hinsicht ist bei mir alles in Ordnung. Geh tiefer.

Meine dritte Interpretation lautete, dass ich mich nach mehr Stabilität sehnte. Am Steuer eines solchen Autos saß oft ein vornehmer Herr in den Siebzigern. Ich spürte den kribbelnden Schmerz der Sehnsucht nach dem Patriarchen unserer Familie, der die Dinge in die Hand nahm, nach jemandem, der unserem Familienstammbaum als solider Stützpfeiler Schutz bot und Weisheit vermittelte.

Wärmer. Wir nähern uns der Sache. Richte das Licht deines Bewusstseins direkt auf den Schmerz.

Und dann wurde mir alles klar. Es kam aus dem Kern meiner Seele, der Tiefe meines Herzens. Ich sehnte mich nach dem Zuhause meiner

Familie, trauerte um den Verlust des Hauses meiner Kindheit nach der Scheidung meiner Eltern. Ich sehnte mich danach, dass die ältere Generation mich in ihre Arme schloss und mir Essen machte; ich sehnte mich danach, mich von Älteren umsorgt zu fühlen, eingebettet in das große Netzwerk einer generationenübergreifenden Gemeinschaft.

Mir stiegen Tränen in die Augen. Ich atmete in den Kummer hinein, den meine Sehnsucht hervorrief. Da gab es nichts zu tun, nichts zu reparieren. Einige Tage später wurde mir eine weitere Weisheit zuteil, nämlich die lebensverändernde Einsicht, dass wir, mein Mann und ich und unser Zuhause, nun der Mittelpunkt der Familie waren. Das konnten wir anbieten, und mit diesem Angebot verringerte sich der Schmerz der Sehnsucht. Doch in dem Moment, in dem ihre Weisheit in mein Bewusstsein drang, verweilte ich einfach im sich auftuenden Schmerz, geläutert durch das Licht des Bewusstseins, anstatt meine Sehnsucht in meinem Inneren zu verschließen. Als ich erst einmal zu den Wurzeln des Schmerzes vorgedrungen war, verschwand die oberflächliche Sehnsucht vollständig.

Ich weiß nicht, warum die Psyche in Symbolen und Codes kommuniziert. Wäre es nicht einfacher, wenn wir uns selbst verstehen könnten, ohne detektivisch solche Botschaften entschlüsseln zu müssen? Ja, das wäre es. Aber dagegen zu argumentieren, wie die Psyche kommuniziert, ist genauso sinnlos, wie gegen die Realität zu argumentieren. Aus irgendeinem Grund sind wir nicht dazu bestimmt, direkt auf die Antworten auf die großen Fragen zu stoßen. Wir werden stattdessen dazu eingeladen, unsere Weisheit zu ergründen und unsere geheimen Codes zu verstehen, indem wir einfach nur in Ruhe Zeit mit uns selbst verbringen. Wir lernen, unsere verborgene Kommunikation zu lieben. Wie schon Pablo Neruda schrieb: „Ich liebe dich, wie man die dunklen Dinge liebt, heimlich, zwischen Seele und Schatten."

ÜBUNG

Neugierig auf die Sehnsucht werden

Wenn Sie das nächste Mal spüren, dass das Gefühl von Sehnsucht in Ihnen aufsteigt, seien Sie neugierig darauf, welche Botschaften sich dahinter verbergen. Fragen Sie sich, ob es sich um eine Ur-Sehnsucht oder um eine sekundäre Sehnsucht handelt. Beachten Sie, dass Ihr ängstlicher Geist sich dabei gerne an die offensichtliche Interpretation klammert, die Ihnen zuerst in den Sinn kommt und die er für bare Münze nehmen kann. Das führt nahezu immer dazu, Ihre Ängste zu verschlimmern. Stellen Sie sich stattdessen vor, dass Ihre Sehnsucht eine Hand ist und dass Sie, wenn Sie sie ergreifen, in die tieferen Ebenen Ihres Selbst geführt werden. Lassen Sie sich von Ihrer Neugier leiten und betrachten Sie die Geduld als Ihren Freund. Sie sind weniger auf der Suche nach Antworten als nach Wegweisern, und wenn Sie diesen Wegweisern folgen, werden Sie zu Ihrer Weisheit geführt. Dabei helfen Ihnen die folgenden Vorschläge:

- Sobald Sie spüren, dass Sehnsucht in Ihnen aufkommt, benennen Sie dieses Gefühl als Sehnsucht. Nehmen Sie wahr, wie es sich in Ihrem Körper anfühlt. Wo spüren Sie Sehnsucht? Wenn Sie sie mit einer Metapher oder einem Bild beschreiben könnten, wie sähe das aus?
- Leiten Sie Ihren Atem direkt in die Sehnsucht hinein. Stellen Sie sich vor, dass Ihr Atem sichtbar ist und Sie beobachten können, wie er sich um die Sehnsucht wickelt.
- Atmen Sie weiter tief und bewusst und fragen Sie sich: Welche eigentliche Sehnsucht verbirgt sich hinter dieser oberflächlichen Sehnsucht? Es kann einige Zeit dauern, bis Sie zum Kern vordringen. Aber Sie werden es an dem Aha-Gefühl in Ihrem Körper und dem Gefühl der Trauer erkennen, das sich einstellt, wenn Sie ihn gefunden haben.
- Lassen Sie die Gefühle auf sich wirken und verleihen Sie ihnen kreativen Ausdruck, wenn Sie sich dazu inspiriert fühlen: Zeichnen, malen oder tanzen Sie oder schreiben Sie ein Gedicht.

12
DAS REICH DER SEELE

Alles hat sich beschleunigt und ist überfüllt.
Daher ist alles, was uns entschleunigt und zur Geduld zwingt,
alles, was uns in die langsamen Kreisläufe
der Natur zurückführt, eine Hilfe.

MAY SARTON
Journal of a Solitude

May Sarton schrieb die obigen Zeilen im Jahr 1973. Wie viel schneller und wie viel überfüllter unsere Welt seitdem geworden ist! Eine der Schlüsselbotschaften, die in Ängsten eingebettet ist, ist ein Ruf der Seele, ein paar Gänge herunterzuschalten, Klarschiff zu machen und nach Hause zu kommen. Die Seele bewegt sich nicht im Rhythmus des Technologiezeitalters, sondern im Rhythmus der Natur, deren Tempo seit Anbeginn der Zeit konstant geblieben ist. Unter Ängsten zu leiden oder ein Gefühl der Benommenheit zu verspüren, sind deutliche Anzeichen einer ausgedörrten Seele. Es ist so, als würde die Seele sagen: „Ich kann mich nicht denken hören. Ich kann mich nicht verbinden. Ich kann nicht atmen. Bitte höre auf zu *tun* und fange an zu *sein*."

Die Quelle des Seins

Eines Morgens, als ich mich fertig machte, um zu einem Familientreffen aufzubrechen, kam mir der Begriff „Wohlsein" in den Sinn. Das ist ein Begriff, den man heutzutage oft hört, vor allem wenn man häufig Angebote nutzt, die einen gesunden Lebensstil fördern. Und ich dachte: „Wohlsein.

Eine Quelle des Seins. Wohlsein bedeutet, dass man in der Lage ist, auf eine *Quelle des Seins* in sich selbst zuzugreifen."

Es gibt kaum ein wirksameres Mittel, um Ängste zu neutralisieren, als sich auf die eigene Quelle des Seins einzulassen. Sie ist der stille Ort in Ihrem Inneren, an dem Sie in der Lage sind zu hören, wie die Geräusche Ihres Geistes zur Ruhe kommen und an dem Sie körperlich spüren können, wie sich Ihre Seele entspannt. Dies ist Ihr ganz eigener privater Rückzugsort, der jederzeit frei zugänglich ist. Er ist das, was die Buddhisten als Zuflucht bezeichnen, oft in Anspielung auf unsere Neigung, Trost in flüchtigen äußerlichen Objekten und Gegebenheiten zu suchen, statt in der beständigen inneren Welt. Diese Welt ist eine Quelle, deren Gewässer sich durch nährendes Nicht-Handeln füllt, auch bekannt als *Sein*.

Es gibt heutzutage so viele Möglichkeiten, unsere Zeit und unseren Raum zu füllen, endlose Ablenkungen, die uns mit einer magnetischen Anziehungskraft von unserer inneren Welt wegziehen. Alles, was Sie tun, um Ihr Selbst zu externalisieren, entzieht Ihrer Quelle des Seins das Wasser. Dazu gehört auch, Zeit in den sozialen Medien zu verbringen, um eine echte Verbindung zu sich selbst und zu anderen Menschen im realen Leben zu meiden; sich zu viele sinnlose Filme anzuschauen; sich damit zu beschäftigen, Aufgaben auf endlosen To-do-Listen abzuarbeiten; Süchten nachzugeben (einschließlich mentaler Süchte wie Grübeln, sich obsessiv mit etwas zu befassen und sich Sorgen zu machen); zu scrollen, zu klicken, Nachrichten in Messenger-Apps zu schreiben, exzessiv Serien anzusehen, zu spielen, zu posten.

Wir alle verbringen Zeit mit Aktivitäten, die unser Selbst externalisieren; wenn wir dies in ausgewogenem Maße tun, sind einige dieser Aktivitäten für eine andere Art von Wohlbefinden unerlässlich. Aber sobald das Sich-nach-außen-Richten das Sich-nach-innen-Wenden bei Weitem überwiegt oder die Externalisierung nicht täglich durch reale Zeit ausgeglichen wird, die wir auf gesunde und sinnvolle Art und Weise nach innen gerichtet verbringen, fordert dies seinen Tribut. Es entstehen vermehrt Ängste. Deshalb bedarf es eines festen Willens und eiserner Entschlossenheit zu lernen, wie man Bildschirme und andere externe Ablenkungsfaktoren abschaltet und sich ruhigeren, langsameren Dingen zuwendet.

Wie Sie Ihr Wohlsein steigern können, ergibt sich schon aus dem Begriff: Sie lernen, eine Beziehung zum *Sein* zu kultivieren. Sein bedeutet Nichtstun, und sogar noch mehr als das. Sie könnten sagen, dass Sie „nichts tun", wenn Sie ausgestreckt auf dem Sofa liegen und fernsehen. Das mag Ihnen zwar helfen, sich nach einem langen Tag zu entspannen, aber es füllt Ihre Quelle des Seins nicht mit nährendem Wasser. Für die meisten Menschen ist Fernsehen oder Surfen im Internet nicht einfach nur ein Mittel, um sich zu entspannen, sondern ein Weg, um sich sozusagen abzumelden, indem sie ihre innere Welt meiden.

Wahres *Sein* findet an einem ruhigen, stillen, oft einsamen Ort ohne Ablenkungen statt. Es ist eine weibliche Energie. Sie ist reflektierend und nach innen gerichtet und zeichnet sich durch Eigenschaften aus, die der Nacht, dem Mond, dem Wasser und der Dunkelheit zugeschrieben werden. Sie ist langsam, mitfühlend, sanft, neugierig und planlos. Sie ist sogar langsamer als langsam; sie ist zeitlos. Sie ist all das, woran es unserer modernen Welt und unserem modernen Selbst mangelt.

Um eine Quelle des Wohlseins zu schaffen, benötigen wir täglich, wöchentlich, monatlich und jährlich Momente, in denen wir uns zurückziehen. Manche nennen diese Zeitfenster der Einkehr auch Sabbat oder Ruhetag, was der ursprünglichen Absicht eines Wochenendes entspricht.

Der Rabbiner David A. Cooper schreibt in *Renewing Your Soul:* „Die moderne Zivilisation leidet chronisch darunter, dass ihre Seelen ausgehungert und anämisch sind. Die Weisen lehren uns, dass wir, wenn wir unsere Seelen nähren, eine neue Art von Glück und mehr Sinn im Leben erfahren werden. Sie sagen, dass wir die Natur klarer sehen werden und dass sich eine neue Welt des inneren Friedens öffnen wird. Wenn wir unsere Seele erneuern, wird sich unsere Einstellung zum täglichen Leben völlig verändern. Dazu muss man sich einfach nur Zeit nehmen, sein Tempo drosseln, sein Alltagsbewusstsein in Reiche höherer Erkenntnis verlagern und sich selbst das Geschenk der Reflexion und der Kontemplation machen."

Wie füllt man seine innere Quelle? Es gibt verschiedene Wege. Was bei jemand anderem funktioniert, funktioniert vielleicht nicht bei Ihnen. Aber tief in Ihrem Inneren haben Sie ein Gespür dafür, was Ihr Herz öffnet, was Sie mit dem tieferen Fluss der Lebenskraft oder der Vitalität verbindet. Sie haben ein Gespür für Orte und Aktivitäten, die Ihnen helfen, sich nach innen zu wenden, und die Sie mit einem Gefühl der Ruhe und der Verbindung zum Reich der Seele erfüllen. Wenn Sie die folgenden Worte lesen, nehmen Sie dieses Gefühl des Bejahens auf und tun Sie dann jeden Tag die Dinge, die Ihre Seele nähren.

- Dankbarkeit zeigen
- Träume aufschreiben und ihnen Aufmerksamkeit schenken
- Frische Luft und Sonnenschein genießen
- Einen Fremden anlächeln
- Im Garten arbeiten
- Schönheit, Blumen, Farben, Bäume betrachten
- An einem Gewässer sitzen oder in ein Gewässer eintauchen
- Mit einem guten Freund spazieren gehen und reden
- Den längeren Weg nach Hause nehmen
- Herumschlendern
- Einem Wildtier begegnen
- Sich um Haustiere kümmern
- Ein Gedicht lesen, ein Gedicht schreiben
- Zeichnen, malen, schreiben, tanzen, singen, chanten
- Draußen in der Natur sein
- Herbstfarben, Schneefall oder Frühlingsknospen genießen
- Im Regen spazieren gehen
- Mit dem Mond sprechen
- Zu den Sternen hochschauen
- Den Grillen zuhören
- Kerzenlicht
- Ein Bad nehmen
- Stille, Schweigen und Einsamkeit
- Weniger tun und mehr sein
- In der Stille sein
- Bedeutungsvolle Rituale

Wie Sie sehen, müssen Sie für keine dieser Aktivitäten oder Erfahrungen Geld ausgeben, sich ins Auto setzen oder auch nur viel Zeit investieren.

Die Wege zu Ihrer Seele sind gratis und immer zugänglich. Ihre Ängste weisen Ihnen den Weg.

Die Bedeutung gesunder Rituale

Die Seele benötigt gesunde Rituale, um gut genährt zu bleiben. Während des größten Teils der Menschheitsgeschichte haben die Menschen altehrwürdige Rituale durchgeführt, um schwierige Phasen und Übergangszeiten zu bewältigen. In ihnen ist der Schleier zwischen den Welten dünner und wir sind uns des Vergehens der Zeit, des Wandels, des Verlusts und des Todes bewusster. Sensible Kinder und später Erwachsene sind sich bewusst, wie verletzlich wir in solchen Übergangsphasen sind – und in allen Phasen des Lebens. Ohne einen gesunden Halt und Anker fühlt sich die Seele verloren. Wir wenden uns Obsessionen und Zwängen zu, um darin Halt zu finden und die Illusion zu erzeugen, die Kontrolle zu haben. Diese Obsessionen und Zwänge können sich äußerlich darin zeigen, dass wir ständig kontrollieren, ob die Haustür verschlossen und der Herd ausgeschaltet ist; innerlich zeigen sie sich darin, dass wir mentalen Zwängen unterliegen und zum Beispiel ständig im Internet nach Bestätigung für das suchen, worauf wir unsere gegenwärtigen Ängste zurückführen.

Während unsere Kultur diese Obsessionen und Zwänge gerne als Anzeichen für eine Störung diagnostiziert, sehe ich diese Symptome als Zeichen dafür, dass etwas unaussprechlich Schönes in uns steckt: eine Seele mit einer so exquisiten Sensibilität, die in einer Welt verloren ist, welche ihre Schönheit nicht zu schätzen weiß. So bleibt ihr nichts anderes übrig, als auf die einzigen Arten und Wege einen Anker zu finden, die sie kennt. Was wir als zwanghafte Rituale bezeichnen, ist spirituelle Sensibilität, die schiefgelaufen ist: der Versuch des Egos, etwas Schlimmes zu verhindern und eine ungewisse Zukunft zu definieren.

Was man uns schon in der Kindheit hätte beibringen sollen und was wir heute unseren „äußeren“, also tatsächlichen, Kindern und unseren inneren Kindern beibringen müssen, ist, gesunde Anker zu finden, um sicher in die tiefen und reichhaltigen Gewässer des Lebens eintauchen zu können. Gesunde Anker sind sinnvolle Rituale, Gebete und Gedichte, die uns helfen, eine Verbindung zu unseren inneren Quellen der Sicherheit, der Verbundenheit und des Trostes herzustellen. Wenn Sie jeden Morgen mit diesen Ankern aufwachen und jeden Abend mit ihnen einschlafen, wird Ihr Gefühl von Sicherheit und Geborgenheit zunehmen und Ihre Angst abnehmen.

Sobald Sie sich auf sinnvolle Rituale einlassen, verbinden Sie sich mit etwas, das größer ist als Sie selbst. Einfach ein paar Minuten lang entschleunigen, um in sich zu gehen, hilft Ihnen, sich mit dem Summen zu verbinden, das alle Lebewesen miteinander verbindet. Dieses Summen ist immer da. Sie müssen sich nur unter die Oberfläche der Dinge begeben, das Risiko eingehen, sich von dem verlockenden und süchtig machenden Geflecht aus Kontrolle und Grübeln zu lösen. Dann werden Sie feststellen, dass Sie dieses Summen für sich erschließen können. Antike Völker haben schon vor Tausenden von Jahren gewusst, dass Rituale uns mit diesem gesunden Netz verbinden und uns an unseren Platz in der Welt erinnern. Es ist an der Zeit, diese Weisheit wiederzuentdecken und das eigentlich zugrunde liegende Bedürfnis zu befriedigen, das sich in Form mentaler Abhängigkeiten manifestiert. Dadurch würdigen wir uns selbst auf der tiefstmöglichen Ebene: auf der Ebene der Seele.

ÜBUNG

Gesunde Rituale etablieren

Überlegen Sie sich, welche Rituale Sie am Morgen und am Abend praktizieren möchten, und nehmen Sie sich vor, sie jeden Tag durchzuführen. Sie können sich dafür einen einfachen Altar errichten: mit einer Kerze, einer Glocke oder einem Gong, einem Foto, das Sie inspiriert, sich mit sich selbst zu verbinden, und ein paar „heiligen" Gegenständen (Muscheln, Steine, spirituelle Symbole).

Denken Sie daran, dass Sie Rituale schaffen können und müssen, die mit Ihren Werten und Ihrem Glaubenssystem in Einklang stehen. Wenn Sie bereits in einer religiösen Tradition verwurzelt sind, sind Sie in der Lage, aus einer Fülle von Ritualen zu wählen: Sie können spirituelle Texte lesen, Gebete sprechen, Kerzen anzünden. Wenn Sie nicht religiös sind, sollten Sie sich von dem Wort *Ritual* nicht abschrecken lassen. Ein Ritual ist einfach eine bedeutsame Handlung, die Sie regelmäßig durchführen. Wir befolgen alle Rituale, die unser Leben begleiten, aber den meisten von ihnen mangelt es an Bedeutung, weshalb sie nicht die Funktion erfüllen, einen inneren Anker und ein Schutzsystem zu schaffen. Wir haben feste Rituale vor dem Schlafengehen, zum Beispiel waschen wir uns das Gesicht, putzen uns die Zähne und ziehen unseren Schlafanzug an. Doch das sind eher routinemäßige Alltagsgewohnheiten als echte Rituale. Jetzt ist es an der Zeit, Rituale zu schaffen, die mit Ihren Werten im Einklang stehen.

Setzen Sie sich vor Ihren „Altar“, zünden Sie eine Kerze an, vollziehen Sie eine oder mehrere der folgenden Übungen und beobachten Sie, wie Ihre Seele die Nahrung erhält, die sie so dringend benötigt.

- Lesen Sie ein bedeutungsvolles Zitat oder einen spirituellen Text (es ist hilfreich, ein Buch in der Nähe Ihres „Altars“ bereitzulegen).
- Sprechen Sie Gebete.
- Atmen Sie.
- Üben Sie sich in Achtsamkeit.
- Sprechen Sie ein Mantra, dass Ihnen hilft, sich mit Selbstliebe zu verbinden.
- Machen Sie eine geführte Meditation oder Traumreise (CD, Audiodatei).
- Lernen Sie ein Gedicht auswendig.
- Praktizieren Sie Yoga.
- Schreiben Sie auf, wofür Sie dankbar sind.
- Schreiben Sie Ihre Träume auf.
- Fassen Sie für den Tag einen Vorsatz.

- Öffnen Sie Ihre Sinne, um die Welt um Sie herum zu empfangen und wahrzunehmen: Lauschen Sie dem Gesang der Vögel am Morgen oder dem Rauschen des Windes in den Bäumen in der Nacht. Wenn Sie in einer Stadt leben, versuchen Sie, Ihr Herz für das Summen des Mitgefühls zu öffnen, das alle Lebewesen wie ein unsichtbares Netz miteinander verbindet.

Je mehr Sie die Denkweisen und Praktiken, die ich in diesem Buch vermittle, umsetzen und in Ihr Leben einbeziehen, desto besser werden Sie darin, sich auf das erste Kribbeln der Ängste einzustellen, das an Ihre Seele klopft. Anstatt darauf zu reagieren, indem Sie sich verkrampfen, werden Sie in der Lage sein, sich nach innen zu wenden und zu fragen: „Was ist erforderlich?" Manchmal ist das nichts weiter als aufzustehen, nach draußen zu gehen und frische Luft einzuatmen. Die Seele signalisiert dann: „Genug gesessen. Genug gearbeitet. Genug abgedriftet. Ich bin am Verhungern und ich brauche Aufmerksamkeit. Setzen wir uns draußen auf den Boden oder lesen wir ein Gedicht." Barfuß durchs Gras zu laufen oder neben Blumen zu sitzen, kann die Seele innerhalb von Sekunden erfrischen.

Denken Sie daran: Die Angst ist Ihr Freund, nicht Ihr Feind. Sie ist ein Bote, der auf ein Bedürfnis oder eine Verletzung in Ihrem Inneren hinweist, das oder die Ihrer Aufmerksamkeit bedarf. Je mehr Sie darauf mit Neugier reagieren, desto besser wird Ihr Heilungsprozess verlaufen. Und je weiter Ihre Heilung voranschreitet, desto besser werden Sie in der Lage sein, die Gaben, die Sie wirklich ausmachen, in die Welt einzubringen, die Sie umgibt.

13
WENN ÄNGSTE HEILEN

> Die letzte Stufe der Heilung besteht darin,
> das, was einem selbst passiert,
> zu nutzen, um anderen Menschen zu helfen.
> Das ist selbst schon Heilung.
>
> GLORIA STEINEM

Wenn Sie sich um die vier Reiche Ihres Selbst kümmern, werden Sie etwas Faszinierendes feststellen: Je mehr Sie auf gesunde Art und Weise loslassen und wieder auftanken, desto mehr Raum wird sich in Ihrem Inneren öffnen. Wenn Sie den Prozess der Heilung nicht verstehen, kann dieser Raum leicht dafür sorgen, dass Sie in einen Alarmzustand geraten, was dann einen neuen Angstzyklus auslösen kann. Sobald Sie jedoch verstehen, dass Heilung genau wie die Natur einem Kreislauf folgt, können Sie Raum für einen Neubeginn schaffen, den die andere Seite eines Verlustes unweigerlich birgt. Aber zuerst müssen Sie die Leere durchschreiten – die Schwellenphase, die die zweite Phase aller Transitionen darstellt.

Ängste und Leere

Es gibt ein natürliches und vorhersehbares Muster, das Menschen durchleben, wenn sie von Ängsten geheilt werden. Der folgende Kommentar zu einem meiner Blogbeiträge beschreibt ein Gefühl, das mir oft begegnet: „Sheryl, könnten Sie bitte etwas über den ‚Raum' schreiben, den Ängste einnehmen? Genau wie in diesem Raum fühle ich mich. Es ist alles in

Ordnung, ich habe keinen Grund, mir über irgendetwas Sorgen zu machen. Und trotzdem ist da diese Traurigkeit und dieses Gefühl der Leere. Ich weiß, dass diese Gefühle meiner Aufmerksamkeit bedürfen, aber ich kann nicht sagen, woher sie kommen."

Wie alle Gefühle sind auch Ängste nichts anderes als Energie. Energie nimmt in Ihrem Geist und Ihrem Körper Raum ein. Wenn Sie sich Ihren Ängsten widmen und sie zu verschwinden beginnen, öffnet sich der Raum, den die Ängste zuvor eingenommen haben. Zurück bleibt oft eine Leere. Sobald Sie diese Leere nicht mit dem nächsten aufdringlichen Gedanken oder der nächsten obsessiven Verhaltensweise füllen, werden Sie eines oder beide der folgenden Phänomene bemerken:

- Sie schaffen einen Raum, der Klarheit und spirituelle Orientierung zulässt, und / oder
- die unterschwelligen Gefühle, die Sie Ihr ganzes Leben lang verdrängt haben, werden zum Vorschein kommen.

Geleitet von einer Kultur, die die Menschen dazu anregt, sich ständig mit irgendetwas zu beschäftigen und leere Zeit und leeren Raum auszufüllen, versuchen die meisten Menschen, wenn sie Leere erleben, in aller Eile herauszufinden, was falsch läuft. Dann füllen sie die Leere meistens wieder mit dem endlosen Geplapper ihrer Gedanken. Anstatt den leeren Raum mit Gedanken zu füllen, ermuntere ich Sie, die Leere einfach zuzulassen und ihr einen Platz zu geben. Anstatt sich dem stillen Raum zu widersetzen, sollten Sie sich dem in unserer Gesellschaft vorherrschenden Glauben widersetzen, dass beim Empfinden von Leere etwas mit Ihnen nicht stimmt.

Rufen Sie sich in Erinnerung, dass die Schwellenphase während des dreiphasigen Prozesses, der Transitionen kennzeichnet – Loslassen, Schwellenphase, Wiedergeburt –, von dem Gefühl der Leere geprägt ist. So erleben Menschen, die zu mir kommen, oft, dass sich in ihnen der Raum für Weisheit und Schmerz öffnet, nachdem sie sich durch die ersten Schichten ihrer Ängste gearbeitet und festgestellt haben, dass sie nicht allein sind. Tatsächlich sind diesen beiden Erfahrungen – Weisheit und Schmerz – in der inneren Welt unserer Psyche miteinander verwandt.

Die Wahrheit ist, dass wir erst dann unsere Klarheit finden können, wenn wir die statischen Schichten der Ängste durchdringen und zur Leere gelangen. Die Leere ist eine wichtige Etappe. Dazu schreibt Rabbi Tirzah Firestone in ihrem Buch *With Roots in Heaven:* „Manchmal ist die wirksamere Reaktion, sich zurückzuziehen und einfach nicht mehr zu versuchen, diesen dunklen Engel zu besänftigen. Es ist effektiver, nicht mehr zu kämpfen – also nicht mehr zu reagieren, uns nicht mehr zu beweisen, nicht mehr unseren Wert zu verteidigen – und einfach nur still dazusitzen. Indem wir nicht auf unsere inneren Bestien reagieren, sie also weder bekämpfen noch versuchen, ihren Einfluss zu entkräften, schaffen wir einen leeren Raum in uns selbst. Dieser leere Raum des Nicht-Handelns ist von entscheidender Bedeutung für unseren spirituellen Weg. Genauso, wie man für Wasser ein leeres Gefäß benötigt, um es aufzufangen, benötigt auch das Selbst einen leeren Raum in uns, in den es sich ergießen und uns dann leiten kann.

Wenn Sie sich an dieser Schwelle befinden, an der die Ängste verschwunden sind und Sie mit der Leere zurückgelassen wurden, erlauben Sie ihr, einfach da zu sein. Sobald Sie aufhören, sich mit Beschäftigung abzulenken und nach etwas zu suchen und Stille finden, werden Sie mit dem in Berührung kommen, was erkannt werden will. Ja, Sie werden trauern. Sie werden vor altem Schmerz aufschreien. Sie werden sich ungeschützt und verletzlich fühlen. Sie werden sich der Weisheit gegenüber öffnen. Sie werden Klarheit finden. Sie werden Freude empfinden. Alles beginnt mit der Bereitschaft, sein Herz offen zu halten und zu erfahren, was unter der Oberfläche der Ängste geschlummert hat."

Das wahre Leben ist kein Hollywoodfilm. Es ist kein zweistündiges, überlebensgroßes Abenteuer in Farbe, in dem jeder Schnitt und jeder Moment prall und aufregend ist. Im wahren Leben geht es nicht zu wie in der Klatschpresse, es ist auch kein Hochglanzmagazin voller digital bearbeiteter Fotos. Das wahre Leben ist nicht Facebook oder Instagram, keine Galerie mit Schnappschüssen, die Einblicke in die Höhepunkte des Lebens anderer Menschen bieten. Es gibt Momente – sogar Jahreszeiten – der Leere. Diese halten wir nicht mit der Kamera fest, denn sie sind von außen betrachtet nicht sehr interessant. Aber wenn Sie in sich gehen und innehalten, werden Sie Ihre eigene innere Welt entdecken, die darauf gewartet hat, erkundet zu werden. Sie ist spannender, realer und interessanter als jedes Hollywood-Abenteuer. Und wenn Sie lange genug innehalten und Ihre innere Arbeit fortsetzen, werden Sie die Früchte Ihrer Arbeit ernten.

Die Früchte der Arbeit

Von der Leere aus bewegen wir uns in die nächste Phase des Reifens, nämlich die Wiedergeburt. Sie entsteht dadurch, dass wir die heilenden Schätze bergen und sie auf irgendeine Weise in die Welt bringen. Mit „in die Welt bringen" meine ich nicht, dass wir daraus eine große Sache machen. Ich meine damit, dass Sie Ihren Kindern mehr Mitgefühl entgegenbringen (weil Sie gelernt haben, zuerst mit sich selbst mitfühlend zu sein), dass Sie der Welt mit mehr Freundlichkeit begegnen (weil Sie gelernt haben, dass Sie selbst Freundlichkeit verdienen) oder dass Sie einen Lebenstraum verfolgen.

Wir heilen nicht nur für uns selbst. Das ist zwar ein Ausgangspunkt, und zudem ein sehr wichtiger, aber letztlich strahlt diese innere Heilung natürlich auch nach außen aus. Die Welt braucht es, dass Sie diese Arbeit leisten. Manchmal, wenn der Widerstand groß ist und das Ego darauf beharrt, sich nicht von der Stelle zu bewegen (zum Beispiel wenn ein Patient Schwierigkeiten hat, sich auf die täglichen Übungen einzulassen, die erforderlich sind, um eine Veränderung herbeizuführen), sage ich: „Wenn Sie es nicht für sich tun können, können Sie es dann für Ihre Kinder oder Ihre zukünftigen Kinder tun?" Sich für andere einzusetzen und generationenübergreifende Muster zu durchbrechen, lässt Menschen oft den Mut finden, sich auf ihre innere Arbeit einzulassen.

Der Heilungsprozess ist keine Nabelschau. Zu heilen ist keine egoistische Angelegenheit, kein Luxus und keine „Zusatzarbeit". Heilung ist von zentraler und wesentlicher Bedeutung. Sie ist das, was unsere Welt braucht, und sie braucht es jetzt. Sie ist darauf angewiesen, dass jeder Einzelne von uns in die Tiefen seiner Seele vordringt und die Kraft, den Mut und das Engagement aufbringt, die volle Verantwortung für seinen Schmerz zu übernehmen. Es geht darum zu lernen, mit seinen Gedanken zu arbeiten und sich auf seine Gefühle einzulassen – und nicht länger darauf zu warten, dass jemand anderes es für einen erledigt oder einen rettet, sondern dass man stattdessen seinen eigenen Weg einschlägt. Es ist nicht die Aufgabe Ihrer Mutter oder Ihres Vaters, Ihren Schmerz zu lindern. Es ist nicht die Aufgabe Ihres Partners, das Feuer Ihrer Seele zu entfachen und dafür zu sorgen, dass Sie sich lebendig fühlen. Es ist nicht die Aufgabe Ihres Freundes oder Ihrer Freundin, Ihren Schmerz für Sie zu ertragen. Es ist Ihre Aufgabe und nur Ihre. Und die Zeit dafür ist jetzt.

Teil III: Beziehungen

Wenn man jemanden liebt, liebt man ihn nicht die ganze Zeit auf genau dieselbe Weise und in jedem Augenblick. Das ist ein Ding der Unmöglichkeit. Es ist sogar eine Lüge, so zu tun, als ob es so wäre. Und doch ist es genau das, was die meisten von uns erwarten. Wir haben so wenig Vertrauen in die Höhen und Tiefen des Lebens, der Liebe, der Beziehungen. Wir stürzen uns auf die Höhen und verweigern uns den Tiefen mit Schrecken. Wir haben Angst, dass die Höhen nie mehr zurückkehren. Wir bestehen auf Beständigkeit, auf Langfristigkeit, auf Kontinuität, obwohl die einzig mögliche Kontinuität im Leben, wie auch in der Liebe, im Reifen, im Fließen liegt – in Freiheit, und zwar in dem Sinne, in dem Tanzende frei sind: Sie berühren sich kaum, wenn sie aneinander vorbeigleiten, aber sind Partner in ein und demselben rhythmischen Muster.

ANNE MORROW LINDBERGH
Frei nach *Gift from the Sea / Muscheln in meiner Hand*

14

DIE VERLETZLICHKEIT VON BEZIEHUNGEN

Wir tun so, als ob wir nicht verletzlich wären, aber das ist eine Illusion. Wir wohnen in einem empfindlichen Körper und sind verflochten mit der Gemeinschaft des Lebens. Unsere Sinne haben sich im Laufe der Evolution so entwickelt, dass sie bestens abgestimmt sind auf die sich ständig verändernde Welt der Freuden und des Schmerzes, des Süßen und des Sauren, des Gewinns und des Verlusts. Liebe und Freiheit laden uns ein, uns der Welt zuzuwenden. Sie schenken uns die Gaben eines flexiblen Herzens, das offen genug ist, Erfahrungen bereitwillig zuzulassen, und das verletzlich ist und dennoch zentriert.

JACK KORNFIELD

Nirgendwo zeigen sich Ängste intensiver und verwirrender als in unseren zwischenmenschlichen Beziehungen: zu Freunden, Kollegen, Verwandten und vor allem zu Partnern und Kindern. Denn wenn Ängste häufig ein Schutz vor Gefühlen sind, die uns verletzlich machen – und nirgendwo sind wir verletzlicher als in unseren Beziehungen –, ist es nur logisch, dass Ängste sich besonders gerne dort austoben, wo das Risiko für unser Herz am größten ist, etwas zu verlieren. Deshalb ist es wichtig, die Mechanismen der Ängste zu verstehen und ihre Botschaften zu entschlüsseln. Auf diese Weise verlieren wir uns nicht in ihren oberflächlichen Erscheinungsformen und verschließen uns nicht dem, wonach wir uns mehr als nach allem anderen auf der Welt sehnen und was wir mehr als alles andere brauchen: Liebe.

Die Verletzlichkeit des Liebens wird in jenen Momenten deutlich, in denen die Ängste verschwinden und wir einen klaren Blick ins Innere unseres Herzens werfen können. Einer dieser ergreifenden Momente ereignete sich eines Abends vor vielen Jahren, als ich als Mutter von zwei kleinen Kindern durch eine seltene Wendung in der Lage war, bei meinem Lieblingslehrer einen abendlichen Yogakurs zu besuchen. Der Kurs begann um 17.30 Uhr, also packte ich um 17.00 Uhr meine Sachen, gab allen einen Abschiedskuss und fuhr los in die Abenddämmerung hinein. Als ich den Wagen geparkt hatte und zu Fuß zu meinem Kurs ging, staunte ich darüber, wie neu es sich für mich anfühlte, im Dunkeln unterwegs zu sein: die kahlen Bäume, die mit Winterlichtern geschmückt waren; Pärchen bei ihrem ersten Date, die die idyllische Promenade entlangschlenderten; die Rocky Mountains, die sich im dunkelblauen Licht hinter ihnen abzeichneten; junge Eltern, die ihr Baby von einem Restaurant zum Auto trugen und ihren kleinen Schatz anstrahlten. Es war schon lange her, dass ich abends allein unterwegs gewesen war, und ich fühlte mich wie eine Außerirdische, die von einem anderen Planeten kam und die irdischen Sehenswürdigkeiten in vollen Zügen genoss.

Die Yogastunde war großartig. Mein Lehrer vermittelte seine Weisheit und mein Körper vernahm ihn nur halb, während ich in die Posen hineinatmete und seinen Worten erlaubte, in mich hineinzusickern und auf einer nonverbalen Ebene nachzuhallen. Manchmal stockte mir der Atem bei einem Satz wie: „Wir müssen unserem Ego mit Freundlichkeit begegnen, denn wir können es nicht loswerden. Das Ego ist der Teil von uns, der auf dieser Erde wandelt, und weil es weiß, dass es uns nicht über den Tod hinaus begleiten kann, trägt es eine Traurigkeit in sich. Wir müssen dieser Traurigkeit mit Mitgefühl begegnen." Seine Worte drangen direkt in mein Herz und ich dachte zuerst an meinen damals achtjährigen älteren Sohn und sein ungefiltertes Bewusstsein für das Sterben und den Tod, das zwangsläufig eine gewisse Traurigkeit mit sich brachte. Ich dachte daran, wie mein Mann und ich ihr immer wieder begegneten. Wir halfen ihm, Wege zu finden, diese Traurigkeit in seinem Körper zu definieren, damit sie sich durch ihn hindurchbewegen konnte, ohne ihn zu blockieren. Dann dachte ich an meine Patienten, die als Kinder ebenfalls mit dem Wissen um das Sterben und den

Tod zu kämpfen gehabt hatten, und wie allein sie sich bei dem Versuch gefühlt hatten, die existenziellen Fragen zu verarbeiten, ohne dass ihnen jemand dabei half und sie anleitete. Ich öffnete mein Herz gegenüber dem Schmerz, der Empfindlichkeit und der Nacktheit des Menschseins.

Als die Yogastunde sich dem Ende zuneigte und der blaue Abend in schwarze Nacht überging, dachte ich an den Weg vom Studio zu meinem Auto, das am anderen Ende des Parkplatzes stand. Ich merkte, wie mich ein Angstschauer durchfuhr. In meinen Zwanzigern bin ich ständig spätabends ausgegangen und habe an allen möglichen seltsamen Orten geparkt. Natürlich hatte ich auch früher schon mal Angst gehabt, aber ich hatte noch nie so viel zu verlieren wie an diesem Abend: einen Mann, den ich über alles liebe, und zwei zauberhafte Söhne, die am Boden zerstört wären, wenn mir etwas zustoßen würde. Natürlich hatte ich noch mehr zu verlieren, unter anderem einen Kreis enger Freunde, die wie eine Familie für mich sind. Aber es waren vor allem meine engsten Angehörigen, die Kinder, die in meinem Leib herangewachsen waren, die sich im Ängste auslösenden Teil meines Geists meldeten, als die Yogastunde zu Ende ging.

Ich legte mich in *Savasana,* die Totenstellung, und atmete in die Angst hinein. Innerhalb weniger Augenblicke konnte ich unter der Angst die Verletzlichkeit spüren, die damit einherging, dass ich meinen Mann und meine beiden Söhne mehr liebte, als ich es je für möglich gehalten hätte. Und mit dem Bewusstsein für die Verletzlichkeit kamen die Tränen. Es waren keine Tränen der Trauer, sondern Tränen der Ungeschütztheit. Es waren Tränen, die aus dem Wissen erwuchsen, dass eine so tiefe Liebe ein immenses Risiko bedeutet und dass, sollte einem von uns etwas zustoßen, unsere Herzen entzweigerissen werden würden. Mehr konnte ich nicht tun, außer einen winzigen Funken Vertrauen zu bewahren, dass wir, sollte irgendetwas passieren, irgendwie damit klarkommen würden.

Das Risiko des Liebens. Es rührt mich zu Tränen, selbst jetzt, während ich diese Worte schreibe. Das Risiko, das damit einhergeht, dieses Netz der Liebe jeden Tag enger um uns vier zu spinnen, unsere Herzen weiter und weiter zu öffnen, bis wir das Gefühl haben, sie würden vor lauter Liebe zerbersten. Aber sie gehen nicht kaputt; sie dehnen sich nur aus. Die Liebe reicht hinaus in Welten jenseits unserer eigenen Welt und verlangt von uns, über uns selbst hinauszuwachsen.

Jeder, der sich auf diesen Weg der Heilung einlässt, muss in das Zentrum der Angst vordringen und dort, mitten drin, das Risiko des Liebens eingehen. Die Ängste halten uns von den ungeschützten und verletzlichen Stellen in unserem Herzen fern. Es gibt Momente, in denen ich kristallklar erkenne, dass die endlosen Fragen, die in der romantischen Liebe auftauchen („Liebe ich ihn / sie genug?“ oder „Was, wenn die Liebe abstumpft?“), und die Art und Weise, wie unser Verstand über andere bedeutungsvolle Beziehungen (mit Freunden und Familie) sinniert, allesamt ausgeklügelte Abwehrmechanismen sind. Sie zielen darauf ab, die Verletzlichkeit der Liebe zu meiden, das äußerst schmerzhafte Wissen, dass wir, wenn wir uns mit ganzem Herzen hingeben, das Risiko eingehen, die schmerzhafteste aller menschlichen Erfahrungen zu machen: Verlust und Liebeskummer.

Im Zentrum aller Sorgen und aufdringlichen Gedanken befindet sich ganz einfach die Angst vor dem Verlust. Wenn Sie diese Gedanken loswerden könnten, würden Sie weinen, so wie ich es an jenem Abend tat. Und durch die Kraft der Tränen würden Sie den Mut finden weiterzumachen, Ihr Herz zu öffnen und das einzige Risiko einzugehen, das es wert ist, eingegangen zu werden: zu lieben und geliebt zu werden, als wäre es Ihr letzter Tag auf Erden. Ohne Einschränkung zu lieben. Voller Freude und Hingabe zu lieben. Die Angststimmen auf einen Zaun am Rand der Wiese Ihres Geistes zu setzen und sie in dem Wissen zu beobachten, dass sie nicht mehr das Sagen haben. Ihnen zu erlauben, dabei zuzusehen, wie Sie in die ausgebreiteten Arme der Liebe laufen, tanzen oder stolpern.

15

DIE ROMANTISCHE BEZIEHUNG

> Was mich meine Ehe gelehrt hat, ist, dass wahre Liebe nur das ist, was man selber gibt. Das ist alles. Die Liebe ist nicht irgendwo „da draußen" und wartet auf einen. Sie steckt in einem selbst.
> Im eigenen Herzen: darin, was man bereit ist zu geben. Wir sind alle fähig zu lieben, aber nur wenige von uns haben den Mut, es richtig zu tun. (…) Man kann die Liebe eines Menschen annehmen und sie verschwenden. Aber dann ist man selbst der Dumme. Wenn man Liebe gibt, reift und blüht sie in einem wie eine sorgfältig gepflegte Rose. Liebe ist Freude. Diejenigen, die lieben, sind immer voller Freude, ganz egal, welche Demütigungen, welche Lasten sie mit sich herumschleppen.
>
> KATE KERRIGAN
> *Recipes for a Perfect Marriage*

Nicht jeder hat mit Beziehungsängsten zu kämpfen, doch für sensible, analytische und gewissenhafte Menschen ist es nicht nur alltäglich, sondern vorhersehbar, in einer festen, liebevollen Beziehung, in der es keine Warnsignale gibt (siehe Anhang A), Ängste und Zweifel zu erleben. Wenn eine der Hauptursachen für das Entstehen von Ängsten das Bedürfnis ist, in einer im Prinzip haltlosen Welt Sicherheit und Halt zu finden, und wenn romantische Beziehungen der Bereich sind, in dem wir am verletzlichsten und somit haltlos sind, warum sollten wir dann überrascht sein, wenn sich dort Ängste entwickeln? Leider mangelt es uns an genauen Informationen und wir folgen der gesellschaftlich weit verbreiteten Annahme, dass Zweifel bedeuten, man solle das, woran man zweifelt, nicht tun. Das führt dazu, dass das, was als normales Hinterfragen oder gesunde Furcht vor etwas beginnt, sich schnell zu voll ausgeprägten Ängsten und Panik entwickelt. Was uns allen fehlt, ist ein grundsätzlicher Leitfaden, der uns hilft, befriedigende und erfolgreiche Beziehungen zu erschaffen.

Im Folgenden erhalten Sie nun diese Anleitung zum Aufbau einer gesunden, glücklichen Liebe, die Sie in dieser Form bisher noch nicht hatten. Wir werden näher auf eine der wichtigsten Thesen meiner Arbeit eingehen: den oft übersehenen und missverstandenen Zusammenhang zwischen Beziehungen und Ängsten. Und wir werden die folgenden Wahrheiten näher betrachten: Liebe ist nicht die Abwesenheit von Angst, und sie ist kein Gefühl. Sie ist eine Handlung und die Bereitschaft, mit der Angst zu ringen, die jedes Mal aufsteigt, wenn wir uns auf mehr Intimität und Bindung mit einem sicheren und verfügbaren Partner einlassen. Da Liebe und Angst auf der Matte des Herzens miteinander ringen, müssen wir in Beziehungen zu wahren Liebeskämpfern werden.

Was sind Beziehungsängste?

Ich definiere Beziehungsängste als ständiges Zweifeln an einer gesunden, liebevollen Beziehung. Beziehungsängste beginnen in der Regel mit einem Gedanken wie: „Liebe ich meinen Partner genug?“ oder „Was, wenn ich nicht verliebt genug bin oder mich nicht genug zu ihm hingezogen fühle?“ Dies steigert sich dann zu Ängsten, die Ihre Fähigkeit beeinträchtigen, in Ihrer Beziehung – und oft auch in Ihrem eigenen Leben – präsent zu sein. Selbst für diejenigen, die nicht unter Beziehungsängsten leiden, ist es eine traurige Tatsache, dass die Scheidungsraten in den vergangenen Jahren in die Höhe geschnellt sind und dass nur sehr wenige Paare langfristig echte Liebe und Leidenschaft erleben. Das liegt oft daran, dass das meiste, was uns die Mainstream-Kultur über Beziehungen lehrt, falsch ist. Es führt dazu, dass viele Menschen beim ersten Anzeichen von „Nicht-mehr-verliebt-sein“ die Flucht ergreifen. Tatsächlich ist einer der häufigsten Gründe, aus dem Menschen liebevolle, solide, gesunde Beziehungen beenden, dass sie sagen, sie seien nicht mehr verliebt: „Ich liebe sie, aber ich bin nicht mehr in sie *verliebt*“, gilt als triftiger Grund für eine Trennung.

Beziehungsängste äußern sich im Allgemeinen auf zwei Arten, die beide zu jedem Zeitpunkt einer Beziehung auftreten können, sei es ganz am Anfang oder nach vielen Ehejahren. Die erste Art von Beziehungsangst tritt in einem entscheidenden Moment auf, wenn einem der Gedanke „Liebe ich meinen Partner genug oder liebe ich ihn überhaupt?“ durch den Kopf geht. Bevor dieser Gedanke aufkommt, beschreibt die Person ihre Beziehung als „wunderbar und liebevoll. Alles, was ich mir je gewünscht habe. Wir lieben uns unglaublich, und es ist so gut wie perfekt.“ Das Paar erlebte oft eine lange „Flitterwochenphase“ und hatte eine sehr gesunde Beziehung. Die frühen Stadien dieser Art von Beziehungsängsten sind durch das verzweifelte Bedürfnis gekennzeichnet, „die Gefühle zurückzuholen“, da sich der Verlust der Verliebtheit für die Betroffenen anfühlt, als hätte man ihnen das Herz aus der Brust geschnitten.

Die zweite Art der Beziehungsangst entwickelt sich eher schleichend und kann sogar schon in der Anfangsphase der Beziehung dagewesen sein. Diese Art von Angst ist gekennzeichnet durch Zweifeln und das Gefühl, sich nicht ausreichend zu seinem Partner hingezogen zu fühlen; es ist das Gefühl, eigentlich „nur Freund und Freundin“ zu sein und bloß noch zusammenzubleiben, weil man zu viel Angst davor hat, allein zu sein. Aussagen wie „Die Chemie zwischen uns stimmt nicht“ und „Ich niste mich in einem festgefahrenen Leben ein“ beherrschen in der Regel diese Art von Beziehungsangst. Das kann äußerst beunruhigend sein. In einer Kultur nämlich, in der das Gefühl der Verliebtheit als alleiniger Maßstab dafür gilt, ob man mit dem „richtigen“ Partner zusammen ist, kann das Ausbleiben dieses Gefühls in der Anfangsphase leicht zu Zweifeln und Schwarzmalerei führen (bis man sich eines Besseren besinnt). Ich werde oft gefragt, ob meine Methode auch dann anwendbar ist, wenn man von Anfang an Zweifel hatte. Die Antwort lautet: Ja. Ängste sind Ängste. Es spielt keine Rolle, wann oder wo sie auftreten oder wie sie entstanden sind. Entscheidend ist, wie man mit ihnen umgeht, wenn sie einmal da sind.

Bei jeder dieser beiden Arten stürzen Beziehungsängste die Betroffenen oft in einen Zustand, den man als die dunkle Nacht der Seele bezeichnet. Dies trifft auch zu, wenn Ihre Angst irgendwo zwischen diesen beiden Beispielen liegt; denken Sie daran, dass Ihr Ego Sie immer wieder davon zu überzeugen versucht, dass Sie der Einzige sind, dem es so geht. Das ist der Moment, in dem alles Vertraute verschwindet. Man wird dazu eingeladen – oder gedrängt –, die Seiten von sich selbst aufzugeben, die einem nichts bringen, mehrere Tode zu sterben und schließlich zu einer neuen, mitfühlenderen, weiseren Version von sich selbst zu werden. Wie bei allen Erscheinungsformen, in denen Ängste sich zeigen, können Sie die Einladung ablehnen und den Schmerz betäuben. Oder Sie können das Zentrum des Angststurms durchschreiten und sich der transformationsreichsten Reise Ihres Lebens hingeben.

Was ist gesunde Liebe?

Um von dort wegzukommen, wo wir uns befinden, müssen wir wissen, wo wir hinwollen. Da unsere Kultur uns die Prinzipien, Definitionen und Handlungen vorenthält, die eine gesunde Liebe definieren, müssen wir hier beginnen. Wie wir gelernt haben, werden Ängste durch unrealistische Erwartungen und falsche Überzeugungen geschürt, und nirgendwo zeigt sich das deutlicher als in der romantischen Liebe. Es ist an der Zeit, unser kulturell vermitteltes Betriebssystem zu aktualisieren und neue Prinzipien einer gesunden Liebe zu installieren. So können wir uns dem Reich der Gedanken zuwenden und falsche Überzeugungen und Glaubenssätze durch die Wahrheit ersetzen.

Am besten beginnen wir unseren Aktualisierungsprozess wieder einmal mit dem Jung'schen Analytiker Robert A. Johnson. Er sagt, dass gute Liebe so ist wie eine Schale Haferbrei. „Eine Schale Haferbrei? Wie unromantisch!", werden Sie vielleicht sagen. Wie prosaisch, werden Sie denken. Die Liebe sollte vielmehr ein mit Kirschen und Streuseln dekorierter Eisbecher sein; ein üppiges, ausgefallenes Dessert. Aber Haferbrei? Wie deprimierend.

In unserer nach Romantik süchtigen Kultur stößt dieses Konzept bei vielen Menschen auf Ablehnung und führt oft zu Fragen wie: „Wo ist die Leidenschaft, das Drama, die Aufregung? Soll die Liebe nicht dafür sorgen, dass ich mich lebendig fühle? Ist sie nicht eigentlich dafür da, all meine Bedürfnisse zu befriedigen, selbst die, von denen ich gar nicht wusste, dass ich sie habe?"

Was Johnson meint, ist, dass die Liebe *nicht* das Allheilmittel ist, als das die Menschen sie, ausgehend von den kulturellen Vorgaben, ansehen. Wenn Liebe aufrichtig und echt ist, fühlt sie sich in der Seele warm und süß an, so wie Haferbrei sich in unserem Bauch warm und nahrhaft anfühlt. Sie fühlt sich gut an. Nicht wie eine exzessiv übertriebene, ans Herz gehende Hollywood-Romanze. Sie funktioniert einfach. Sie ist schön. Sie ist tröstlich. Vielleicht funktioniert sie nicht immer und ununterbrochen, aber meistens sind Sie beide auf besondere Weise miteinander verbunden und verstehen sich auf eine ganz bestimmte Weise. Und weil das nicht alle Tage vorkommt, ist das etwas, das man schätzen und feiern sollte.

Viele Menschen haben Probleme in ihren Beziehungen, weil die Realität ihren Erwartungen ganz und gar nicht gerecht wird. Aufgrund einer durch unsere Kultur bedingten Gehirnwäsche, die eine Reihe von unrealistischen Erwartungen hervorbringt, erwarten viele Menschen, dass die Liebe auf eine bestimmte Art und Weise auszusehen und sich anzufühlen hat. Sie quälen sich gedanklich mit einer Liste von Sollvorstellungen herum: „Ich *sollte* mich immer verliebt fühlen. Ich *sollte* immer Sex haben wollen (oder zumindest zwei- bis dreimal pro Woche). Ich *sollte* so glücklich aussehen wie all meine Freunde auf Facebook. Ich *sollte* immer Lust haben, meinen Partner zu sehen. Ich *sollte* mich immer zu ihm hingezogen fühlen. Ich *sollte* nie gereizt sein. Ich *sollte* immer der Glitzer-Streusel auf dem Eisbecher sein." Aber fragen Sie mal ein Paar, das länger als zwanzig Jahre verheiratet ist! Es wird Ihnen sagen, dass man eine Ehe nicht auf glitzernden Streuseln begründet. Es mag im Alltag durch einen süßen Kuss oder ein befriedigendes Gespräch glitzern und funkeln, aber das ist nicht das Fundament einer Ehe. Diese Paare wissen, was Liebe ist, und sie wissen auch, *was sie nicht ist.* **Liebe ist nicht:**

- **Verliebtheit.** Eine Beziehung kann mit einem Gefühl von Aufregung und Leidenschaft, Schmetterlingen im Bauch und einem Feuerwerk beginnen, aber das ist keine echte Liebe. Vielleicht beginnt sie auch nicht auf diese Weise, was die Beziehung nicht weniger wertvoll oder beständig macht. Irgendwann erlöschen die Flammen und es beginnt der Prozess, in dem man lernt, was wahre Liebe ist.

- **Eine Antwort auf Ihre Probleme oder das fehlende Teil in Ihrem Puzzle.** Der einzige Mensch, der Sie von den Herausforderungen befreien kann, mit denen Sie zu kämpfen haben, sind Sie selbst. Der einzige Mensch, der Ihnen das Gefühl von Lebendigkeit und Ganzheit geben kann, sind Sie selbst.
- **Eine romantische Komödie** oder eine spektakuläre Story aus den Promi-Klatschspalten.
- **Die unerschütterliche Gewissheit, „den Richtigen" gefunden zu haben.**
- **Jedes Mal, wenn man sich sieht, ein anregendes Gespräch zu führen.**
- **Sich in jedem Moment des Tages zu Ihrem Partner hingezogen zu fühlen.**
- **Mühelosigkeit.**
- **Einander die ganze Zeit zu mögen**. Ihr Partner wird Ihnen immer wieder unglaublich auf die Nerven gehen. Das ist ganz normal.

Betrachten wir nun, was Liebe wirklich ist. **Liebe bedeutet:**

- **Handeln.** Wenn Sie jemanden wirklich lieben, lernen Sie dessen Sprache der Liebe und bemühen sich so oft wie möglich, Ihre Liebe so auszudrücken, dass Ihr Partner sie verstehen kann. Wenn die Liebessprache Ihres Partners zum Beispiel körperliche Berührung ist, könnten Sie den ganzen Tag lang „Ich liebe dich" sagen, aber nichts wird Ihre Liebe so effektiv zum Ausdruck bringen wie eine Umarmung, eine Schultermassage oder ein Kuss.
- **Entscheidungen treffen.** Wir entscheiden uns dafür, das Risiko der Liebe einzugehen. Wir entscheiden uns dafür, uns mit ganzem Herzen für unseren Partner zu öffnen. Wir entscheiden uns dafür, die Angstbarrieren niederzureißen, die uns dazu verleiten wollen, die Flucht zu ergreifen. Wir entscheiden uns bewusst dafür, falsche

Überzeugungen und unrealistische Erwartungen infrage zu stellen, die in unserer Kultur üblich sind. Sie reden uns nämlich ein, man müsse sich zu 100 Prozent sicher sein, dass man mit der „richtigen“ Person zusammen ist, dem oder der „Einen“, dem oder der Seelenverwandten. Wir entscheiden uns dafür, uns zu binden und durch diese Bindung zuzulassen, ein Leben lang über die Liebe zu lernen.

- **Anstrengung.** Echte Liebe bringt Sie dazu, für Ihren Partner über sich hinauszuwachsen und Ihre Komfortzone auch mal zu verlassen.
- **Eine Gelegenheit zu reifen und etwas über sich selbst zu lernen.** Die Liebe bringt Sie dazu, sich um des anderen willen zu verausgaben und über sich hinauszugehen. Die Liebe lädt Sie ein, Ihr Herz zu öffnen, selbst wenn Sie sich normalerweise aus Angst verschließen oder zurückziehen würden. Die Liebe treibt Sie an Ihre Grenzen. Auf der Projektionsfläche des Gesichts Ihres Partners, auf der sich alle Ängste, Unsicherheiten und alle alten Verletzungen spiegeln, werden Sie erkennen, dass es Ihre Aufgabe ist, die volle Verantwortung für Ihren eigenen Schmerz zu übernehmen. Durch die Bereitschaft, diesen Schmerz zu spüren, wird sich Ihr Herz für die Freude des Liebens öffnen.
- **Ein Risiko eingehen**. Die Liebe sagt uns: „Riskiere alles, was dich ausmacht. Riskiere alles, was du kennst. Riskiere die Sicherheit und die Vertrautheit deines sicheren Lebens.“ Denn wenn Sie sich entscheiden, Ja zur Liebe zu sagen, machen Sie Ihr Herz anfällig für das Risiko, verletzt zu werden. Die meisten von uns entwickeln ausgeklügelte Abwehrmechanismen, um dieses Risiko zu meiden. Sie gehen sogar so weit, sich einzureden, eine liebevolle, wunderbare, ehrliche Beziehung aufgeben zu müssen, obwohl wir in Wahrheit einfach nur zu viel Angst vor dem Risiko haben, zu lieben.

- **Die Liebe ist komplizierter, als es unsere Kultur je anerkennen wird.** Was schon die Tatsache beweist, dass wir nur ein Wort für Liebe haben.

In seinem Buch *The Fisher King and the Handless Maiden* schreibt Robert A. Johnson: „Das Sanskrit kennt sechsundneunzig Wörter für Liebe; im Altpersischen sind es achtzig, im Griechischen gibt es drei und im Englischen nur eines. Das ist ein Zeichen dafür, wie wenig Aufmerksamkeit oder Bedeutung wir diesem ungeheuer wichtigen Bereich, dem Reich der Gefühle, schenken. Eskimos haben dreißig Wörter für Schnee, weil es für sie eine Frage von Leben und Tod ist, über das Element, mit dem sie so eng zusammenleben, genau informiert zu sein. Hätten wir einen Wortschatz von dreißig Wörtern für Liebe (…), wären wir im Hinblick auf dieses ‚menschliche Element', das so eng mit unserem Herzen verbunden ist, sofort um einiges reicher und klüger. Ein Eskimo würde wahrscheinlich an Unachtsamkeit sterben, wenn er nur ein Wort für Schnee hätte. Wir sterben an Einsamkeit, weil wir nur ein Wort für Liebe haben."

Es gibt so viele Möglichkeiten, Liebe zu erfahren. Doch wenn es um unseren Lebenspartner geht, erwarten wir, eine Art von Liebe in einer Dimension zu empfinden: nämlich „wahnsinnig verliebt" zu sein, ohne dass auch nur ein Hauch von Zweifel oder Unsicherheit die reine, ekstatische Erfahrung trübt. Wir üben einen immensen und unrealistischen Druck auf uns selbst aus, vor allem in der Anfangsphase einer Beziehung, um eine bestimmte Menge und ein exakt bestimmtes Ausmaß an Liebe für unser Gegenüber zu empfinden. Wir glauben, dass wir Liebe messen können, dass es eine richtige Art zu lieben gibt oder ein angemessenes Maß an Liebe, das signalisiert, dass man den „richtigen" Partner getroffen hat und man nun legitimiert ist zu heiraten.

Um unsere Perspektive auf die romantische Liebe zu erweitern, ist es hilfreich, den Satz „Ich liebe dich" aufzuschlüsseln, damit wir seine Vielfältigkeit und die Vielzahl der Möglichkeiten, den Partner zu lieben, erkennen.

Da ist **die Wertschätzung,** die Sie empfinden, wenn der anderes etwas Nettes und Aufmerksames tut, wie zum Beispiel bei minus sieben Grad den Schnee von Ihrem Auto zu fegen oder Ihr Lieblingsbrot zu kaufen.

Da ist **das wohlige Gefühl,** das Sie empfinden, wenn Sie nach einem anstrengenden Arbeitstag nach Hause kommen, Sie mit einem dampfenden Teller voll warmem Essen erwartet werden und Ihre Lieblingssendung im Fernsehen bereits eingeschaltet ist.

Da ist **die Dankbarkeit,** die Sie empfinden, wenn der andere am zwölften Familientreffen des Jahres teilnimmt.

Da ist **die Wärme**, die Sie empfinden, wenn Sie ihn / sie ansehen und wissen, dass das Ihr Mann / Ihre Frau ist.

Da ist **das Kribbeln,** das Sie beim Küssen spüren. Vielleicht nicht jedes Mal, aber ausreichend stark, um zu wissen, dass zwischen Ihnen immer noch ein Funke überspringt.

Da ist **das Vertrauen,** das Sie spüren, wenn Sie gemeinsam einen schwierigen Konflikt durchstehen und gestärkt aus ihm hervorgehen.

Da ist **die Ehrfurcht,** die Sie empfinden, wenn Sie sich vergegenwärtigen, wie selten es vorkommt, einen Menschen zu finden, der einen versteht und den man versteht.

Das ist **die Zärtlichkeit,** die Sie spüren, wenn Sie sich auf eine körperliche Eigenschaft Ihres Partners konzentrieren, die Ihr Herz zum Schmelzen bringt und Ihnen ein Lächeln ins Gesicht zaubert.

Da ist **die Freude,** die Sie empfinden, wenn Sie gemeinsam Ihren Lieblingssong hören oder auf der Tanzfläche ausflippen.

Da ist **die Zufriedenheit,** die Sie empfinden, wenn Sie vor dem Schlafengehen zwar jeder sein eigenes Buch, aber doch gemeinsam lesen.

Da ist das Gefühl der **Stabilität,** das immer stärker wird, wenn Sie den Garten Ihrer Beziehung Jahr für Jahr hegen und pflegen, wenn Sie Herausforderungen meistern, Momente der Freude genießen und immer wissen, dass Sie

Ihr eigenes Reifen fördern, Ihr eigenes Glück stärken und einander beim Reifen und Glücklichsein unterstützen.

Wenn wir unser Bewusstsein schärfen und diese Vielzahl an Möglichkeiten, seinen Partner zu lieben, in unsere kulturelle Definition von Liebe einbeziehen, wissen wir, dass romantische Liebe vielseitig und multidimensional ist. Sie ist unendlich viel reicher als die Bilder, die wir im Fernsehen und auf der Kinoleinwand sehen, unendlich viel nuancierter und lebendiger als das eindimensionale Gefühl von Schmetterlingen im Bauch, mit dem eine Beziehung manchmal beginnt. Wahre Liebe ist echt und ehrlich. Wenn wir uns dazu entschließen, einen Menschen zu lieben, mit dem wir uns weiterentwickeln können, begeben wir uns auf einen der erfüllendsten und bedeutsamsten Wege, die wir einschlagen können.

Liebe bedeutet nicht die Abwesenheit von Angst

Wenn wir unsere Definition von Liebe weiter fassen und verfeinern, müssen wir erkennen, wie fest Liebe und Angst miteinander verwoben sind. Dass wir Angst nicht in unser Verständnis von Liebe und unsere Erwartungen an sie einbeziehen, ist eines der größten Versäumnisse unserer Kultur. Das sorgt bei einigen Menschen dafür, dass sie immense Ängste entwickeln. So wie Trauer und Freude in derselben Kammer des Herzens angesiedelt sind, so sind auch Liebe und Angst gegensätzliche Pole, die dazu bestimmt sind, uns zu helfen, unsere Fähigkeit zu lieben reifen zu lassen. Angst ist nicht unser Feind. Doch wenn wir nicht wissen, wie wir mit ihr umgehen sollen, sobald sie in Beziehungen auftritt, kann sie sich schnell verschlimmern und dazu führen, dass Menschen sich von einem liebevollen, gut passenden Partner abwenden. Wir müssen die Rolle der Angst verstehen und respektieren, damit sie nicht die Kontrolle übernimmt und sich zu einer Angststörung auswächst.

Lieben wir einen anderen Menschen zutiefst, wird die Angst ihre hässliche Fratze zeigen. Angst ist dazu da, das verletzliche Herz zu schützen, sie bewacht sozusagen die heiligen Pforten. Der Weg an der Angst vorbei gelingt nicht durch einen Kampf; diesen Krieg wird man nie gewinnen.

Der Zugang zu den Toren der Liebe besteht darin, die Angst beim Namen zu nennen. Wie wir weiter vorne in diesem Buch gelernt haben, haben wir alle das Bedürfnis, gesehen und gehört zu werden; die Angst ist da keine Ausnahme.

Wenn wir die Angst beim Namen nennen, freunden wir uns mit ihr an. Und wenn wir uns mit ihr anfreunden, ist sie nicht länger der Feind, nichts, das vermieden oder besiegt werden muss. Sich mit der Angst anzufreunden bedeutet, Raum für alle ihre Erscheinungsformen zu schaffen: Zweifel, sich ausgeschlossen zu fühlen, Ungewissheit, mangelndes Gefühl der Anziehung zum Partner, Reizbarkeit, fehlendes Liebesempfinden, Fantasien von einem perfekten Partner oder einem Ex-Partner. Diese Anzeichen lassen uns wissen, dass unser Herz verschlossen ist. Wenn wir uns dem Glauben hingeben, dass wahre Liebe diese Erscheinungsformen der Angst nicht einschließt, meinen wir, dass etwas nicht stimmt, sobald diese Gefühle auftauchen. Aber es läuft nichts falsch. Diese Gefühlszustände sind allesamt Teil der Liebe. Fassen wir unsere Definition von Liebe weiter und blasen sie im wahrsten Sinne des Wortes auf, spüren wir, wie sich auch unser Herz ausdehnt. Wir dehnen sie wie einen riesigen Luftballon aus, um diese unbequemeren und sicherlich weniger schönen Gefühle einzubeziehen; wir entwickeln also eine Definition, die nicht dem entspricht, was unsere Kultur mit romantischer Liebe assoziiert.

Sich damit anzufreunden, wie Ängste in der Liebe auftreten können, bedeutet, die Liebe kennenzulernen, so wie man einen Freund kennenlernen würde. Wenn Sie sich mit der Angst anfreunden, werden Sie feststellen, dass Angst manchmal wie eine Mauer ist, manchmal wie ein Vorhang, manchmal wie eine Schlammschicht auf der Seele. Die Denkweise des neugierigen Erkundens zeigt uns, dass die eigene innere Welt kein klar definierter Ort ist, wie das Ego gerne glauben möchte. Sie besteht nicht aus scharfen Umrissen und eindeutigen Antworten, die, einmal festgelegt, über Zeit und Raum hinweg bestehen bleiben. Die innere Welt ist eine wechselhafte, aquarellierte Landschaft. In ihr vermischen sich Angst und Liebe, kollidieren miteinander und stehen sich schließlich von Angesicht zu Angesicht gegenüber, sodass die Liebe die Angst mit ihren weichen Flügeln umarmen kann.

Wenn wir unsere Ängste leugnen, nehmen wir unseren Partner und die Welt um uns herum mit ängstlichen Augen wahr. Angst verzerrt die Wahrnehmung. Oder besser gesagt: Das Leugnen von Angst verzerrt die Wahrnehmung. Sobald wir Angst leugnen und sie aus unserem Leben verbannen, sehen wir die Welt durch die Brille der Unzulänglichkeit: nicht genug Liebe, sich nicht genug hingezogen fühlen, nicht genug Humor, keine ausreichende Kommunikation durch Gespräche. Wer die Welt so sieht, erlebt keine Schönheit, keine Sanftheit, nichts, was es wert ist, zugelassen zu werden. Das ist die Welt des Egos mit seinen harten Linien und seinem Bedürfnis nach einseitiger Gewissheit. Aber wenn sich die Mauer öffnet oder der Vorhang hebt und man die Dinge benennt (zum Beispiel: „Ich fühle mich angespannt, es liegt nicht an dir."), dann lösen sich die Barrieren auf.

Und dann folgt ein Rausch der Essenz. Sie sehen wieder mit klaren Augen. Ihre eigene Essenz erscheint Ihnen wie das Schilfrohr am Fluss im Frühling und Sie sehen Ihren Geliebten oder Ihre Geliebte als Schönheit an den Ufern. Sie erkennen die inneren, unveränderlichen Qualitäten seiner oder ihrer Essenz. Sie sehen seine oder ihre Wärme und Freundlichkeit wie einen klaren Fluss fließen. Sie bemerken seine oder ihre Ehrlichkeit und den Humor. Es ist, als sähen Sie dies alles zum ersten Mal. Es ist wieder wie beim anfänglichen Verlieben, aber vielleicht erleben Sie es wirklich auch zum ersten Mal.

Es wäre so schön, immer in diesem Zustand zu bleiben, in dem wir mit offenen Augen und offenem Herzen durchs Leben gehen, aber dann wären wir keine Menschen. Zum Menschsein gehört auch, sich zu verschließen, zurückzuweichen und sich zurückzuziehen. Mensch zu sein wird quasi durch unser Getrenntsein definiert, im Gegensatz zum Einssein, das offensichtlich ein anderes Reich definiert. Als voneinander getrennte menschliche Wesen werden wir uns abkapseln, und als intensiv denkende Menschen, die zu Ängsten neigen, werden sich bei uns unweigerlich Zweifel einschleichen.

Unsere Kultur hat eine sehr klare Botschaft im Hinblick auf Zweifel: Zweifel bedeuten, dass man nicht tun sollte, woran man zweifelt. Wenn Sie also im Hinblick auf Ihren Partner irgendwelche Zweifel hegen, „sind Sie mit dem falschen Partner zusammen". Jedes berechtigte Hinterfragen und jeder Ausdruck berechtigter Ängste in Bezug auf Ihre Beziehung wird sofort als Anzeichen für einen Fehler gedeutet.

Für den ängstlichen Geist sind Zweifel unvermeidlich. Für einen Geist, der jede Entscheidung unter einem möglichst hochauflösenden Mikroskop untersucht und wichtige Fragen stellt, sind Zweifel nicht nur ein Zeichen von Verantwortungsbewusstsein, sondern auch ein anderes Wort für Angst. Es sind Fragen wie: „Woher weiß ich, dass ich ihn liebe? Was ist überhaupt wahre Liebe? Woher weiß ich, dass wir nicht wie meine Eltern enden oder zu den statistischen 50 Prozent der Ehen gehören, die geschieden werden?" Und da Angst im Leben einzig und allein die Aufgabe hat, Sie vor der Möglichkeit zu schützen, verletzt zu werden, wird sie sich in Ihrer intimsten Beziehung, in der das Risiko, verletzt zu werden, am größten ist, natürlich besonders stark bemerkbar machen. Genau dort melden sich Ängste – oder Zweifel – und versuchen, Sie dazu zu bringen, die Flucht zu ergreifen.

Sollten Sie hinhören? Die Antwort darauf findet sich in den weisen Worten einer meiner Patientinnen, die sie im Hinblick auf alle Bereiche ihres Lebens geäußert hat (nicht nur auf ihre Beziehung): „Wenn ich auf meine Zweifel hören würde, käme ich morgens nie aus dem Bett." Mit anderen Worten: Zweifel sind ein normaler Bestandteil eines ängstlichen Geistes. Wenn Sie lernen, effektiv mit Ängsten umzugehen, nehmen Sie die Botschaften Ihrer Ängste zwar wahr, aber Sie beherzigen nicht ihren Rat. Ängste und Zweifel werden immer wieder Pfeile in Ihren Geist schießen, aber Sie lernen, das Gift nicht zu schlucken. Sich auf die kulturelle gesellschaftliche Lüge einzulassen, der zufolge Zweifel bedeuten, dass man das, woran man zweifelt, nicht tun soll, würde bedeuten, dass man sich der Angst unterwirft und sagt: „Du hast gewonnen. Du bestimmst mein Leben." Und dass man, wie meine Patientin es ausdrückte, morgens nicht mehr aus dem Bett käme. Man würde risikofrei in der Sicherheit einer sorgfältig überwachten Kiste leben. Man wäre zwar am Leben, aber man würde nicht wirklich leben. Mit Ängsten umzugehen bedeutet, sich bewusst aus dieser sicheren Kiste herauszubegeben. Romantische Beziehungen bieten uns eine der wirksamsten – und beängstigendsten – Möglichkeiten, dieses Risiko mit ganzem Herzen einzugehen.

Schlüsselkonzepte zum Verständnis von Beziehungsängsten: Projektion und der Verfolger-Distanzierer-Konflikt

Um Ihre Angst herauszufordern müssen Sie in der Lage sein, ihre trickreichen Methoden zu benennen. Sie versucht damit, Sie zu überzeugen, dass Sie mit dem falschen Menschen zusammen sind und dass Ihre Angst ein intuitives Zeichen dafür ist, dass Sie die Flucht ergreifen sollten. Unsere Beziehungszufriedenheit würde zweifellos steigen, wenn jeder, der sich in einer intimen Beziehung befindet, einige Schlüsselkonzepte verstehen würde.

Das erste Konzept ist die Projektion. Bei der Projektion handelt es sich um einen Abwehrmechanismus, bei dem eine Person ihre eigenen negativen Eigenschaften oder Gefühle leugnet und diese stattdessen einer anderen Person zuschreibt. In einer Beziehung kann Projektion auf verschiedene Weise auftreten. Wenn Ihr Mann zum Beispiel eine sehr dominante Mutter hatte, könnte er sich durch Ihre Aufforderung, langsamer zu fahren, bevormundet *fühlen*, selbst wenn Sie ihn nicht bevormunden. Wir würden dann sagen, dass er seine Mutter auf Sie projiziert. Ebenso könnte Ihre Frau Ihr Bedürfnis nach Sex als erdrückend empfinden, weil sie sich nicht darum gekümmert hat, die Probleme aus einer früheren Beziehung aufzuarbeiten, in der ihr Partner übergriffig wurde. Wir würden sagen, dass sie ihren Ex auf Sie projiziert. Das ist der Fall, wenn sich Unbewusstes, das noch nicht vollständig verarbeitet wurde, in die Beziehung einschleicht. Wenn Sie Ihren inneren Kompass darauf ausgerichtet haben dazuzulernen, dann vertrauen Sie darauf, dass Ihr Partner in Wahrheit nicht dominant oder übergriffig ist. Sie würden die Situation als eine Gelegenheit betrachten, eine innere Wunde heilen zu lassen, die Aufmerksamkeit benötigt.

Projektion kann auch in Form von Beziehungsängsten auftreten, sobald sich Gedanken wie „Ich liebe ihn nicht“ oder „Ich bin nicht in sie verliebt“ einschleichen. Wenn Sie eine gesunde Beziehung haben und Verbundenheit zwischen Ihnen besteht, handelt es sich wahrscheinlich um Ihre Angst, die auf den Partner projiziert wird. In diesem Fall ist es Ihre Aufgabe – und das kann sehr schwierig sein, weil die Stimme so überzeugend klingt –, die Projektion von Ihrem Partner zu lösen. Es geht darum, sich mit den eigentlichen Gefühlen in Ihrem Inneren zu befassen, die Aufmerksamkeit benötigen.

Manchmal geschieht so etwas auch erst nach mehreren Jahren in einer Ehe, häufig im Zusammenhang mit einer besonders schmerzhaften Transition. Nehmen wir an, Ihre Frau verliert ihren Vater, dem sie sehr nahestand. Wenn sie ein Mensch ist, dem es schwerfällt, sich seinen schmerzhaften Gefühlen zu stellen, könnte sie ihre Trauer und Einsamkeit verleugnen. Sie könnte dann feststellen, dass sie auf einmal keine Liebe mehr für Sie empfindet. Ihre verdrängten, schmerzhaften Gefühle haben sich in eine Projektion auf Sie verwandelt, weil der Ego-Verstand es vorzieht, sich auf das greifbare Reich der Gedanken zu konzentrieren, anstatt auf das verletzliche, amorphe Reich der Gefühle. Die Aufgabe Ihrer Frau bestünde dann darin, die Projektion von Ihnen zu lösen und die Bereitschaft und den Mut zu finden, ihren Schmerz zu fühlen.

Wenn die folgenden Gedanken wie aus dem Nichts bei Ihnen aufflammen, handelt es sich wahrscheinlich um eine Projektion:

- Ich liebe ihn oder sie nicht mehr.
- Ich will das nicht.
- Wir sind zu verschieden.
- Ich habe mir immer vorgestellt, mit jemandem zusammen zu sein, der anders [attraktiver, finanziell stabiler, gebildeter, sozialer, geistreicher, in sexueller Hinsicht interessanter, liebevoller usw.] ist.

Eine andere Möglichkeit, Projektion zu verstehen, besteht darin, sie sich genau so vorzustellen, wie das Wort es beschreibt: Das, was in Ihnen verborgen ist oder sich im Unbewussten befindet, wird auf die Leinwand Ihres Partners *projiziert*. Das Gesicht Ihres Partners wird zur Filmleinwand. Seine Eigenheiten, sein Lachen, die Art, wie er kaut, oder sein Mangel an sozialer Flexibilität können allesamt zu Projektionsflächen werden, auf die Ihre Ängste oder Ihre schwierigen Gefühle projiziert werden. Falls das Konzept der Projektion für Sie etwas Neues ist, kann es schwer zu verstehen sein oder es fällt Ihnen schwer zu glauben, dass etwas dran ist. Aber wenn Sie es eine Weile in Ihrem Kopf durchspielen, werden Sie es verstehen und es wird Ihnen helfen, für einige der Schattenseiten in Ihrem Inneren Verantwortung zu übernehmen.

Das zweite Schlüsselkonzept, das es zu verstehen gilt, ist der Verfolger-Distanzierer-Konflikt, ein Beziehungsmuster, das wir aufgrund von kultureller Gehirnwäsche für wahre Liebe halten.

In fast jeder Beziehung gibt es einen Verfolger und einen Distanzierer. Der Verfolger ist derjenige, der die Gewissheit, die Verliebtheitsgefühle und die scheinbare Angstfreiheit verkörpert. Der Distanzierer ist derjenige, der die Zweifel und das Gefühl des Nicht-verliebt-Seins in sich trägt und häufiger Mauern und Barrieren verschiedener Art errichtet. Wenn eine Patientin sagt: „Ich war so verliebt in meinen letzten Partner, ich hatte überhaupt keine Zweifel", dann frage ich sofort: „Waren Sie eher die Verfolgerin oder die Distanziererin?" Darauf antwortet sie, wenn sie so etwas sagt, ausnahmslos immer: „Die Verfolgerin. Mein Partner war nie uneingeschränkt für mich da, und ich hatte immer das Gefühl, dass er mit einem Bein schon zur Tür hinaus war." Normalerweise folgt eine nachdenkliche Pause, dann: „Ich habe nur dann Schmetterlinge im Bauch und Gewissheit verspürt, wenn mein Partner nicht uneingeschränkt verfügbar war. Sobald die Verfolgung endete und ich wusste, dass er / sie nirgendwo hingehen würde, sind die Mauern hochgegangen und Zweifel haben sich breitgemacht."

Viele Hollywoodfilme basieren auf dem Konzept, dass die Geschichte endet, wenn die Beziehung beginnt. Das bedeutet, dass wir neunzig Minuten lang von den Figuren gefesselt werden, die einander hinterherjagen und sich ständig verpassen, sowohl im wörtlichen als auch im emotionalen Sinne. Unsere Sehnsucht steigert sich entsprechend ihrer Sehnsucht: Wir sehen zu, wie sie sich verpassen, sich küssen und sich wieder verpassen, bis sie – ah, endlich! – leidenschaftlich Sex miteinander haben und dann dem sprichwörtlichen Sonnenuntergang entgegenreiten.

Infolge dieser Konditionierung sind wir so gestrickt, dass wir Liebe mit Sehnsucht gleichsetzen. Das bedeutet, dass wir uns nur dann verliebt und sicher fühlen, wenn unser Partner nicht voll verfügbar ist. Wir jagen. Wir sehnen uns. Und dann denken wir, wir sind verliebt.

Eilmeldung: Liebe ist *nicht* mit Sehnsucht gleichzusetzen.

Es ist wichtig zu verstehen, dass es nicht darum geht, dass der Verfolger verliebter ist oder weniger Angst vor Intimität hat als der Distanzierer. Es geht vielmehr darum, dass der Verfolger sich sicherer fühlt, seine Liebesgefühle zuzulassen, weil er weiß, dass sein Partner eine Mauer errichten wird. Diese Mauer, egal wie subtil sie ist, bietet die Sicherheit, sich „wahnsinnig verliebt" zu fühlen. Wenn der Spieß umgedreht würde und der Distanzierer zum Verfolger würde, wie es in einer langfristigen Beziehung oft vorkommt, würde der Verfolger mit seinen Ängsten konfrontiert werden.

Robert A. Johnson schreibt in *We: Understanding the Psychology of Romantic Love:* „Wir verbringen so viel Zeit unseres Lebens damit, uns zu sehnen und zu suchen – wissen aber nicht, wonach. So viele unserer vermeintlichen ‚Ziele', so viele Dinge, von denen wir glauben, dass wir sie wollen, entpuppen sich als Maskierungen, hinter denen sich unsere wahren Wünsche verbergen. Sie sind Symbole für die tatsächlichen Werte und Qualitäten, nach denen wir hungern. Sie lassen sich nicht auf physische oder materielle Dinge beschränken, nicht einmal auf eine physische Person; es sind psychologische Qualitäten: Liebe, Wahrheit, Ehrlichkeit, Loyalität, Zielstrebigkeit – etwas, das wir als edel, wertvoll und unserer Hingabe würdig empfinden können. Wir versuchen, all dies auf etwas Physisches zurückzuführen – ein Haus, ein Auto, einen besseren Job oder einen Menschen –, aber das funktioniert nicht. Ohne es zu bemerken, sind wir auf der Suche nach etwas *Heiligem.* Und dieses Heilige lässt sich nicht auf etwas anderes zurückführen."

Unsere Kultur leitet die fundamentale und essenzielle menschliche Sehnsucht nach etwas Heiligem auf Menschen und Dinge fehl, vor allem auf Liebesbeziehungen. Was geschieht also, wenn man mit jemandem zusammen ist, der voll und ganz verfügbar ist – und keine Sehnsüchte aufkommen? Oder wenn man sich unsterblich verliebt, aber eines Tages feststellt, dass dieses Gefühl verblasst oder verschwindet? Oder wenn diese intensiven Gefühle der Leidenschaft von Anfang an nicht da waren? Meistens nimmt man fälschlicherweise an, dass man mit der falschen Person zusammen ist, dass man sie nicht wirklich oder nicht „genug" liebt. Was passiert jedoch, wenn Sie zu Ängsten neigen oder ein Grübler sind und Sie den normalen, gesunden Verlauf der Liebe und Konzepte wie das der Projektion nicht verstehen? Dann werden Sie sich wahrscheinlich im Hamsterrad der Ängste abstrampeln und Fragen stellen, auf die es keine Antworten gibt.

Anders als in der Hollywood-Version fängt in dem Moment erst die wirkliche Arbeit an: zu lernen, was wahre Liebe ist.

ÜBUNG

Mit der Projektion arbeiten

Wenn Sie bemerken, dass Sie in Ihren Gedanken feststecken oder in einer Projektion gefangen sind, erinnern Sie sich daran, das Biest bei seinem wahren Namen zu nennen und zu sagen: „Ich projiziere gerade." Diese einfache Methode wird Ihnen helfen, sich von der Geschichte zu lösen, die Ihr angstbasierter Verstand Ihnen auftischt. Sie wird Sie darin unterstützen, den nächsten Schritt zu machen, nämlich zu fragen: „Vor welchen Gefühlen schützen mich diese Gedanken?" Versuchen Sie dann, mit Ihrem inneren weisen Elternteil am Ruder sanft den Prozess zu durchlaufen, der in Kapitel 11 in der Übung „Neugierig auf die Sehnsucht werden" beschrieben wird, und zwar mit den folgenden kleinen Veränderungen: Konzentrieren Sie sich auf Ihren Atem. Nehmen Sie wahr, was Sie fühlen. Benennen Sie alle alten Muster, Überzeugungen oder Geschichten, die in Ihnen hochkommen. Lassen Sie sich von Ihren Gefühlen leiten. Seien Sie vor allem achtsam und haben Sie Geduld. Das alles geht nicht schnell und ist nicht einfach. Doch mit etwas Zeit, Beharrlichkeit und Mut werden Sie bald die kleinen Verlagerungen bemerken, die schließlich zu einer Veränderung führen.

HINWEIS ▷

Wenn Sie keine Kinder haben, möchte ich Sie ermutigen, das nächste Kapitel trotzdem zu lesen und sich statt auf eigene Kinder auf Ihr inneres Kind zu konzentrieren. Überlegen Sie auch, inwieweit sich Ihre eigene Kindheit von den in diesem Kapitel dargelegten Konzepten unterschied oder ihnen ähnelte und welche Auswirkungen sie auf Ihre Ängste hatten.

16

KINDER ERZIEHEN IM ZEITALTER DER ÄNGSTE

Ohne echte Gefühle ist ein Heranwachsen nicht möglich. Kinder, die nicht dafür geliebt werden, wer sie sind, lernen nicht, sich selbst zu lieben. Ihr Heranwachsen ist eine Übung darin, anderen zu gefallen, nicht darin, durch Erfahrung zu reifen. Als Erwachsene müssen sie dann lernen, für ihr eigenes verlorenes Kind zu sorgen.

MARION WOODMAN

Coming Home to Myself: Reflections for Nurturing a Woman's Body and Soul

Unsere Kultur gibt uns ein unmöglich zu erfüllendes Ideal für die Kindererziehung vor, das immer mehr auf Perfektion abzielt. Und wie Sie in diesem Buch bereits gelernt haben, gibt es nur wenige Dinge, die mehr Ängste auslösen als unrealistische Erwartungen. Im Laufe der Jahre haben mir unzählige Mütter berichtet, dass sie das Gefühl haben, ständig etwas falsch zu machen, ganz egal um welchen Bereich der Kindererziehung es auch geht: Schlafen, Essen, Umgang mit anderen Menschen, Bildung. Von allen Seiten wird ihnen vermittelt, dass keine Entscheidung, die sie treffen, dem unmöglich zu erfüllenden, unausgesprochenen Standard genügt. Und Sie wissen ja inzwischen: Sobald Sie der Denkweise „Was stimmt mit mir nicht?" verfallen, landen Sie schnell im Teufelskreis der Ängste.

Die Wahrheit ist, dass es kein Handbuch gibt, in dem man erfährt, wie Kinder zu erziehen sind, weil kein Kind wie das andere und jede Eltern-Kind-

Konstellation einzigartig ist. Doch es gibt einige grundlegende Voraussetzungen. Wenn man diese beachtet, wird die herausfordernde Aufgabe der Kinderziehung ein wenig leichter, da einige damit einhergehende Sorgen und Ängste gemildert werden. In diesem Kapitel werde ich diese Voraussetzungen darlegen und Ihnen sowohl anhand meiner eigenen Erfahrungen mit der Kindererziehung als auch anhand der Erfahrungen meiner Patienten einen umfassenden Leitfaden zur Verfügung stellen. Dieser zeigt Ihnen, wie es aussieht, bei der Erziehung Selbstmitgefühl und Güte walten zu lassen, damit wir Kinder erziehen, die sich selbst kennen, sich selbst mögen und sich selbst vertrauen. Letztendlich ist das ja genau, was wir uns alle für unsere Kinder wünschen.

Sorgen sind Bestandteil des Elternseins

Ängste gehören dazu, wenn man Kinder hat. Es ist nicht möglich, sich so intensiv um den Nachwuchs zu kümmern, wie wir es tun, ohne sich Sorgen um sie zu machen. Und wenn wir uns selbst für unsere Sorgen kritisieren, tragen wir nur dazu bei, dass diese sich verfestigen. Bevor wir uns also eingehender mit der Erziehung von Kindern befassen, müssen wir den Sorgen an der Festtafel der elterlichen Psyche einen Platz gewähren.

Mit jedem neuen Baby erscheinen sie nämlich wieder von Neuem. Wenn Sie die Veranlagung haben, zu Sorgen zu neigen, werden diese bei jeder Transition wieder in Erscheinung treten – als eine Möglichkeit, Ihnen zu helfen, eine weitere Schicht dieser geerbten Charaktereigenschaft zu heilen. Wie es bei Transitionen immer der Fall ist, können Sie, wenn eine unerwünschte Charaktereigenschaft in Erscheinung tritt, entweder lernen, mit ihr umzugehen, was Sie reifen lässt. Oder Sie können sie ignorieren, was zur Folge hat, dass sie sich noch stärker in Ihrer psychologischen Struktur verfestigt. Die meisten Menschen, die sich stattfindender Transitionen nicht bewusst sind und nicht wissen, wie sie damit umgehen sollen, wählen den Weg des geringsten Widerstands. Sie lassen zu, dass sich die unerwünschte Gewohnheit verfestigt. Das Elternsein bietet täglich Gelegenheiten zu lernen, mit Sorgen bewusster und effektiver umzugehen.

Diese Tatsache wurde mir vor der Geburt meines zweiten Sohnes klar. Ich hatte bereits seit zwölf Stunden Wehen, aber sie waren noch nicht stark genug, um mein Baby zur Welt zu bringen. Meine Hebamme konnte spüren, dass mir noch etwas von der inneren Bereitschaft fehlte, damit sich mein Körper für die nächste Phase ausreichend öffnen konnte. Sie rückte näher an mich heran und sagte: „Sie sehen so traurig aus." In dem Moment öffneten sich die Schleusen und ich weinte, weil ich mir solche Sorgen darüber machte, wie es sein würde, wenn ich meine exklusive Beziehung zu Everest verlöre, wie mein Ältester auf seinen kleinen Bruder reagieren und ob ich in der Lage sein würde, ein weiteres Kind genauso zu lieben, wie ich Everest liebte. Die Hebamme saß am Fuße meines Bettes und sagte zu mir: „Sorgen gehören zu den Aufgaben des Mutterseins" – ein Zitat aus *Birthing from Within* von Pam England.

Der Satz war mir schon einmal begegnet, als ich das Buch während meiner ersten Schwangerschaft gelesen hatte, aber ich war nicht in der Lage zu begreifen, was er bedeutete, bis ich Mutter wurde. Als Everest ein Baby war, machte ich mir ständig Sorgen um ihn. War er gesund? War er glücklich? Würde er sich verletzen? Hatte er Hunger? Hatte er Schmerzen? Wenn mein Mann ihn einige Stunden lang betreute, konnte ich mich kaum entspannen, weil ich mir solche Sorgen darüber machte, ob mit den beiden auch alles in Ordnung war. Ich hatte furchtbare Visionen und stellte mir vor, dass sie einen Autounfall hatten und die Polizei bei mir vor der Haustür erschien. Ich war dankbar für die Erfindung des Mobiltelefons und benutzte es während jedes einzelnen Ausflugs, den sie machten, mehrmals. „Sorgen gehören zu den Aufgaben des Mutterseins."

Als Everest älter wurde, machte ich mir weniger Sorgen. Er war stabiler, weniger verletzlich und seit Jahren nicht mehr in der Baby- und Kleinkindphase. In dieser hatte ich mich jede Nacht, normalerweise sogar mehrmals, vergewissert, dass er noch atmete. Mein Mann konnte ihn jetzt einen ganzen Tag lang mitnehmen, ohne dass ich den Drang verspürte, mich per Handy zu vergewissern, dass es ihnen gut ging (wobei ich nichts dagegen hatte, wenn er mir eine Nachricht schickte um mich wissen zu lassen, dass alles okay war). Ich wurde immer zuversichtlicher, dass es ihm gut gehen würde und dass ich, wenn das mal nicht so wäre (zum Beispiel, wenn er sich verletzte oder krank wurde), schon die richtigen Mittel und Wege finden würde, damit umzugehen. Ich wurde immer besser darin, die folgenden vier Schritte anzuwenden, um mit den Sorgen des Elternseins klarzukommen.

Wie bereits erwähnt, besteht das erste Schritt darin zu akzeptieren, dass Sorgen zum Elternsein dazugehören. Wir haben ausführlich darüber gesprochen, wie wichtig es ist, die authentischen und existenziellen Gefühle wie Kummer, Angst, Eifersucht, Langeweile oder Einsamkeit, die allesamt Teil des Menschseins sind, zu akzeptieren und anzunehmen. Sorgen führen wir auf dieser Liste normalerweise nicht mit auf. Aber wenn es ums Elternsein geht, ist es nahezu unmöglich, ein Kind so intensiv zu lieben, wie wir es tun, ohne sich um sein Wohlbefinden zu sorgen. Der richtige Blickwinkel lädt dazu ein, die Sorgen zu akzeptieren, was wiederum Mitgefühl hervorruft. Wenn wir sie akzeptieren, statt uns dafür zu verurteilen oder zu tadeln, ist es leichter, mit ihnen umzugehen.

Der zweite Schritt besteht darin, unsere Machtlosigkeit im Hinblick auf das Leben unserer Kinder zu akzeptieren. Dazu zählt auch, wie gesund diese sich an einem bestimmten Tag fühlen sowie ihr langfristiges emotionales Wohlbefinden. Natürlich tun wir alles, was in unserer Macht steht, um sicherzustellen, dass unsere Kinder gesund und wohlbehalten sind. Aber da wir sie nicht in eine Blase stecken können, müssen wir akzeptieren, dass das Leben nun einmal so verläuft, wie es ist. Es wird Knochenbrüche und Bienenstiche geben, Fieber und Krankheiten, und es werden Unfälle passieren. Die fortwährende Lektion besteht darin, die Kontrolle abzugeben. Sie beinhaltet, dass wir uns täglich – normalerweise mehrmals – daran erinnern, dass wir über die meisten Dinge, die im Leben unserer Kinder passieren, keine Kontrolle haben. Unser Ego hasst diese Realität! Aber unser höheres Selbst tröstet sich damit, dass es sich nun einmal so verhält. Denn das bedeutet eben auch, dass wir nur das tun können, was uns möglich ist, und dass alles andere in den Händen höherer Mächte liegt.

Der dritte Schritt besteht darin zu beten. Seit der Geburt meiner Kinder habe ich jeden Abend zu Gott gebetet, dass er sie bitte beschützen möge, dass er meinen Mann und mich bitte beschützen möge und dass er mir dabei helfen möge, die bestmögliche Mutter zu sein. Wenn ich sah, wie Everest auf einem Klettergerüst nach oben kletterte, habe ich gebetet. Wenn er krank war, habe ich gebetet. Als ich miterlebte, wie Asher mit den Schmerzen beim Zahnen kämpfte, habe ich gebetet. Und als meine Sorgen drohten, mich bis zu einem Punkt zu verzehren, an dem sich all meine Freude verfinsterte, habe ich gebetet: „Lieber Gott, bitte nimm mir meine Sorgen. Bitte hilf mir, sie hinzunehmen und mich ihnen zu stellen.“ Wie ich bereits an anderer Stelle in diesem Buch erwähnt habe, sollten Sie selbst dann beten, wenn Sie nicht an die Kraft von Gebeten glauben. Es hilft, die Energie durch einige unsichtbare Kanäle zu leiten, an deren Kraft Sie nicht glauben müssen, damit sie funktionieren.

Der vierte Schritt besteht darin, Dankbarkeit zu praktizieren. Sorgen sind die gewohnheitsmäßige Neigung des Geistes, sich auf etwas Negatives zu konzentrieren, das gerade passiert. Als meine Söhne klein waren, machte ich täglich folgende Übung: Ich stellte mir vor, das Programm meines inneren Fernsehers von Sorgen auf Dankbarkeit umzustellen, bis es zur Gewohnheit wurde. Auf dem Sorgenbildschirm sah ich, wie Everest die Treppe hinunterfiel oder von einem Klettergerüst stürzte – furchtbare Bilder also. Aber wenn ich den Sender wechselte, schaltete ich das Dankbarkeitsprogramm ein. Dann erschienen auf dem Bildschirm meine wunderbaren, gesunden, glücklichen Söhne. Ich sah ihre strahlenden Gesichter und ihr breites Lächeln. Ich sah Everest über unseren grünen Rasen rennen, dem Wasser der Rasensprenger ausweichen und sich dabei kaputtlachen. Ich bemerkte Asher, wohlig in sein Tragetuch gepackt, wie er seinen großen Bruder betrachtete wie einen Superhelden, mit einem zahnlosen breiten Grinsen, strahlender als die Sonne. Manchmal sah ich sie als junge Männer, nebeneinander gegen einen Zaun gelehnt und über irgendeinen Witz lachend, den nur sie beide verstanden. Manchmal sah ich sie sogar bei noch späteren freudigen Ereignissen, zum Beispiel bei ihrer Hochzeit. Und dann kehrte ich wieder zurück in die Gegenwart, ins Jetzt, und genoss die reine Freude daran, wie sie den Tag durchlebten.

Drei Mittel gegen Ängste: Dankbarkeit, Einfühlungsvermögen, langfristiges Denken

Befassen wir uns noch etwas intensiver mit Dankbarkeit, denn Dankbarkeit ist so ein starkes Mittel gegen Ängste. Wenn Eltern keine Dankbarkeit empfinden, verwandeln sich die Freude und die Begeisterung, die damit einhergehen, ein Kind großzuziehen, schnell in Groll und das Gefühl von Überforderung. Neben vielen anderen Dingen bedeutet das Elternsein auch ein Opfer, und für Frauen beginnt dieses bereits mit der Schwangerschaft. Eine Frau stellt ihren Körper zur Verfügung, um einen neuen Menschen heranwachsen zu lassen. Sie bringt das Baby im Zuge der ultimativen Initiation ihres Lebens zur Welt. Und dann muss sie sich Tag und Nacht liebevoll um das Baby kümmern und (in veränderlichen Anteilen) Schlaf, Unabhängigkeit, Selbstständigkeit und die Befriedigung ihrer sexuellen Bedürfnisse opfern, damit das Kind gedeiht und sich hoffentlich zu einem fürsorglichen, mitfühlenden, selbstbewussten Erwachsenen entwickelt. Was für eine Aufgabe! Und keines von all diesen Opfern wäre es wert, gebracht zu werden, wenn wir nicht das Wunder sehen würden, das jeder Phase dieses Prozesses innewohnt.

Einer der Irrtümer im Hinblick auf Dankbarkeit ist der Glaube, dass man sie spüren muss, um sich mit ihr verbinden zu können. Das muss aber nicht so sein. Manchmal umströmt uns Dankbarkeit wie Wasser, das Gefühl wärmt einen wie die Sonne an einem kalten Wintertag. Doch oft und vor allem während der normalerweise sehr anstrengenden, erschöpfenden Jahre, in denen man Kinder großzieht, ist Dankbarkeit etwas, nach dem man erst geduldig die Hand ausstrecken muss, bis sie zu einem kommt. Es ist wie bei einem Lächeln. Selbst wenn Ihnen nicht danach zumute ist, ist ein Lächeln in der Lage, Ihre Nerven einen Moment lang zu beruhigen. Ein ausgesprochenes „Danke" kann Ihnen, obwohl Sie nicht das Gefühl haben, dankbar sein zu müssen, dabei helfen, den Strom der Dankbarkeit, der sich in Ihnen befindet, anzuzapfen und zu aktivieren.

Wir tun dies, indem wir uns in Erinnerung rufen zu entschleunigen und laut „Danke" zu sagen. Wir tun dies, indem wir mit Augen sehen, die erkennen, und mit Ohren hören, die zuhören. Einer der vielen Gründe, aus denen mein Mann und ich das Co-Sleeping, also das gemeinsame Schlafen mit unseren Kindern im gleichen Bett, so viele Jahre lang geliebt haben, war die wertvolle Zeit, in der wir neben unseren Kindern lagen und zusahen, wie sich der Stress des Tages und all die Enttäuschungen, die sie erlebt hatten, auflösten. Sie entschwebten, bis nur noch das weiche, engelsgleiche Gesicht ihres Schlafs vorhanden war. Und das Wort, das mir jeden Abend über die Lippen kam, während ich voller Ehrfurcht ihre Schönheit bewunderte, lautete: *Danke.*

Wenn Sie sich um ein Kind kümmern dürfen, können Sie sich wirklich glücklich schätzen. Wenn Sie sich die Zeit nehmen, dieses Glück zu würdigen, wird die negative Belastung, die den heutigen Alltag eines Vaters oder einer Mutter prägt, von dem positiven Strom der Liebe und der Dankbarkeit aufgenommen, der Ihre Tage beflügeln kann.

Das zweite Mittel für Eltern gegen Ängste ist zu lernen, dass Sie sich auf Ihr Kind einlassen, und zwar so, wie es wirklich ist, und nicht auf ein Kind, wie es nach Ihrer Wunschvorstellung sein sollte. Irgendwann muss sich jede Mutter und jeder Vater von dieser Wunschvorstellung verabschieden, um das Kind annehmen zu können, das sie oder er hat. Sie dachten, Ihre Tochter würde eine großartige Sportlerin werden, aber sie entpuppt sich als Bücherwurm. Sie dachten, Ihr Kind würde in Ihre Fußstapfen treten und sich für Naturwissenschaften begeistern, aber es liebt die Musik. Wir haben Vorstellungen davon, wie unsere Kinder sein werden, und diese Vorstellungen müssen zerschlagen und begraben werden. Andernfalls verwandeln sie sich nämlich in Ängste. Sie begraben und betrauern diese Vorstellungen, damit Sie Ihr Kind genau so sehen und lieben können, wie es ist, und nicht, wie Sie es sich wünschen. Dadurch sind Sie zudem in der Lage, es zu unterstützen. Genauso wie Ängste entstehen, wenn Sie versuchen, sich zu verstellen, um so zu sein, wie unsere Kultur vorgibt, sorgen wir dafür, dass sich dieser schädliche Teufelskreis fortsetzt, wenn wir von unseren Kindern verlangen, so zu sein, dass sie unseren Wünschen entsprechen. Wir rufen nicht nur bei uns selbst Ängste hervor, sondern geben sie auch an unsere Kinder weiter, indem wir ihnen vermitteln, dass irgendetwas mit ihnen nicht stimmt.

Sobald Sie genau hinhören und sich auf Ihr Kind einlassen, werden Sie sich daran erinnern, dass Sie sich – abgesehen von irgendwelchen oberflächlichen Erfolgen – am meisten für Ihr Kind wünschen, dass es erfüllt ist. Wenn Sie die Obsession unserer Kultur für Leistung und Perfektion hinter sich lassen können und stattdessen darauf achten, Ihre Kinder so zu sehen, wie sie wirklich sind, werden Sie schnell den einzigartigen Funken bemerken, der in ihnen steckt. Dieser bestimmt, wofür sie brennen, und Sie werden erkennen, wie sie veranlagt sind und auf welche Art und Weise sie sich durch die Welt bewegen.

Meiner Meinung nach besteht die wichtigste Aufgabe des Elternseins darin, die Interessen des eigenen Kindes wahrzunehmen und zu unterstützen. Es geht darum zu merken, was ihm Freude bereitet, seine Energie auf diesen Funken zu lenken, der in ihm lodert, und ihn dann anzufachen – wofür auch immer das Kind brennt. Wenn ich mit frisch gebackenen Eltern arbeite, ermuntere ich sie immer, „auf diesen Funken zu achten“: genau zu beobachten, welche Aktivitäten die Aufmerksamkeit ihres Kindes erregen und seine Fantasie beflügeln. Ich bin ganz sicher, dass es für jedes Kind Orte oder Aktivitäten oder Bücher oder Menschen oder Themen gibt, die ihm Freude bereiten und den Funken aufleuchten lassen.

Wenn ich die Fotos meines älteren Sohnes aus seinen ersten beiden Lebensjahren betrachte, bin ich immer erstaunt: Ich sehe, wie er zum Beispiel den Reißverschluss eines Koffers auf- und zuzieht, um herauszufinden, wie er funktioniert. Sein technischer Verstand offenbarte sich bereits im Alter von einem Jahr und war mit achtzehn Monaten voll ausgeprägt. Es fasziniert mich, wie anders geartet die Interessen unseres zweiten Sohnes sind, die sich ebenfalls schon früh in seinem Leben zeigten.

Wenn Sie genau hinsehen, werden Sie den Funken erkennen, der in Ihrem Kind lodert. Das Entscheidende dafür ist, Ihre eigene Agenda aus dem Weg zu räumen, damit Sie klar und deutlich wahrnehmen können, was sich vor Ihnen befindet. Falls Sie sich wünschen, dass Ihre Tochter Tänzerin wird, diese sich aber ganz klar für Naturwissenschaften interessiert, könnten Sie die Hinweise darauf vollkommen übersehen, weil Ihre Sicht durch Ihre eigenen Wünsche getrübt ist. Es ist eine machtvolle psychologische Wahrheit, dass Kinder in vielerlei Hinsicht das ungelebte Leben führen, das ihre Eltern gerne gehabt hätten. Deshalb müssen wir uns so gut wie möglich bemühen, unseren eigenen latenten Wünschen und Bedürfnissen Beachtung zu schenken, damit wir diese nicht unseren Kindern aufzwingen. Manchmal hilft es schon, sie zu benennen, um sie aus dem Unbewussten ins Bewusste zu holen. Indem Sie zum Beispiel laut sagen: „Weißt du, ich finde es so schade, dass ich meine Leidenschaft fürs Tanzen nicht weiterverfolgt habe“, können Sie sich diesen Wunsch zu eigen machen und Ihrem Kind die Freiheit verschaffen, sein eigenes Leben zu leben.

Das dritte Mittel für Eltern gegen Ängste besteht darin, im Hinblick auf die Entwicklung ihrer Kinder die langfristige Perspektive ins Auge zu fassen. Eltern zu sein gleicht einem Dauerlauf, aber man verheddert sich schnell in den momentanen Ängsten, die einen verzehren. Wenn Ihr Kleinkind sich gegen den Kindersitz im Auto sträubt, kann es hilfreich sein, sich ältere Kinder anzusehen und sich vor Augen zu führen, dass alle Kinder irgendwann lernen, damit klarzukommen, in einem Auto zu fahren. Wenn Ihr Kleinkind Probleme damit hat zu bemerken, wann es aufs Töpfchen gehen muss, kann es hilfreich sein, sich in Erinnerung zu rufen, dass jeder irgendwann lernt, die Toilette zu benutzen. Wenn Ihr Kind einmal eine weiterführende Schule besucht, wird es ganz sicher keine Windeln mehr tragen! Ich kann Ihnen gar nicht sagen, wie oft ich befürchtet habe, dass meine Kinder irgendetwas tun oder nicht tun, nur um einige Monate später festzustellen, dass sich das Problem sozusagen von alleine erledigt hatte.

Die langfristige Perspektive vor Augen zu haben mildert Ängste, die von einer Kultur herrühren, die uns einredet, dass alles gemäß einem bestimmten, fix vorgegebenen Zeitplan zu passieren hat. Wenn Sie sich von diesem willkürlichen Zeitplan befreien, öffnet sich in Ihnen eine Weite, die sich wiederum positiv auf Ihr Kind auswirkt. Doch in unserer Kultur, die immer und überall Vergleiche anstellt und Erfolge erwartet, ist das leichter gesagt als getan.

Das Wettrennen um Leistung und Erfolg beginnt früh. Vom Lernen, aufrecht zu sitzen, zu krabbeln und zu laufen bis hin zum Sprechen sind die ersten zwei Jahre im Leben eines Menschen durch bestimmte Meilensteine der kindlichen Entwicklung geprägt. Wir verschreiben uns vielleicht nicht bewusst dem kulturell bedingten Wettrennen, bei dem es darum geht, dass unser Kind doch bitte zu den größten, schnellsten, klügsten und besten Kindern gehören möge. Aber wenn Ihr Kind erst mit sechzehn Monaten laufen oder erst mit zwei Jahren (oder noch später) sprechen kann, ist es schwierig, nicht dem heimtückischen Glauben zu verfallen, dass etwas mit dem Kind nicht stimmt, gefolgt von den noch heimtückischeren Ängsten, die dadurch ausgelöst werden. Kann Ihr Kind hingegen schon mit sieben Monaten laufen und spricht es seine ersten Worte bereits vor seinem ersten Geburtstag, ist es schwierig, diesen Entwicklungsschritten nicht insgeheim eine Bedeutung beizumessen. Man neigt dazu zu glauben, dass sein Kind intelligenter ist als andere gleichaltrige Kinder.

Die Wahrheit ist, dass keiner dieser Meilensteine der kindlichen Entwicklung in irgendeiner Weise etwas mit der Intelligenz eines Kindes zu tun hat. Meinen wir jedoch, dass es sich doch so verhält, fallen wir leicht in ein Loch, das von Ängsten geprägt ist. Vom Sprechen über das Schwimmen und Lesen bis hin zum Abstillen und nächtlichen Durchschlafen treiben wir unsere Babys und Kinder manchmal dazu an, mit anderen zu wetteifern und Dinge zu lernen, für die sie oftmals noch nicht bereit sind. Ein Erziehungsstil, der sich am Kind orientiert, bedeutet, auf seine Signale zu achten und zu hören. Er bedeutet, dem Kind einfühlsam und im Einklang mit den eigenen Bedürfnissen als Mutter oder Vater zu ermöglichen, das Timing so vieler Entwicklungsschritte wie möglich selbst zu bestimmen. Auch hier gilt: Wenn Sie sich von den kulturellen Erwartungen im Hinblick darauf, was als „normal“ gilt, befreien können und stattdessen auf den Rhythmus Ihres Kindes achten und diesem vertrauen, werden Ihre Ängste nachlassen.

Die Geschichte, die mir immer in den Sinn kommt, sobald ich über Zeitpläne und Rhythmus rede, ist, wie mein Sohn schwimmen gelernt hat. Zwischen seinem vierten und seinem sechsten Lebensjahr brachte ich ihn hin und wieder zum Schwimmunterricht. Normalerweise aber hielt er nur eine Stunde durch, sah mich dann an und sagte: „Mama, ich habe dir doch gesagt, dass ich mir das Schwimmen selber beibringe.“ Ich blieb jedoch hartnäckig. Er sträubte sich weiterhin und beharrte darauf, dass er den Schwimmunterricht nicht brauchte. Und tatsächlich tauchte er in dem Sommer, in dem er neun Jahre alt wurde, beim ersten Besuch im Schwimmbad unter, tauchte mit einem breiten Grinsen wieder auf und schwamm einmal wunderschön durch das ganze Becken. „Ich hab’s dir doch gesagt, Mama!“ Es war für alle ein Tag zum Feiern.

Im gleichen Sinne werde ich nie vergessen, wie mein wohlmeinender Nachbar meinen siebenjährigen Sohn auf seinem Fahrrad betrachtete und sich wunderte: „Er braucht immer noch Stützräder?“ Seine Kinder, die einige Jahre jünger waren, fuhren schon seit Jahren ohne Stützräder Fahrrad. Ich kann mich nicht einmal mehr genau daran erinnern, wann mein älterer Sohn lernte, ohne Stützräder zu fahren, aber ich weiß, dass es ein freudiger Moment war. Er wurde dadurch bestimmt, wann er selbst so weit war. Was spielt es schon für eine Rolle, ob ein Kind mit vier, sieben oder neun Jahren lernt, ohne Stützräder Rad zu fahren?

Abstillen, Schwimmen, Rad fahren, Lesen. Wozu die Eile? Warum wird uns kulturell bedingt der Glaube vermittelt, dass früher besser ist? Und dieses Rennen scheint unter immer größerem Druck und mit immer stärkerer Intensität stattzufinden. Als ich ein Kind war, war es nicht ungewöhnlich, dass Kinder erst mit acht oder neun Jahren schwimmen oder Rad fahren lernten, ohne in irgendeiner Form sozial stigmatisiert oder unter Druck gesetzt zu werden. Falls Ihr Kind heute nicht lesen, schwimmen und Rad fahren kann, wenn es den Kindergarten verlässt, laufen sowohl Sie als auch Ihr Kind Gefahr, schief angeguckt zu werden. Es ist an der Zeit, das Tempo wieder zu drosseln, und zwar um unserer selbst und um unserer Kinder willen. Wenn wir alles entschleunigen, verschaffen wir unseren Ängsten eine Atempause. Wir sind besser in der Lage, wieder in uns zu ruhen, wo unsere Weisheit und unsere Klarheit schlummern. Jedes Mal, wenn wir uns von sozialen Erwartungen befreien und uns selbst vertrauen, lindern wir nicht nur unsere Ängste, sondern wir leben unseren Kindern auch Selbstvertrauen vor. Dies ist eines der größten Geschenke, die wir ihnen machen können.

Kindern helfen, die unter Ängsten leiden

Die meisten Bücher über Kinder und Ängste (von denen es Dutzende gibt, weil immer mehr junge Menschen unter Ängsten leiden), stellen Methoden der kognitiven Verhaltenstherapie (KVT) in den Vordergrund, um mit Ängsten umzugehen. Ich greife zwar auch auf einige dieser Methoden zurück und lehre ihre Anwendung, wende aber auch eine andere Herangehensweise an. Sie zielt darauf ab, Ängste bei Kindern von Anfang an zu reduzieren und Eltern zu helfen, die Grundbedürfnisse ihrer Kinder zu verstehen und zu befriedigen, wenn bei ihnen Ängste auftreten. Das ist im Grunde die gleiche Methode, die ich auch bei Erwachsenen anwende. Wenn wir Ängste mit Medikamenten unterdrücken, verpassen wir die Botschaft. Atemübungen sind wichtig, aber sie gehen Ängste nicht an der Wurzel an. Sie müssen tiefer gehen. Das bedeutet, Ihren Kindern zu helfen, ihre Gefühle zu spüren und dafür zu sorgen, dass sie wissen, dass sie voll und ganz geliebt werden, und zwar genau so, wie sie sind.

Kindern beibringen, ihre Gefühle zu spüren

Eine der wichtigsten Aufgaben von Eltern besteht darin, Kindern beizubringen, ihr Herz zu öffnen. Nur so versetzen wir sie in die Lage, ihre schwierigen Gefühle zu spüren. Als meine Kinder noch kleiner waren, fühlte ich mich dadurch total überfordert. Ich wünschte mir, dass jemand mit mehr Erfahrung meinen Kindern beibringen möge, effektiv mit ihrer Sensibilität umzugehen und die großen Gefühle in kreative und spirituelle Bahnen zu lenken, anstatt zuzulassen, dass sich diese Gefühle in Ängste verwandelten. Da es niemanden gab, der mich anleitete, habe ich durch Ausprobieren schließlich die folgenden Leitlinien entwickelt. Sie sollten meine Kinder unterstützen, mit den turbulenten und oft erschreckenden Gefühlen umzugehen, die es bedeutet, ein kleines Kind in einer großen Welt zu sein, und die oft mit Todesangst einhergehen.

Leitlinien, um Kindern zu helfen, mit ihren Gefühlen umzugehen

Immer wenn Sie bemerken, dass der Schmerz, unter dem Ihr Kind leidet, Ängste verursacht, erinnern Sie es daran, die Methode des Tonglens zu praktizieren. Das ist die einfache Übung, den Schmerz einzuatmen und ein Bittgebet um Liebe auszuatmen. Sobald Ihr Kind zum Beispiel eine traurige Nachricht hört und Sie sehen, dass es sich die Augen reibt oder versucht, das Ganze auf irgendeine Weise zu verarbeiten, sagen Sie: „Was kannst du tun, wenn du traurig bist oder Kummer verspürst?" Erinnern Sie Ihr Kind oft genug daran, wird es die Übung verinnerlichen und die Gewohnheit entwickeln, sich dem Schmerz zuzuwenden, anstatt sich von ihm abzuwenden oder ihn zu unterdrücken. Und wenn ich sage „oft genug", dann meine ich Tausende und Abertausende Male. Genau wie bei Erwachsenen gibt es auch bei Kindern keine schnellen Lösungen, um Schmerz zu verarbeiten und mit Ängsten umzugehen.

Nehmen Sie sich jeden Abend Zeit, um mit Ihrem Kind darüber zu reden, was es an dem zurückliegenden Tag betrübt hat. Als mein Sohn klein war, nahm ich ihn im Bett in den Arm, während er mir die Liste der Dinge vortrug, die ihn traurig gemacht hatten. Oft waren es Gesprächsfetzen aus Unterhaltungen, die er vor Jahren aufgeschnappt hatte. Im Folgenden ein paar Beispiele, als er ungefähr sieben Jahre alt war:

- Das totgefahrene Tier, das ich auf dem Weg zum Naturkundemuseum am Straßenrand gesehen habe
- Dass Menschen sterben
- Dass manchmal Babys sterben, bevor sie aus dem Bauch ihrer Mama herauskommen
- Dass ich vor ein paar Jahren gehört habe, wie dir ein Nachbar von einem Mädchen erzählt hat, das ertrunken ist
- Dass du und Papa eines Tages sterben werdet

Wenn Ihr Kind Ihnen seine Ängste anvertraut, legen Sie behutsam Ihre Hand auf sein Herz und fordern Sie es auf, in den Schmerz hineinzuatmen. Sie können zum Beispiel sagen: „Es gibt viel Schmerz auf dieser Welt und es gibt auch so viel Schönes. Eine meiner Aufgaben als deine Mutter (oder dein Vater) besteht darin, dir beizubringen, dass du mit dem Schmerz umgehen kannst, denn du kannst es. Schmerz ist Energie. Es tut weh, ihn zu spüren, aber es tut noch mehr weh, ihn nicht zu spüren. Wenn du weinst, strömt der Schmerz durch dich hindurch und du reinigst deine Seele. Atmen wir also in den Schmerz hinein und sprechen dann ein Gebet für das tote Tier und für die Eltern des ertrunkenen Mädchens." Dann reden Sie über die schönen Dinge, die am zurückliegenden Tag passiert sind. Im Folgenden eine paar Beispiele:

- Als mein Bruder mich zum Lachen gebracht hat
- Als ich mich um Asher gekümmert habe, weil sein Zeh weh tat
- Die schönen Bäume
- Der Vollmond
- Als ich Beeren in den Bach geworfen und sie stromabwärts wieder eingesammelt habe
- Dass ich Bienen gesehen habe (er liebt Bienen)

Wie Sie der ersten Liste entnehmen können, handelt es sich bei den meisten Ängsten von Kindern letztendlich um die Angst vor dem Tod. Es ist eine Angst, die vor allem bei sensiblen Kindern sehr verbreitet ist. Als mein Sohn mir sagte, dass er Angst davor habe und traurig darüber sei, dass ich eines Tages sterben würde, sagte ich zu ihm: „Everest, wenn die Zeit gekommen ist, dass ich sterbe, wirst du damit klarkommen. Du wirst viel weinen und es wird dir im Herzen wehtun, aber du wirst klarkommen. Höchstwahrscheinlich werde ich noch lange nicht sterben, und wenn es soweit ist, wirst du ein erwachsener Mann mit einer Partnerin sein und Kinder haben, die du mehr lieben wirst als alles andere auf der Welt. Im Moment liebst du mich und Papa und Asher mehr als alles andere. Und es fällt dir schwer, dir vorzustellen, dass sich das jemals ändern wird. Aber das wird es. Eines Tages wirst du jemanden so lieben, dass du diesen Menschen heiraten willst, so wie Papa mich heiraten wollte, und du wirst Kinder mit diesem Menschen haben. Wenn ich sterbe, wird deine Frau dich in den Arm nehmen, wenn du weinst. Du wirst vielleicht viele Wochen lang weinen, und vielleicht wirst du ein Jahr lang oder noch länger immer mal wieder trauern, aber du wirst damit klarkommen." Ich möchte nicht die falsche Hoffnung in ihm wecken, dass ich bis ins hohe Alter leben werde, aber ich möchte ihm vermitteln, dass er, wenn ich irgendwann sterbe, den Trost und die Hilfe finden wird, damit fertigzuwerden.

Ermutigen Sie Ihr Kind, seine eigenen Methoden zu finden, um mit Ängsten umzugehen. Als mein älterer Sohn ungefähr acht Jahre alt war und eines Abends einzuschlafen versuchte, sagte er: „Mama, ich möchte für die toten Motten beten, die Asher gefunden hat." Dann sprach er leise das schönste und aus tiefstem Herzen kommende Gebet, das ich je gehört habe. In seiner Reinheit war es wie ein Gedicht aus dem Mund eines Engels. Dann wollte er ein Gebet für die toten Mäuse sprechen, die unsere neuen Nachbarn vor Kurzem bei der Renovierung ihres Hauses verwest in den Wänden gefunden hatten. Sein ganzes Wesen wechselte in eine höhere Frequenz, als er zuließ, dass die Worte spontan von seinem Herzen zu seinen Lippen wanderten. Er beendete das Gebet mit einem breiten Lächeln und schlief so schnell ein, wie er in den zurückliegenden Monaten nie eingeschlafen war.

Entwickeln Sie Rituale, um den Verlust und die Wiedergeburt an den Sonnenwenden und den Tagundnachtgleichen zu würdigen beziehungsweise zu bewältigen. Sie können die Übergangstage im Kalender nutzen, um das Loslassen zu üben, indem Sie zum Beispiel Rituale durchführen. So könnten Sie die Dinge, die Sie loslassen wollen, auf herabgefallene Blätter von Bäumen schreiben und diese dann in einen Bach werfen oder dem

Wind mitgeben. Selbst einfache Rituale helfen, die Angst vor Verlust zu verringern und zu lindern.

Lachen und tanzen Sie, knuddeln und umarmen Sie sich so viel wie möglich. Spielen und Lachen sind die besten Mittel gegen Ängste.

Auch wenn ich diese Methoden empfehle, wissen wir in Wahrheit nicht genau, was bei der Kindererziehung funktioniert und was nicht. Ich kann Ihnen aber berichten, dass mein älterer Sohn, als er ein Teenager wurde, absolut keine Angst vor dem Tod mehr hatte. Tatsächlich bestieg er nur wenige Tage nach seinem vierzehnten Geburtstag ganz alleine ein Segelflugzeug. Das Kind, das sich vor allem gefürchtet hatte, wuchs zu einem jungen Mann heran, der vor fast gar nichts mehr Angst hat. Als er noch jünger war, schien das unvorstellbar und es macht mich immer noch ganz baff, wenn ich daran denke. Das meinte ich damit, als ich davon sprach, die langfristige Perspektive ins Auge zu fassen. Wir haben schlicht und einfach keine Ahnung, wie ein Kind sich entwickeln und reifen wird. Aber wenn wir darauf vertrauen, dass es (mithilfe unserer liebevollen Zuwendung) einen Teil seiner Ängste bewältigt und hinter sich lässt, fällt auch ein Teil unserer eigenen Ängste um sein Wohlbefinden von uns ab.

Voll und ganz geliebt

Eine der stärksten Immunisierungen gegen Ängste ist vielleicht die Gewissheit, dass man so, wie man ist, geliebt wird. Auch wenn es in der Kultur, in der wir leben, vielleicht nicht möglich ist, Kinder komplett vor Ängsten zu bewahren, lindert dieses Wissen ihre Ängste ganz gewaltig. Vermitteln Sie ihnen jeden Tag, dass sie voll und ganz geliebt werden. An dieser Stelle kommen Ihre eigene Selbstreflexion und Ihre eigene innere Arbeit ins Spiel. Je bewusster Sie sich nämlich der Auslöser Ihrer eigenen Ängste sind, desto weniger intensiv werden Sie auf die weniger liebenswerten, aber absolut normalen Verhaltensweisen Ihres Kindes reagieren.

Wenn Sie sich zum Beispiel nicht mit Ihren eigenen Problemen im Hinblick auf Wertigkeit und Leistung auseinandergesetzt haben, werden Sie an dem Glauben festhalten, den Sie selbst „geerbt" haben. Ihre Aufgabe als Mutter oder Vater besteht demnach darin, das Verhalten Ihres Kindes so zu prägen und zu formen, dass es ein leistungsorientiertes, erfolgreiches Mitglied der Gesellschaft wird. Eltern werden dazu durch eine Kultur ermutigt, die predigt, dass es darauf ankomme, eine „gute Arbeitsstelle" zu bekommen. Es ist eine Kultur, die Verhalten höher bewertet als Persönlichkeit, in der das Ergebnis wichtiger ist als Anstrengungen und Bemühungen und in der Fleißpunkte und gute Noten mehr geschätzt werden als Leidenschaft. Sobald Mamas Gesicht sich aufhellt, wenn Billy einen „perfekten" Baum malt, jedoch nicht, wenn er sich beim Ballspielen etwas tollpatschig anstellt, wird er seine Energie auf ganz natürliche Weise dorthin lenken, wo er ein positives Feedback erhält. Mit anderen Worten: Möglicherweise spielt er lieber Ball, als dass er malt, aber weil Mama von seinem gemalten Baum so beeindruckt war, zieht er es vor, sich einer Sache hinzugeben, für die er keine Leidenschaft empfindet.

Besonders problematisch wird es, sobald es um das Reich der großen Gefühle geht. Mama lächelt, wenn Billy sich gut benimmt, also nicht zu laut ist, nicht weint, nicht wütend ist, freundlich und hilfsbereit ist und pünktlich ins Bett geht. Sie bringt ihm bei, ein guter, netter Junge zu sein, und riskiert dabei, seine eigentliche Persönlichkeit zu unterdrücken. Denn vielleicht ist sein eigentliches Wesen laut und ungestüm oder sensibel. Die ihm vermittelte Botschaft lautet, dass er nur geliebt wird, wenn er „gut" ist (also normal, angepasst, freundlich, nicht zu laut oder zu unordentlich).

Als Mutter ist einer meiner größten Wünsche, dass meine Söhne wissen, dass sie liebenswert sind und geliebt werden, und zwar genau so, wie sie sind, ganz egal wie wütend, laut, unordentlich oder respektlos sie auch sein mögen. Ich möchte, dass sie wissen, dass all ihre Gefühle erwünscht und wichtig sind. Ich mag ihr Verhalten nicht immer in Ordnung finden – und lasse sie das auch wissen –, aber das ändert nichts an meiner Liebe für sie, die unerschütterlich ist und von ewiger Dauer. Wenn es angebracht ist, sage ich zu ihnen: „Mir gefällt nicht, wie ihr heute euren Freund behandelt habt, das ändert jedoch nichts daran, wie lieb ich euch habe." Die Botschaft, die ich hoffentlich vermittle, lautet: Ich habe dich lieb, weil ich dich lieb habe. Ich habe dich nicht lieb, weil du schön bist (selbst wenn du es bist). Ich habe dich nicht lieb, weil du kreativ bist (obwohl ich dich wissen lasse, dass ich mir deiner Kreativität bewusst bin). Ich habe dich lieb, weil ich dich lieb habe. Und das wird sich nie ändern, ganz egal was du tust.

ÜBUNG

Sich selbst mit den Augen der Liebe sehen

Eine der größten Herausforderungen des Elternseins besteht darin, dass wir unsere unverarbeiteten Probleme unweigerlich an unsere Kinder weitergeben. Und wir alle haben unverarbeitete Probleme, weil wir Menschen sind. Wenn wir dazu bestimmt wären, Menschen großzuziehen, die absolut keine Probleme haben und rundum glücklich und zufrieden sind, wäre der Plan, nach dem alles läuft, ein anderer. Deshalb ist es hilfreich, darauf zu vertrauen, dass das Gefühl der Angst, bei der Erziehung unserer Kinder etwas falsch zu machen, Teil des Plans ist. Auf irgendeine Art und Weise, die wir nicht verstehen können, sind wir dazu bestimmt, bei der Erziehung unserer Kinder den einen oder anderen Fehler zu machen. Sobald wir uns das vor Augen führen, wird eine Schicht von Ängsten abgetragen. Das bedeutet nicht, dass wir uns selbst die Erlaubnis geben, nachlässig zu sein. Doch wenn Sie Kinder haben und dieses Buch lesen, sind Sie vermutlich sowieso eher der Typ Mensch, der unbedingt eine bessere Mutter oder ein besserer Vater sein will und nicht jemand, der es sich gestattet, nachlässig zu sein.
Somit kommen wir am Ende dieses Buches zu einer weiteren Übung der Selbstliebe, denn je stärker wir uns selbst lieben, desto stärker lieben wir auf ganz natürliche Weise und völlig mühelos unsere Kinder. Diese Übung soll Ihnen helfen, sich mit Ihrem wahren Selbst zu verbinden.

1. Schließen Sie die Augen und stellen Sie sich vor, dass das liebevollste Wesen der Welt neben Ihnen sitzt. Vielleicht ist es Ihre bereits verstorbene oder noch lebende Großmutter, die sich an Ihrem Anblick erfreut und deren Lächeln die bedingungslose Liebe widerspiegelt, die sie Ihnen entgegenbringt. Vielleicht ist es ein Tier, ein Lebewesen, das Sie sehr gut kennt und Sie einfach dafür liebt, dass es Sie gibt. Vielleicht

ist es ein Freund oder eine Freundin oder Ihr Partner oder Ihre Partnerin, der oder die Sie ganz und gar und umfassend versteht und Ihnen mühelos signalisieren kann, warum er oder sie Sie liebt. Dieses Wesen kann real oder imaginär sein, aber die Energie, die es ausstrahlt, ist reine Liebe und bedingungsloses Akzeptieren.

2. Jetzt stellen Sie sich vor, dass dieses Wesen Ihnen in die Augen blickt und direkt in Ihre Seele schauen kann. Es möchte Ihnen sagen, was es sieht: die Qualitäten, die Sie ausmachen; die einzelnen Stränge Ihrer Persönlichkeit; wer Sie in Ihrer reinen Essenz sind. Diese Beschreibung mag durch Worte erfolgen oder auch nicht, aber Ihr Gegenüber vermittelt Ihnen auf direkte Weise, wer Sie sind. Es vermittelt Ihnen ein klares Bewusstsein dafür, dass Sie geliebt werden, weil es Sie gibt. Dass Sie wertvoll sind, ohne irgendetwas beweisen zu müssen. Dass Sie gut sind, einfach richtig, gut genug. Dass sie voll und ganz und umfassend geliebt werden.

EPILOG

Dies ist der Beginn eines Weges,
dessen Ende vollkommen unbekannt
und vollkommen bekannt ist.

MARION WOODMAN
Bone: Dying into Life

Wenn ich mit Menschen arbeite, die mit Ängsten zu kämpfen haben, fragen sie oft: „Wann verschwinden meine Ängste denn?" Ich erwidere dann: „Das ist so, wie zu fragen, wann Kopfschmerzen verschwinden, die durch Dehydration entstanden sind." So wie Dehydrationskopfschmerzen uns darauf hinweisen, dass wir etwas trinken müssen, machen auch Ängste uns auf Bedürfnisse aufmerksam. Wie sollen wir feststellen, um welche Bedürfnisse es sich handelt, wenn wir die Symptome ausschalten? Wie Sie im Laufe dieses Buches gelernt haben, sind Ängste ein Bote des Unbewussten. Ängste laden Sie ein, auf Ihren Körper zu hören, Ihren Gedanken Aufmerksamkeit zu schenken, Ihrem Herzen mit Zärtlichkeit zu begegnen und Ihre Seele zu hegen und zu pflegen. Wenn man seine Denkweise ändert und Ängste nicht als ein Problem sieht, sondern als ein Geschenk, ändert sich alles. Dann, und nur dann, können Sie beginnen, sich die Weisheit der Ängste zunutze zu machen und es paradoxerweise schaffen, sich aus ihrem Griff zu befreien. Wenn man effektiv mit Ängsten arbeitet, verwandeln sie sich von einem Feind in einen Freund. Sie lockern die Fesseln, mit denen sie Ihr Leben im Griff haben, und werden zu einem Tor in die Freiheit.

Wie Rainer Maria Rilke sagte: „Man muss Geduld haben mit dem Ungelösten im Herzen und versuchen, die Fragen selber lieb zu haben." Wenn man sich auf die innere Arbeit einlässt, ist es enorm wichtig, sich in Erinnerung zu rufen, dass das Leben etwas Unfertiges ist, das sich in einem fortwährenden Prozess befindet, und dass es kein abschließendes Ziel für die Heilung gibt. Als Menschen sind wir sowohl vollkommen als auch mit Fehlern behaftet, sowohl geformt als auch ungeformt. Aber es macht einen entscheidenden Unterschied, ob es einige nicht intakte Bereiche bei einem gibt, die der Aufmerksamkeit bedürfen, oder ob man glaubt, dass mit einem grundlegend etwas nicht stimmt. *Mit Ihnen stimmt absolut alles.* Sie sind aus sich heraus gut, geliebt und vollkommen. Wir alle haben jede Menge Abwehrmechanismen und Verletzungen; sie sind ein Merkmal des Menschseins. Aber uns macht so viel mehr aus, das gesund und richtig ist. Ihre Vollkommenheit lebt ungestört hinter den Mauern und den Verletzungen Ihrer Abwehrmechanismen und Ihres Kummers. Sie brauchten diese Mauern, um den Schmerz Ihrer Kindheit zu überstehen, ja, sogar den Schmerz aus zweiter Hand zu überstehen, der von den nicht beachteten Verletzungen liebender Eltern rührt, die Sie absorbiert haben. Doch jetzt brauchen Sie diese Mauern nicht mehr. Die Heilungsarbeit eines Erwachsenen besteht darin, die Mauern langsam und behutsam mit großer Liebe zu lockern, bis sie zerbröckeln, in sich zusammenstürzen und den unberührten Garten des wahren Selbst offenbaren.

Wie in einem Labyrinth folgen Sie den Symptomen der Ängste, während Sie sich in das Zentrum des Selbst hinein- und dann wieder hinauswinden in die Welt und dann wieder zurück in das Zentrum des Selbst. Nach innen und nach außen, geben und nehmen, einatmen und ausatmen und der inneren Quelle Wasser zuführen, bis sie überläuft und das Wasser in die Welt hinausfließt und das Herz der Welt berührt, während Sie weiter fortschreiten auf dem Pfad der inneren Heilung. So dienen wir von einem Ort der Fülle aus statt von einem Ort der Leere, und aus Freude statt aus Pflicht. Je mehr sich unser Herz öffnet und desto weicher es wird, desto stärker fallen die verhärteten Schutz- und Verteidigungsschichten ab. Mit einem offenen Herz treten wir in direkten Kontakt mit dem Schmerz der Welt und wir sind gezwungen zu handeln, zu geben und zu dienen.

Das ist die Weisheit der Ängste: die Aufforderung, sich nach innen zu wenden. Dort füllen Sie Ihre innere Quelle. Dadurch sind Sie in der Lage, im Außen etwas zu geben, das die Welt dringend braucht. Die Zeit, dies zu tun, ist jetzt.

DANKSAGUNGEN

Mein großer Dank gilt:

Meinen der Jung'schen Tiefenpsychologie folgenden Lehrern: Robert A. Johnson, Marion Woodman, Joseph Campbell und natürlich Carl Gustav Jung selbst. Auch ich folge der Tradition dieser Forschungsrichtung, und ohne ihre Lehren würde dieses Buch nicht existieren. Ich stehe ebenso in der Schuld der buddhistischen Lehrerin Pema Chödrön, die mir seit Jahrzehnten eine Wegweiserin ist.

Besonders dankbar bin ich dem Jung'schen Psychoanalytiker Robert A. Johnson, und zwar dafür, dass er mir im April 2015 in einem Traum erschienen ist, um mir zu sagen, dass es an der Zeit sei, ein neues Buch zu schreiben. Seine Worte und seine Weisheit sind in die Seiten dieses Buches eingewoben.

Vielen Dank meinen Patienten, Lesern und Kursteilnehmern, die mir mutig erlaubt haben, in ihre innere Welt einzutreten, in der wir gemeinsam das Terrain der Ängste durchschritten und gelernt haben, auf ihre Weisheit zu hören. Sie alle sind meine wahren Lehrer.

Carrie Dinow, Jessica Hicks, Lisa Dunn, Lisa Rappaport, Kariane Nemer, Nicol Pate, Sarah Peltzie. Ich habe das große Glück, von einem Kreis weiser und liebender Schwestern umgeben zu ein. Ohne euch wäre ich nicht die, die ich bin.

Dr. Bruce Gregory, der mich durch meine Lebensjahre zwischen zwanzig und dreißig geleitet hat, und Rabbi Dr. Tirzah Firestone, die mir den Weg durchs Leben gewiesen hat und weist.

Meinen Eltern Margaret Paul und Jordan Paul, die als Kind die Liebe zum Lernen geweckt und den Samen, mich mit Psychologie zu beschäftigen, in mir gelegt haben. Ich bin in vielerlei Hinsicht in eure Fußstapfen getreten und ich danke euch zutiefst für all das, was ihr mir vorgelebt und beigebracht habt.

Haven Iverson bei Sounds True. Danke für Ihre Vision, Ihre Unterstützung und Ihre Hilfe, die ungleichen Quadrate des ersten Entwurfs zu einem zusammenhängenden Quilt zu verweben.

Meinen Söhnen Asher und Everest, strahlenden Lichtgestalten, die mich alles gelehrt haben, was ich über die Erziehung sensibler Kinder weiß. Das Privileg, eure Mutter sein zu dürfen, ist so ein großes Geschenk, dass man es nicht in Worte fassen kann.

Meinem Ehemann Daev Finn, er ist der Grundstein, auf dem unser schönes Leben aufbaut, meine sichere Bucht, in der ich mein wahres Selbst zeigen kann, der Mensch, der mich jeden Tag lehrt, was wahre Liebe und Romantik ist. Wie Shams für Rumi bist du mir in jeder Hinsicht ein Freund.

Und dem Geheimnis des Unbewussten, das Gary Zukav Seele nennt und Carl Gustav Jung das Selbst. Ich verneige mich voller Demut vor diesem immerwährenden Prinzip. Immer wieder und wieder hat es mich in meine eigene Unterwelt gezogen, um dort mit den Engeln der Dunkelheit und des Lichts zu ringen, damit ich die Gewohnheiten, die Glaubenssätze, die Überzeugungen, die Denkweisen und die Handlungen ablegen konnte, die mir nicht länger dienten. Das hat dafür gesorgt, dass ich nun auch anderen helfen kann, das Gleiche zu tun.

ANHANG A

Warnsignale in Beziehungen

Meine gesamte Arbeit im Zusammenhang mit Beziehungen und Ängsten geht von der Annahme aus, dass Sie sich in einer intakten, liebevollen Beziehung befinden, in der keine Warnsignale vorhanden sind. Warnsignale in Beziehungen sind:

- Emotionaler, körperlicher oder sexueller *Missbrauch* in der Beziehung
- Jede Form von *Sucht,* darunter Alkohol-, Drogen-, Spiel- und Sexsucht und in einigen Fällen Arbeits- und Mediensucht
- Nicht verarbeitete Probleme in Bezug auf *Vertrauen* und Betrug
- Extremes *Kontrollverhalten* – wobei zu berücksichtigen ist, dass jeder Mensch Kontrollprobleme hat. Gemeint sind hier lediglich schwere Kontrollprobleme, die sich dadurch äußern, dass der eine Beziehungspartner sich durch das Kontrollbedürfnis des anderen ständig in die Enge getrieben und unsicher fühlt.
- *Unüberbrückbare Meinungsverschiedenheiten im Hinblick auf zentrale Werte oder Wünsche wie Religion oder einen Kinderwunsch* – zum Beispiel, wenn ein Beziehungspartner unbedingt Kinder haben möchte und der andere auf keinen Fall.

Lassen Sie mich an dieser Stelle klarstellen – weil ich mich schon so lange mit diesen Problemen befasse und hören kann, wenn sich möglichweise eine ängstliche Stimme meldet –, dass das Vorhandensein von Meinungsverschiedenheiten *kein* Warnsignal ist! Alle Menschen sind in Bezug auf alle möglichen Dinge unterschiedlicher Meinung. Viele Paare haben große Meinungsverschiedenheiten über bestimmte Dinge, zum Beispiel darüber, wie sie ihre Zeit verbringen wollen. Sie sind schließlich kein Klon Ihres Partners. Meinungsverschiedenheiten sind zu erwarten und sogar zu begrüßen. Bei den Warnsignalen geht es um Meinungsverschiedenheiten über grundlegende Themen, bei denen es keine Möglichkeit gibt, einen Kompromiss zu finden, ohne dass einer der beiden Partner etwas opfert, das für ihn von elementarer Bedeutung ist.

Falls Sie eines der oben genannten Warnsignale in Ihrer Beziehung identifizieren können, ermuntere ich Sie beide, sich professionelle Unterstützung zu suchen. Ich möchte aber auch festhalten, dass fast alle Probleme im Hinblick auf vorhandene Warnsignale in einer Beziehung gelöst werden können, wenn beide Partner dies unbedingt wollen und sich darauf einlassen.

ANHANG B

Zwei Möglichkeiten, Tagebuch zu führen

Im Folgenden finden Sie grundlegende Leitlinien zu zwei Methoden des Tagebuchführens, die im Laufe meiner Arbeit mit Patienten und Kursteilnehmern entstanden sind. Diese zermarterten sich manchmal den Kopf darüber, wie sie auf „richtige" Weise Tagebuch schreiben sollten oder äußerten Angst davor, was sie herausfinden würden, wenn sie mit dem Schreiben anfangen. Über ein paar einfache Informationen zu verfügen, wie man es anstellen kann, kann einen Teil der natürlichen Ängste lindern, die in uns aufsteigen, wenn wir uns eine neue Gewohnheit zulegen. Vor allem wenn sie darauf abzielt, die verborgenen Seiten unserer inneren Welt freizulegen.

Und noch etwas – falls Sie denken: „Ich habe Angst vor dem, was ich herausfinde, wenn ich anfange, Tagebuch zu schreiben", kann ich Sie beruhigen. Ich habe Tausende von Menschen bei diesem Prozess begleitet, und bei allen konnte ich die gleichen Dinge beobachten: mehr Klarheit, mehr Gelassenheit, mehr Besonnenheit und natürlich mehr Liebe. Es ist eine einfache Gleichung: Weniger Ängste bedeutet mehr Liebe. Wenn Sie sich engagiert und konsequent eine tägliche Gewohnheit wie das Tagebuchschreiben zulegen, werden Sie Ihre Ängste eindämmen und reduzieren. Das wiederum ermöglicht es Ihnen, dass Ihre Selbstliebe und Ihre Liebe zu anderen Menschen aufblühen.

Ergebnisoffenes Tagebuchführen

Tipps zum ergebnisoffenen Führen eines Tagebuchs:

- Rufen Sie sich in Erinnerung, dass es keine „richtige" Art und Weise gibt, Tagebuch zu führen. Nehmen Sie sich vor, zu erkunden und zu lernen, und bleiben Sie offen. Begegnen Sie Ihrer inneren Welt mit Neugier. Reden Sie so mit sich selbst, wie Sie sich gewünscht haben, dass Ihre Eltern mit Ihnen geredet hätten. Nehmen Sie sich Zeit, sich selbst kennenzulernen. Neugier ist das Entscheidende. Versuchen Sie, nicht zu urteilen, aber wenn der Drang in Ihnen aufsteigt zu urteilen, seien Sie auch darauf neugierig.

- Rufen Sie sich in Erinnerung, dass das Tagebuch nur für Sie bestimmt ist. Es muss nicht perfekt, gelungen, brillant, witzig oder grammatikalisch korrekt sein. Niemand außer Ihnen wird es jemals sehen. Es ist nicht zur Veröffentlichung bestimmt und wird auch nicht benotet. Es ist nur für Sie. Seien Sie so unordentlich und mangelhaft wie möglich. Lassen Sie alles raus. Zensieren Sie sich nicht. Bearbeiten Sie Ihr Geschriebenes nicht. Schreiben Sie einfach nur auf, was Ihnen in den Sinn kommt.
- Stellen Sie offene Fragen und vertrauen Sie den Antworten. Machen Sie sich nicht zu viele Gedanken. Schreiben Sie los, bevor Sie auch nur die Gelegenheit haben, zu intensiv über die Antworten nachzudenken. Achten Sie zum Beispiel einfach darauf, dass Ihre Hand schreibend in Bewegung bleibt.
- Falls Sie Angst davor haben, was Sie über sich lernen oder herausfinden könnten, sind Sie nicht alleine. Es erfordert Mut, in unbekannte Gewässer einzutauchen. Wenn das Tagebuchschreiben neu für Sie ist, kann sich das besonders beängstigend anfühlen. Möglicherweise spüren Sie, dass sich etwas in Ihnen dagegen sträubt. Wenn das passiert, schlage ich vor, dass Sie Ihr Tagebuch damit beginnen, genau über diese Ängste und inneren Widerstände zu schreiben. Rufen Sie sich in Erinnerung, dass alles in unserem Inneren gesehen und gehört werden will. Wenn Sie den Ängsten und dem Widerstand Beachtung schenken, erleben Sie eine Transformation.
- Falls Sie befürchten, dass jemand Ihr Tagebuch lesen könnte, ziehen Sie in Erwägung, es an Ihrem Computer zu schreiben und die Datei unmittelbar nach der Niederschrift zu löschen. Die Aufzeichnung selbst ist nicht so wichtig. Viel wichtiger ist, sich einen Raum zu schaffen, in dem Sie Ihre innere Welt ausbreiten und erkunden können.

- Falls Schreiben nicht Ihr Ding ist, können Sie Ihr „Tagebuch“ auch führen, indem Sie das, was Ihnen in den Sinn kommt, in ein Aufnahmegerät diktieren oder es einfach nur laut unter der Dusche oder in Ihrem Auto aussprechen. Es kommt nicht auf die Form an, wie Sie das Tagebuch führen, sondern darauf, dass Sie sich die Zeit nehmen, um herauszulassen, was Sie innerlich beschäftigt.
- Wenn Sie sich von Ihren Gedanken und Ihren Gefühlen überfordert fühlen – was bei dieser Methode des ergebnisoffenen Aufschreibens oder des Führens eines Tagebuchs im Stil eines Bewusstseinsstroms passieren kann –, wechseln Sie zur Technik des angeleiteten Tagebuchschreibens, die ich im Folgenden erkläre.

Fragen für das ergebnisoffene Tagebuchschreiben:
- Was liebe ich?
- Was bereitet mir Freude?
- Mit wem verbringe ich gerne Zeit?
- Was empfinde ich im Hinblick auf meine Beziehung zu meiner Mutter / meinem Vater / meinen Geschwistern?
- Was wünsche ich mir für mein Leben?
- Was ist meine früheste Erinnerung?
- Was ist meine schmerzhafteste Erinnerung?
- Wie haben meine Eltern bzw. Bezugspersonen auf meinen Schmerz reagiert?
- Welche Glaubenssätze über Schmerz habe ich verinnerlicht?
- Was ist meine schönste Erinnerung?
- Was ist mein Lieblingsort?
- Worauf lege ich Wert?
- Was sind meine Lieblingsspeisen?
- Was empfinde ich im Zusammenhang mit meinem Körper?
- Gönne ich mir Zeit, um mich auszuruhen?
- Was sind meine Glaubensätze in Bezug aufs Ausruhen?

Viele Menschen beenden das Schreiben gerne mit einer Liste von Dingen, für die sie dankbar sind, insbesondere wenn sie sich auf schmerzvolles

Territorium begeben haben. Es geht nicht darum, den Schmerz zu verdrängen, sondern darum, Schmerz und Dankbarkeit gleichzeitig zu empfinden. Das bedeutet, den Schmerz zu spüren, sich jedoch gleichzeitig in Richtung Dankbarkeit zu orientieren.

Angeleitetes Tagebuchschreiben: Treten Sie mit Ihren verschiedenen Anteilen in einen Dialog

Der Dialog ist eine einfache Technik des Tagebuchführens, um mit Ängsten umzugehen. Diese Technik setze ich bei meinen Patienten und auch bei mir selbst am häufigsten ein. Sie besteht darin, dass Sie mit den verschiedenen Anteilen, die Sie ausmachen, in einen Dialog treten und lernen, ihnen mit Freundlichkeit zu begegnen. Wie beim Tagebuchschreiben in Form eines Bewusstseinsstroms kann das Tagebuch beim Einsatz dieser Technik auf Papier oder durch lautes Aussprechen geführt werden. Alle soeben genannten Leitlinien gelten auch bei dieser Technik.

Einige Menschen kommen mit dem ergebnisoffenen Tagebuchschreiben sehr gut zurecht. Andere jedoch haben das Gefühl, regelrecht überflutet zu werden, wenn sie in den Bewusstseinsstrom eintauchen, ohne dass irgendein rationaler Teil von ihnen – die linke Hirnhälfte oder ein innerer Elternteil – die Flut eindämmt. Im Hinblick auf das Gehirn ist es nämlich so: Wenn Sie aus dem Bauch heraus schreiben und Zeit im Reich der Gefühle verbringen, aktivieren Sie die rechte Gehirnhälfte – jenen Teil, der für die Welt der nackten Emotionen, Bilder, Metaphern und für das autobiografische Erinnern zuständig ist. Das ist eine wunderbare Welt, aber wenn Sie dort zu viel Zeit verbringen und vor allem wenn Ängste aktiviert werden, werden Sie möglicherweise überwältigt von alldem. In diesem Fall kann das Tagebuchschreiben kontraproduktiv sein.

Bevor wir uns eingehender mit der hier vorgestellten Technik befassen, ist es wichtig, dass Sie sich einen Überblick über Ihre einzelnen Anteile verschaffen, über die verschiedenen Persönlichkeiten, die immer in Ihnen stecken und Sie ausmachen. Jeder von uns besteht aus vielen Teilen, die jeweils in verschiedenen Situationen in Erscheinung treten. Wenn Sie diese unterschiedlichen Teile verstehen, sind Sie in der Lage, sie zu benennen, sie zu unterscheiden und sie in gewisser Weise voneinander abzugrenzen. Dann können Sie auch entscheiden, ob ein bestimmter Teil von Ihnen mehr Aufmerksamkeit benötigt, und wenn dies der Fall ist, welche Art von Aufmerksamkeit.

Im Zentrum befindet sich das Kernselbst. Das ist Ihr Wesenskern. Das Selbst, das stabil, sicher, selbstbewusst und liebevoll ist. Es schert sich nicht darum, was andere Menschen denken, hat einen guten Orientierungssinn und weiß, was es will. Es ist in der Lage, seine Gefühle und Gedanken durch sich hindurchfließen zu lassen, ohne an ihnen festzuhängen. Das ist der Teil von Ihnen, der in seiner Vollkommenheit geboren wurde, der sich nicht beweisen muss, der weiß, dass Sie genau so, wie Sie sind, wertvoll und liebenswert sind. Dieser Teil trägt Ihre grundlegenden Wesensmerkmale in sich: Ihre Begabungen, Ihre Interessen, Ihre Leidenschaften, Ihre Persönlichkeitseigenschaften wie Gutmütigkeit oder den Sinn für Humor – das Kernselbst ist der Teil von Ihnen, der von vorübergehenden Äußerlichkeiten wie Aussehen oder Gehalt unabhängig ist.

Außerdem steckt aber auch das von Ängsten geprägte Ego in Ihnen. Das ist der Teil, dem die natürliche Vergänglichkeit des Menschseins zu schaffen macht, der sich an die Dinge klammert, so wie sie sind, der sich Veränderungen widersetzt und der glaubt, dass die Welt kein sicherer Ort ist und dass andere nicht sicher sind; das Ego ist der Teil, der um jeden Preis die Illusion aufrechthalten will, dass er andere und den Ausgang der Dinge kontrollieren kann. Unabhängig davon, wie liebevoll wir unsere Kindheit erlebt haben, haben wir alle ein Ego-Selbst. Es gehört einfach zum Menschsein dazu.

Und schließlich haben wir alle unsere verschiedenen Masken oder Persönlichkeiten, die sich entwickeln, während wir heranwachsen. C.G. Jung verstand, dass jeder von uns über Persönlichkeitsteile verfügt, die wie verschiedene Charaktere oder Archetypen sind, die in uns leben. Je stärker wir sie zum Vorschein bringen – was bedeutet, sie vom Unbewussten ins Bewusste zu holen –, desto mehr können wir mit ihnen arbeiten, ihnen Mitgefühl entgegenbringen und entscheiden, wie viel Macht wir ihnen verleihen.

Typische Persönlichkeiten sind:

- der Betreuende
- der Beschützer

- das Chamäleon
- der Eifersüchtige / Neidische
- der gute Junge / das gute Mädchen
- der böse Junge / das böse Mädchen
- der Richter
- der Tyrann
- der Zuchtmeister

Viele dieser Persönlichkeiten sind überlappend; die meisten sind anpassungsfähige und schützende Teile von Ihnen, die im Zuge schmerzvoller Situationen während Ihrer Kindheit entstanden sind. Wenn Sie zum Beispiel in einem Umfeld aufgewachsen sind, in dem Sie jedes Mal, wenn sie geweint haben, ausgeschimpft, gezüchtigt oder lächerlich gemacht wurden, hat sich ein Beschützer mit einem Glaubenssystem entwickelt, das lautete: „Es ist nicht sicher zu weinen. Es ist nicht sicher, ich selbst zu sein. Ich muss Teile von mir abschalten, um überleben zu können."

Sobald wir beginnen, uns diesen anpassungsfähigen Teilen zuzuwenden, anstatt zu versuchen, sie wegzudrängen oder zu verurteilen, lernen wir, dass sich unter ihnen unser weiches, verletzliches Kernselbst befindet. Manchmal können sich diese Teile anfühlen wie ein innerer Tyrann – wie ein urteilender Teil von einem, der alles, was man tut, unaufhörlich kritisiert. Aber wenn Sie sich diesem Teil zuwenden und hingeben und sich ihm vielleicht sogar liebevoll nähern, fängt er an zu zerbröseln und seinen Einfluss auf Sie zu verlieren. In jedem Tyrannen steckt ein verängstigtes Kind, das gilt auch für innere Tyrannen. Das Tagebuchschreiben hilft Ihnen, sich auf Ihre unterschiedlichen Teile einzulassen und ihnen mit Neugier und Mitgefühl zu begegnen. Mit unseren verletzten inneren Persönlichkeiten verschmolzen zu sein, verursacht Ängste. Indem wir Tagebuch führen, fördern wir unseren ruhigen, inneren Erwachsenen, der es uns ermöglicht, uns von diesen verletzten inneren Charakteren zu lösen.

Im Folgenden ein Beispiel anhand eines fiktiven Dialogs, den ich für einen Blogbeitrag mit dem Titel „Sollte ich nicht lieber mit meinem Ex zusammen sein?" geschrieben habe. Der erste Schritt, um sich von dieser Art von Grübeleien oder aufdringlichen Gedanken zu befreien, besteht darin, klar zu benennen, was eigentlich vor sich geht. Das ist ein machtvoller erster Schritt, und wenn Sie das, was Sie erleben, immer wieder mit Bestimmtheit und Nachdruck aussprechen, ist das wie ein mächtiger Zauberspruch. Der spirituelle Lehrer Eckhart Tolle sagt, dass das Ego von Kontrolle zehrt, bei der es sich in Wahrheit um eine Illusion von Kontrolle handelt. Sobald Sie die Taktiken, derer sich das Ego bedient, erst einmal identifiziert haben, beginnt es, seine Macht zu verlieren.

> **Ego:** „Na bitte, du denkst schon wieder an deinen / deine Ex. Die Chemie zwischen euch hat so perfekt gepasst, und mindestens einmal in der Woche träumst du von ihm / ihr. Das muss bedeuten, dass du dazu bestimmt bist, mit ihm / ihr zusammen zu sein."
> **Selbst:** „Ich weiß, dass es sich so anfühlt, aber das ist nicht wirklich wahr. Es ist eine Illusion meines Verstands, um mich von den Risiken abzulenken, die damit verbunden sind, im Hier und Jetzt zu leben und mein Herz meinem jetzigen, mir zur Verfügung stehenden Partner gegenüber zu öffnen."
> **Ego:** „Das ist Schwachsinn. Gib es doch einfach zu: Du bist immer noch in ihn / sie verliebt. Du wirst nie so verrückt nach deinem jetzigen Partner / deiner jetzigen Partnerin sein, wie du es nach deinem / deiner Ex warst. Warum bindest du mir immer wieder diesen Bären auf? Das ist doch lächerlich."
> **Selbst:** „Du bist derjenige, der mir einen Bären aufbindet. Du bist derjenige, der nicht loslassen kann. Du bist derjenige, der versucht, mir einzureden, dass ich meinen jetzigen Partner / meine jetzige Partnerin nicht wirklich liebe. Ich weiß, dass du Angst hast. Ich weiß, dass du nicht willst, dass ich das Risiko eingehe, mich verletzlich zu machen. Ich weiß, dass ich mich in gewisser Hinsicht sicherer fühle, wenn ich an meinen / meine Ex denke und mich in diesen mir bekannten, vertrauten Raum in meinem Kopf zurückziehe. Aber das werde ich nicht mehr tun. Stattdessen möchte ich wissen, wovor du Angst hast."

Ego: „Ich habe es dir doch gesagt: Ich habe keine Angst! Ich sage dir die Wahrheit, und wenn du es vorziehst, nicht auf mich zu hören, wirst du dich mit weniger zufrieden geben, als du verdienst."
Selbst: „Du klingst unglaublich überzeugend, aber jedes Mal, wenn ich dir zuhöre, fühle ich mich ängstlich und verwirrt. Zuzuhören, wie du über meinen / meine Ex faselst, hilft mir nicht weiter. Aber wenn du mir erzählen willst, wovor du Angst hast, höre ich gerne zu."
Angst: „Ich habe Angst davor, verletzt zu werden. Ich habe Angst davor, nicht gut genug zu sein. Ich habe Angst davor, dass mein jetziger Partner / meine jetzige Partnerin mich verlässt, wenn er / sie mich erst einmal richtig kennengelernt hat. Ich habe Angst davor, verletzlich zu sein. Ich habe Angst davor, ihm / ihr mein Herz zu öffnen. Ich habe Angst davor, ihn / sie wirklich an mich heranzulassen, ohne eine Schutzmauer zu errichten. Ich habe solche Angst."
Selbst: „Danke. Ich weiß. Erzähl mir mehr."

Die verschiedenen Teile von sich selbst zu benennen und ihnen dadurch eine Stimme zu verleihen, birgt eine enorme Heilungskraft. Indem Sie einen solchen Dialog führen, trainieren Sie Ihr Gehirn darin, sich den Teilen zuzuwenden, die Sie normalerweise verbergen und leugnen wollen. Auf diese Weise lernen Sie, Herr über Ihre Gedanken und Ihre Gefühle zu werden, anstatt zuzulassen, dass diese die Kontrolle über Ihr Leben übernehmen. Sie lernen, sie als Prüfstein für Ihre Entscheidungsfindungsprozesse zu verwenden. Sie schaffen Raum für alle Gedanken und Gefühle, begegnen ihnen mit Akzeptanz und dann verbinden Sie sich mit etwas Tieferem in Ihrem Inneren: einem Raum zwischen Ihren Gedanken und unter Ihren Gefühlen; mit Ihrem ruhigen inneren Elternteil; mit Ihrem wahren Selbst. Je stärker Sie sich von den Geschichten lösen und auf dem Thron Ihres Selbst Platz nehmen, desto weniger werden Ängste Ihr Leben kontrollieren. Für sehr viele Menschen ist das Tagebuchschreiben, wenn sie sich jeden Tag die Zeit dafür nehmen, das Tor zur inneren Freiheit.

EMPFEHLUNGEN ZUM WEITERLESEN

Anmerkung des Verlags: Die meisten dieser Quellen sind leider nur auf Englisch verfügbar. Wenn Sie jedoch Englisch sprechen, lohnt sich auf jeden Fall ein Blick!

Sheryls Online-Kurse

Trust Yourself: A 30-Day Program to Help You Overcome Your Fear of Failure, Caring What Others Think, Perfectionism, Difficulty Making Decisions, and Self-Doubt
https://conscious-transitions.com/trust-yourself-a-30-day-program-to-help-you-overcome-your-fear-of-failure-caring-what-others-think-perfectionism-difficulty-making-decisions-and-self-doubt/

Break Free from Relationship Anxiety E-Course
https://conscious-transitions.com/break-free-from-relationship-anxiety-e-course/

Grace Through Uncertainty: A 30-Day Course to Become More Comfortable with the Fear of Loss by Falling in Love with Life
https://conscious-transitions.com/grace-through-uncertainty-a-30-day-course-to-become-more-comfortable-with-the-fear-of-loss-by-falling-in-love-with-life/

Das gesamte Kursangebot finden Sie unter dem Link: conscious-transitions.com/courses.

Bücher

Aron, Elaine. *The Highly Sensitive Person: How to Thrive When the World Overwhelms You*. New York: Three Rivers Press, 1999.

Bloom, Linda / Bloom, Charlie. *101 Things I Wish I Knew When I Got Married: Simple Lessons to Make Love Last*. Novato, CA: New World Library, 2010.

Bridges, William. *The Way of Transition: Embracing Life's Most Difficult Moments*. Cambridge, MA: Perseus Books, 2001.

Bridges, William. *Transitions: Making Sense of Life's Changes,* 2. Auflage, Cambridge, MA: Da Capo Press, 2004.

Cain, Susan. *Quiet: The Power of Introverts in a World that Can't Stop Talking*. New York: Random House, 2013.

Dweck, Carol. *Mindset: The New Psychology of Success*. New York: Random House, 2006.

Hollis, James. *The Middle Passage: From Misery to Meaning in Midlife*. Toronto: Inner City Books, 1993.

Johnson, Robert A. *Inner Work: Using Dreams and Active Imagination for Personal Growth*. New York: HarperOne, 2009.

Johnson, Robert A. *We: Understanding the Psychology of Romantic Love*. New York: Harper, 2013.

Kerrigan, Kate. *Recipes for a Perfect Marriage*. London: Macmillan, 2016.

Kidd, Sue Monk. *When the Heart Waits: Spiritual Direction for Life's Sacred Questions*. San Francisco: Harper San Francisco, 2006.

Kornfield, Jack. *A Lamp in the Darkness: Illuminating the Path Through Difficult Times*. Boulder, CO: Sounds True, 2014.

Lindbergh, Anne Morrow. *Gift from the Sea*. New York: Pantheon, 1955.

Mooney, Jonathan. *The Short Bus: A Journey Beyond Normal*. New York: Henry Holt, 2008.

Nepo, Mark. *The Book of Awakening: Having the Life You Want by Being Present in the Life You Have*. Newburyport, MA: Conari Press, 2011.

Reznick, Charlotte. *The Power of Your Child's Imagination: How to Transform Stress and Anxiety into Joy and Success*. New York: Penguin, 2009.

Richo, David. *When Love Meets Fear: Becoming Defense-less and Resource-full*. New York: Paulist Press, 1997.

Saltz, Gail. *The Power of Different: The Link Between Disorder and Genius*. New York: Flatiron Books, 2018.

Siegel, Daniel. *Mindsight: The New Science of Personal Transformation*. New York: Bantam Books, 2011.

Taylor, Jeremy. *The Wisdom of Your Dreams: Using Dreams to Tap into Your Unconscious and Transform Your Life*. New York: Jeremy P. Tarcher/ Penguin, 2009.

Weil, Andrew. *Natural Health, Natural Medicine: The Complete Guide to Wellness and Self-Care for Optimum Health*. Boston: Houghton Mifflin, 2004.

Zum Anhören:

Chödrön, Pema. *When Things Fall Apart*. New York: Random House Audio, 2017.

Steindl-Rast, David. *A Grateful Heart*. Boulder, CO: Sounds True, 1992.

Woodman, Marion. *Sitting by the Well*. Corralitos, CA: Marion Woodman Foundation, 2007.

Weitere Quellen und Hilfsmittel finden Sie auf meiner Website unter der Rubrik „Books That Have Changed My Life": https://conscious-transitions.com/books-that-have-changed-my-life/

ÜBER DIE AUTORIN

Sheryl Paul wuchs in Los Angeles auf. Ihre Eltern waren beide Psychotherapeuten und sie wurde mit der Sprache und den Theorien der Psychologie groß. Seit ihrem sechsten Lebensjahr führt sie gewissenhaft ein Tagebuch, in dem sie ihre Träume festhält, Gedichte schreibt und ihre täglichen Erfahrungen und Erlebnisse aufarbeitet. Schon als Kind wusste sie, dass sie als Erwachsene eines Tages anderen Menschen helfen würde, ihre inneren Landschaften zu erkunden, zu verstehen und damit zurechtzukommen.

1997 erwarb sie ihren Master am *Pacifica Graduate Institute,* einer auf Tiefenpsychologie nach C.G. Jung spezialisierten Hochschule. Später schrieb sie ihr erstes Buch *The Conscious Bride,* in dem sie auf die Schattenseiten der Heirat eingeht, und dann *The Conscious Bride's Wedding Planner.* Sie war mehrmals in Sendungen wie *The Oprah Winfrey Show* und *Good Morning America* zu Gast und wurde in zahlreichen internationalen Publikationen erwähnt. Mit ihren Büchern, ihren Kursen und ihrem Blog hilft sie Tausenden von Menschen weltweit bei der Bewältigung ihrer Ängste.

Sheryl und ihr Mann leben mit ihren beiden Söhnen an einem Flüsschen in Colorado. Mehr über sie und ihre Arbeit erfahren Sie auf ihrer Website unter: conscious-transitions.com.

Dr. Gabor Maté

Wenn der Körper nein sagt

Wie verborgener Stress krank macht und was Sie dagegen tun können.

Internationaler Bestseller übersetzt in 15 Sprachen.

328 Seiten, kart., € 24,80

Kann ein Mensch buchstäblich an Einsamkeit sterben? Gibt es einen Zusammenhang zwischen der Fähigkeit, Gefühle auszudrücken, und Alzheimer? Gibt es so etwas wie eine „Krebspersönlichkeit"? *Wenn der Körper nein sagt* von Dr. Gabor Maté stützt sich auf wissenschaftliche Forschungsergebnisse und die jahrzehntelange Erfahrung des Autors als praktizierender Arzt. Das Buch gibt Antworten auf diese und andere wichtige Fragen.

Pete Walker

Posttraumatische Belastungsstörung - Vom Überleben zu neuem Leben

Ein praktischer Ratgeber zur Überwindung von Kindheitstraumata

360 Seiten, kart., € 22,80

Eine komplexe Posttraumatische Belastungsstörung (K-PTBS) ist weder angeboren noch charakterbedingt. Von dieser grundlegenden These ausgehend, hat der Autor und Therapeut Pete Walker seinen einzigartigen multimodalen Ansatz zur (Selbst-)Hilfe entwickelt, der ihn international bekannt machte. Geschrieben aus der Sicht eines Betroffenen und eines zugleich hoch spezialisierten Therapeuten, vereinigt Walker in diesem Buch Authentizität und fachliche Kompetenz zu einem eigenständigen methodischen Konzept, das unzähligen Betroffenen bereits neue Lebensqualität geschenkt hat.

Trudy Scott

Ängste überwinden durch Anti-Stress-Nahrung

Welche Nahrungsmittel die Stimmung aufhellen, ausgeglichen machen und Heißhungerattacken besiegen

240 Seiten, kart., € 19,80

Dieses Werk revolutioniert die Angsttherapie. Nicht durch weitere Medikamente, sondern durch eine spezifische Ernährung mit hochwirksamen Mineralstoffen und Vitaminen. Trudy Scott, Ernährungsberaterin und einst selbst von Ängsten betroffen, konnte bereits Tausenden helfen, Schlafstörungen, Depressionen und Angstzustände durch ihre Anti-Angst-Diät spürbar zu mildern oder sogar komplett zu heilen.

Edmund J. Bourne Ph.D.

Panikattacken und Ängste überwinden

Entspannungstechniken erlernen, Phobien kontrollieren, Selbstzweifel überwinden, belastende Denkmuster ändern, gesundheitsbedingte Ängste abbauen, Einfluss der Ernährung auf Ängste, welche Medikamente helfen

552 Seiten, geb., € 34,00

Jeder Mensch empfindet ab und zu Angst. Wird sie zur vorherrschenden Emotion, liegt meist eine psychische Störung vor. Bestsellerautor Edmund J. Bourne weiß: Die Zunahme der Angststörungen ist die Antwort auf unsere nachlassende Fähigkeit, mit Stress in einer komplexer werdenden Welt umzugehen.

Shawn Achor

Das Happiness-Prinzip

Wie Sie mit 7 Bausteinen der Positiven Psychologie erfolgreicher und leistungsfähiger werden

318 Seiten, kart., € 19,80

Eine Alltagsweisheit besagt, dass wir glücklich werden, sobald wir Erfolg haben – wir müssen nur noch diesen großartigen Job bekommen, die schöne Wohnung ergattern oder zwei weitere Kilo abnehmen. Die neuesten Untersuchungen der Positiven Psychologie zeigen, dass dieses Prinzip längst überholt ist, denn Glück fördert Erfolg, nicht umgekehrt. In *Das Happiness-Prinzip* stellt der New-York-Times-Bestseller-Autor sein bahnbrechendes Konzept vor.

Nedra Glover Tawwab

Grenzen machen uns frei

Ein Wegweiser sich selbst treu zu bleiben

272 Seiten, kart., € 24,00

Wie Sie für Ihre Bedürfnisse einstehen und sich dabei die Freiheit zurückerobern, ganz Sie selbst zu sein.

Andere nicht enttäuschen wollen, sich schuldig fühlen, wenn man jemandem eine Bitte ausschlägt, das Gefühl, nie Zeit für sich selbst zu haben, öfter mal alles hinschmeißen wollen, um einfach abzuhauen – wer kennt das nicht? Längst wissen wir, dass gesunde Grenzen unerlässlich sind für unsere Work-Life-Balance und um erfüllte Beziehungen zu leben. Doch wie sehen gesunde Grenzen aus? Wie können wir unsere Bedürfnisse ausdrücken und durchsetzen, ohne unsere Mitmenschen zu kränken?